"十四五"职业教育国家规划教材

高等职业教育新形态一体化教材

高职学生
创新创业基础

（第2版）

主编 蒋晓明 巢 昕

GAOZHI XUESHENG

CHUANGXIN CHUANGYE JICHU

中国教育出版传媒集团

高等教育出版社·北京

内容提要

本书是"十四五"职业教育国家规划教材，省级精品在线开放课程"创业基础"的配套教材。

本书深入贯彻落实党的二十大精神，坚持立德树人根本任务，依据高等职业院校人才培养方案和课程建设的目标与要求，严格按照教育部关于高校开展创新创业教育的最新文件精神编写，遵循理论与实践并重的原则，立足高等职业教育类型特色，对高职生创新创业的基本知识、基本理论、实务操作进行了系统分析和全面讲解。本书编写坚持立德树人根本任务，采用启发式、参与式、研讨式、案例式教学法，以培养学生的创新意识和创业精神。为增强真实性和可读性，本书精选近年国内高校的创业典型实例，有助于学生从身边的榜样中汲取创新创业的动力。同时，本书配套的省级精品在线开放课程"创业基础"已在中国大学MOOC和智慧职教MOOC学院上线，可以满足学生线上线下混合式学习的需要。

本书不仅可以作为高职院校开展创新创业教育的通用教材，也可作为各类创新创业大赛、企业继续教育的培训教材，还可以作为社会青年创业者拓宽视野、增长知识的自学用书。

图书在版编目（ＣＩＰ）数据

高职学生创新创业基础 / 蒋晓明，巢昕主编. --2版. --北京：高等教育出版社，2021.11（2023.9重印）
ISBN 978-7-04-055510-3

Ⅰ. ①高⋯ Ⅱ. ①蒋⋯ ②巢⋯ Ⅲ. ①大学生-创业-高等职业教育-教材 Ⅳ. ①G717.38

中国版本图书馆CIP数据核字(2021)第024424号

高职学生创新创业基础
Gaozhi Xuesheng Chuangxin Chuangye Jichu

| 策划编辑 | 陈 磊 | 责任编辑 | 陈 磊 | 封面设计 | 李小璐 | 版式设计 | 马 云 |
| 插图绘制 | 于 博 | 责任校对 | 高 歌 | 责任印制 | 赵义民 | | |

出版发行	高等教育出版社	网 址	http://www.hep.edu.cn
社 址	北京市西城区德外大街4号		http://www.hep.com.cn
邮政编码	100120	网上订购	http://www.hepmall.com.cn
印 刷	三河市春园印刷有限公司		http://www.hepmall.com
开 本	787mm×1092mm 1/16		http://www.hepmall.cn
印 张	14.75	版 次	2017年2月第1版
字 数	340千字		2021年11月第2版
购书热线	010-58581118	印 次	2023年9月第3次印刷
咨询电话	400-810-0598	定 价	35.80元

本书如有缺页、倒页、脱页等质量问题，请到所购图书销售部门联系调换
版权所有 侵权必究
物 料 号 55510-A0

编写委员会

主　　编：蒋晓明　长沙民政职业技术学院

　　　　　巢　昕　长沙民政职业技术学院

副 主 编：王庆国　长沙民政职业技术学院

　　　　　李浩平　长沙民政职业技术学院

　　　　　李华林　长沙环境保护职业技术学院

　　　　　吴文平　长沙民政职业技术学院

参编人员（按姓氏笔画排序）：

　　　　　刘春莹　长沙民政职业技术学院

　　　　　刘隽铭　长沙民政职业技术学院

　　　　　杨　飚　长沙民政职业技术学院

　　　　　李　单　湖南工业职业技术学院

　　　　　张　磊　长沙环境保护职业技术学院

　　　　　袁　哲　长沙民政职业技术学院

　　　　　唐菁玲　湖南工业职业技术学院

　　　　　谌湘闽　长沙民政职业技术学院

第二版前言

时代呼唤创新，时代呼吁创业。当今世界的综合国力竞争，归根结底是科技实力和高素质人才的竞争。一个拥有创新能力和大量高素质人才的国家，将具备发展知识经济的巨大潜力。大力培养大学生创新创业能力，可以为社会源源不断地输送具有创新意识、创业精神的新青年，能有效地推动国家创新体系的建立，也符合我国科教兴国战略、人才强国战略、创新驱动发展战略中的重大战略需求和人才培养需要。

联合国教科文组织（UNESCO）提出：高校必须把创业技能和创业精神列为高等教育的基本目标，并将创业教育称为继文化教育、技能教育之后的"第三本教育护照"，赋予其与学术教育、职业教育同等重要的地位。在我国，《关于进一步支持大学生创新创业的指导意见》（国办发〔2021〕35号）明确提出：深化高校创新创业教育改革，健全课堂教学、自主学习、结合实践、指导帮扶、文化引领融为一体的高校创新创业教育体系，增强大学生的创新精神、创业意识和创新创业能力。可见，学生的学习能力、实践能力、创新能力的提升，以及创新精神的培养和创新能力的提高已经上升为国家教育发展的战略目标。创新创业教育对实现中华民族伟大复兴的中国梦，对推动党和国家的兴旺发达，对促进个人理想价值的实现意义重大、影响深远。

按照教育部关于高校开展创新创业教育的最新文件精神，本次修订深入贯彻落实党的二十大精神，坚持立德树人根本任务，立足高等职业教育类型特色，对第一版教材的内容体系进行了更为科学合理的重构，整合了"创业者的养成与创业团队的组建""创业机会的识别与评估""创业资源的获取与整合"三个单元，增加了"公益创业""社会型创业""市场策略"和"创业风险管理"等内容，增设"案例分享""活动亲历"等栏目，并对大部分案例进行更新，以突出时代感、增强实效性。

本书是湖南省首批卓越职业院校建设项目——"创业创新理论与实务"（课题编号：Z1422201608）及2019年湖南省教育科学"十三五"规划高校学生就业创业研究专项课题——高职院校产学研用一体化与创新创业教育结合研究（课题批准号：XJ194128）的建设成果。

本书由蒋晓明和巢昕担任主编，具体编写分工如下：蒋晓明、巢昕、杨飏编写绪论、第七单元和第十单元；王庆国、李浩平、谌湘闽编写第一单元和第二单元；袁哲、刘春莹、唐菁玲编写第三单元和第四单元；吴文平、刘隽铭、李单编写第五单元和第六单元；李华林、张磊编写第八单元和第九单元。刘隽铭、谌湘闽在资料收集方面做了大量基础性工作，巢昕、杨飏负责全书的统稿工作。

　　本书在修订过程中参考了国内外专家学者的文献资料和研究资料，吸收了其中不少有益的见解和精彩案例，在出版过程中还得到高等教育出版社陈磊编辑的大力支持与帮助，在此一并表示感谢。

　　由于编写时间仓促，编者业务水平与经验有限，书中难免存在遗漏与偏颇之处，恳请广大读者批评指正。

编者

2023 年 7 月

第一版前言

2015 年《国务院办公厅关于深化高等学校创新创业教育改革的实施意见》（国办发〔2015〕36 号）中提出，要全面深化高校创新创业教育改革，2017 年取得重要进展，形成科学先进、广泛认同、具有中国特色的创新创业教育理念，形成一批可复制、可推广的制度和成果，普及创新创业教育，实现新一轮大学生创业引领计划预期目标。到 2020 年建立健全课堂教学、自主学习、结合实践、指导帮扶、文化引领融为一体的高校创新创业教育体系，人才培养质量显著提升，学生的创新精神、创业意识和创新创业能力明显增强，投身创业实践的学生显著增加。实施弹性学制，放宽学生修业年限，允许调整学业进程、保留学籍休学创新创业。

本教材依据高等职业院校人才培养方案和课程建设的目标与要求，按照编写组多次调研和研讨后确定的课程内容进行编写，编写过程中，严格遵循教育部关于大学生创新创业教育的最新精神，努力吸纳当代创新创业教育的最新成果，科学定位和准确把握创新创业教育理念；立足高职学生的实际，对大学生创新创业的基本知识、基本理论、实务操作进行了系统分析和全面讲解。为增强教材的实用性和趣味性，教材中引用了大量的创新创业故事和共享经济案例，是一本专门为高职高专学生创新创业教育精心设计和编写的特色教材。全书采用启发式、参与式、研讨式、案例式的教学思维，以培养学生的创新意识和创业精神。

本教材是湖南省首批卓越校建设项目——"创业创新理论与实务"课程开发项目成果（课题编号：Z1422201608）。本教材不仅可以作为高职院校开展创新创业教育的通用教材，也可以作为企业继续教育的培训教材，还可以作为拓宽视野、增长知识的自学用书。教师可根据教学对象和授课学时不同，灵活选择相关内容进行重点讲授。

本教材由长沙民政职业技术学院蒋晓明和湖南网络工程职业学院王中军担任主编，具体编写分工如下：长沙民政职业技术学院蒋晓明、巢昕、王庆国、李浩平、孙虹乔编写绪论、模块三及模块二第十一单元；湖南网络工程职业学院王中军，长沙民政职业技术学院刘春莹、吴文平编写模块一第三单元、第六单元和模块二第十二单元，长沙环境保护职业技术学院李华林编写模块二第八单元和第九单元；湖南工业职业技术学院唐菁玲编写模块一第四单元；长沙民政职业技术学院袁哲、刘隽铭、谌湘闽编写模块一第五单元；湖南工业职业技术学院李单编写模块二第七单元；长沙南方职业学院张昕辉、钟迎春编写模块二第十单元。长沙民政职业技术学院巢昕在资料收集等方面做了大量的基础性工作。全书最后由长沙民政职业技术学院孙虹乔、巢昕统稿。

由于受时间、资料、编者水平及其他条件限制，书中难免存在一些不足之处，恳请同行专家及读者批评和指正。本书在编写过程中，参考了有关的教材、论著和期刊等，限于篇幅，恕不一一列出，特作说明并致谢。因各种条件所限，未能与有关编著者取得联系，引用与理解不当之处，敬请谅解！

编者

2017 年 2 月

目录

绪论

"大众创业、万众创新"，让更多的人富起来，让更多的人实现人生价值，这是时代的呼唤，是每个人追梦的新机遇，更是国民经济健康发展的新引擎。一个人人都想创业、都敢创业、都能创业的国家，必将迎来生机盎然、蓬勃发展的春天。这是创新创业最好的时代，它让优秀的人不会被埋没，也能让心怀理想的人有更多机会实现梦想、成就梦想。

一、创新创业

（一）创新概述

1. 创新的概念

"创新"一词在当下被频繁使用，但在国内外有关书籍中却对其概念的理解众说纷纭。有人认为创新就是创造，把创新和创造视为同义词。而有人则认为，两者根本就是两个不同的概念，不能混为一谈。究竟何为创新，在此，我们将从其本质作出诠释。

从词源来看，在我国古代《汉书·叙传下》中，就有"创，始造之也"之说。历史上最早与"创"合用的是"创造"两字，我国《辞海》将"创造"解释为"首创前所未有的事物"，它特别强调其独创性和首创性。由于创新活动首先是一种经济行为，所以对创新的理解，应从经济学范畴探源，根据经济学理论予以解读。创新是当代经济学的一个重要概念，首先提出这一概念的是奥地利经济学家 J.A.熊彼特（J.A.Schumpeter），1912年他在《经济发展理论》（*Theory of Economic Development*）一书中，首先使用"创新"（innovation）一词。他将创新定义为新的生产函数的建立，即企业家实行对生产要素的重新组合。它包括以下五种情况：一是引入一种新产品或提供一种新的产品质量；二是采用一种新的生产方法；三是开辟一个新的市场；四是获得一种原料或半成品的新的供给来源；五是实行一种新的企业组织形式。人们之所以要进行这些方面的创新，乃是出于经济原因，即强烈的利润动机和潜在的利润前景的驱使。为此，熊彼特称：创新是资本主义的永动机。

通过经济学理论的分析可以看出，创新的基本含义有两点：一是引入，二是革新。所以较为完整的表述是：创新是指新的生产要素的重新组合或再次发现的知识被引入经济系统的过程。按照这一理解，创造本身并不是创新，只有把创造成果引入经济系统产生效益，才是创新。创新和创造这两个概念在英文中也是不同的，"创造"为 create 或 creation，

"创新"为innovate或innovation。

自20世纪60年代起，管理学家们开始将创新引入管理领域。现代管理大师彼得·德鲁克（Peter F.Drucker）在《在动荡年代的管理》（*Managing in Turbulent Times*）一书中发展了创新理论。他认为，创新的含义是有系统地抛弃昨天，有系统地寻求创新机会，在市场薄弱的地方寻找机会，在新知识萌芽时期寻找机会，在市场的需求和短缺中寻找机会。创新是赋予资源以新的创造财富能力的行为，任何使现有资源的财富创造潜力发生改变的行为，都可以称为创新。创新是企业家的特定工具，他们利用创新改变现实，作为开创其他不同企业或服务项目的机遇。企业家必须不断地拿出能占领市场、有竞争能力的新产品，这就需要技术创新。创新战略管理是实现技术创新的条件之一。目前主要依据创新活动中创新对象的不同，把创新分为知识创新、技术创新等。

2. 创新的内涵

把经济领域中的创新概念拓展、延伸到政治、文化、教育、管理等各个领域，其含义主要包括以下要点：

（1）创新是将新设想或新概念发展到实际应用和成功应用的阶段，是创造的某种价值的实现。按照当代国际知识管理专家戴布拉·艾米顿（Debra M.Amidon）对创新的定义，创新就是从新思想到行动，它首先关注的是现实效益的转化。这里所说的效益，不仅指经济效益，而且包括广泛的社会效益、单位和部门利益及个人利益。

（2）创新是运用知识或相关信息创造和引进某种有用的新事物的过程。其中的创造性过程，是从发现潜在的需要开始，经历新事物的可行性检验，到新事物的广泛应用为止。作为一种引进新事物的过程，既指被引进的新事物本身，具体来说就是被认定的任何一种新的思想、新的实践或新的制造物，同时也包括对一种组织或相关环境的新变化的接受过程。这里所说的事物既可以是物质形态的产品、工艺和方法，也可以是精神形态的思想、观念和理论等。

（3）除"创造"和"引进"这两种方式以外，创新还可以通过对已有事物的改进、完善、扩展和延伸获取收益。即创新既可以将创造成果推向市场，也可以是建立在已有事物的基础上，推动事物发展，生产新成果，形成新效益的创造性活动。

把创新理解为经济概念的重要性，在于探讨创新与经济增长的关系。以"经济学之父"亚当·斯密（Adam Smith）为代表的古典经济学派认为，高储蓄率导致生产资料的积累而使经济增长，但是如果没有新技术创新和改进的持续注入，基于边际收益递减规律，当经济投入到一定程度后其效益将呈现迅速下降的趋势。

根据创新理论的研究，经济增长的过程是靠经济周期的变动来实现的，而经济周期变动的原因在于创新。利益推动创新，创新刺激投资，引起信贷扩张，扩大对生产资料的需求，从而推动经济走向繁荣。在此过程中，有许多新资本的投入，而同时那些适应能力差或行动迟缓的企业则被挤垮。因此，创新既推动经济增长，同时也造成对旧资本的破坏。熊彼特曾用"具有创造性的毁灭过程"来概述创新在促进经济增长中的巨大作用。

在熊彼特创新概念的基础上，人们进一步提出过程创新、营销创新、市场创新、制度创新、体制创新和金融创新等一系列概念，并将企业的微观创新活动上升到国家宏观层面，把各种创新活动看作一个系统和整体，进而提出国家创新体系的概念。

3. 创新的要素

创新要素是指和创新相关的资源和能力的组合，是创新活动得以开展的必不可少的因素，通俗地讲，就是支持创新的人、财、物，以及将人、财、物组合的机制。创新要素主要有四个：创新者、机会、环境和资源。

创新者一般主要是指企业家。有时创新者除了企业家外，还可以是科研单位的研究人员、负责人或政府计划管理人员等。虽然创新者一般是企业家，但并非所有的企业家都是创新者，而发明家也不一定是创新者。只有敢于冒风险，把新发明引入经济的企业家或发明家，才是创新者。创新者根据市场需求信息与技术进步信息，捕捉创新机会，通过把市场需求与技术上可能性结合起来，产生新的思想。这些新的思想在合适的经营环境和创新政策的鼓励下（包括合理的价格、公平的竞争、对技术创新的鼓励政策等），利用可得到的资源（包括人力资源、财力资源和技术资源），通过组织管理（研究开发、试生产、设计和生产、营销），从而形成技术创新。一般说来，在这四个创新因素中，创新者作为能动的主体，其作用最为关键。

4. 创新的类型

关于创新的分类，比较主流的方法论有以下两种。

（1）德布林"十大创新框架"。由美国德布林咨询公司总裁拉里·基利（Larry Keeley）等人提出的德布林"十大创新框架"，又叫"创新十型"（Ten Types of Innovation）。该方法认为，在任何行业，创新总是发生在以下四个层面：财务、流程、产品和传输。在这四个层面上，共存在十类创新：财务层面的创新包括盈利模式创新、结构创新和网络创新；流程层面的创新，即企业开发产品的新方式；产品层面的创新包括产品性能、产品系统创新及服务创新；传输层面的创新可以分为渠道、品牌和顾客契合创新。企业只选择一两种创新类型的简单创新不足以获得持久的成功，尤其是单纯的产品性能创新，很容易被模仿、被超越。企业需要综合应用上述多种创新类型，才能打造可持续的竞争优势。我们来具体看一下这些创新的内容：

① 盈利模式创新。盈利模式创新指的是公司寻找全新的方式将产品和其他有价值的资源转变为现金。这种创新常常会挑战一个行业关于生产什么产品，确定怎样的价格，如何实现收入等问题的传统观念。溢价和竞拍是盈利模式创新的典型例子。

② 结构创新。结构创新是通过采用独特的方式组织公司的资产（包括硬件、人力或

无形资产）来创造价值。它可能涉及从人才管理系统到重型固定设备配置等方方面面。结构创新的例子包括建立激励机制，鼓励员工朝某个特定目标努力，实现资产标准化从而降低运营成本和复杂性，甚至创建企业大学以提供持续的高端培训。

③ 网络创新。在当今高度互联的世界里，没有哪家公司能够独自完成所有事情。网络创新让公司可以充分利用其他公司的流程、技术、产品、渠道和品牌。悬赏或众包等开放式创新方式是网络创新的典型例子。

④ 流程创新。流程创新涉及公司主要产品或服务的各项生产活动和运营，具体包含核心流程和支持流程的创新。核心流程是指那些被利益相关者所认知和重视的流程，其运行必须保证让利益相关者满意，这些流程是企业避免在市场中的劣势所需要的，并且可能是市场进入的最基本要求；支持流程则是指对核心流程起辅助支持作用的工作流程。流程创新需要彻底改变以往的业务经营方式，使得公司具备独特的能力，高效运转，迅速适应新环境，并获得领先市场的利润率。流程创新常常构成一个企业的最核心竞争力。

⑤ 产品性能创新。产品性能创新指的是公司在产品或服务的价值、特性和质量方面进行的创新。这类创新既涉及全新的产品，也包括能带来巨大增值的产品升级和产品线延伸。产品性能创新常常是竞争对手最容易效仿的创新类型。

⑥ 产品系统创新。产品系统创新是将单个产品和服务联系或捆绑起来创造出一个可扩展的强大系统。产品系统创新可以帮助公司建立一个能够吸引并取悦顾客的生态环境，并且可以用来抵御竞争者的侵袭。

⑦ 服务创新。服务创新保证并提高了产品的功用、性能和价值。它能使一个产品更容易被试用和享用；它为顾客展现了他们可能会忽视的产品特性和功用；它能够解决顾客遇到的问题并弥补产品体验中的不愉快。

⑧ 渠道创新。渠道创新包含了将产品与顾客和用户联系在一起的所有手段。虽然电子商务在近年来成为主导力量，但诸如实体店等传统渠道依然很重要——特别是在创造身临其境的体验方面。这方面的"创新老手"常常能发掘出多种互补方式将其产品和服务呈现给顾客。

⑨ 品牌创新。品牌创新有助于保证顾客和用户能够识别、记住公司的产品，并在面对竞争对手的产品或替代品时依然选择该公司的产品。好的品牌创新能够提炼一种"承诺"，吸引买主并传递一种与众不同的身份感。

⑩ 顾客契合创新。顾客契合创新需要理解顾客和用户的深层愿望，并利用这些了解来发展顾客与公司之间富有意义的联系。顾客契合创新开辟了广阔的探索空间，帮助人们找到合适的方式，把自己生活的一部分变得更加难忘、富有成效并充满喜悦。

伊利诺伊理工大学的维杰·库玛（Vijay Kumar）教授在其撰写的《企业创新101设计法》（*101 Design Methods*）一书中生动地描写了德布林公司如何采用"十大创新框架"分

析、解决企业问题：

2000年，德布林公司与一家汽车租赁公司合作，提供以客户为中心的创新方案。作为一家创新前驱企业，该公司曾在汽车租赁行业拥有强势地位，但随着机场税上涨以及其与汽车制造商的关系变弱，这家公司逐步陷入困境，出现服务价格低廉、运营成本却越来越高的局面。

之后，德布林公司运用"十大创新框架"，归纳出租车行业内的创新类型，并指出在这个行业内，各厂商之间的"特色之战"（图0-1）正如火如荼地进行。而该公司绝大部分竞争对手都专注于产品型创新，例如，增加可租用汽车品牌，快速租赁和返还，以及一套迅速归还客户遗失手机的服务体系。但租车公司对品牌型创新及客户体验型创新的投入力度仍比较弱。基于从"十大创新框架"以及用户调查所得出的结果，德布林公司建议该汽车租赁公司重新定位，将满足休闲旅行者的独特需求作为业务重点。如此一来，该公司通过差异化的客户体验重塑了品牌，彻底摆脱了"廉价服务提供者"的尴尬形象。

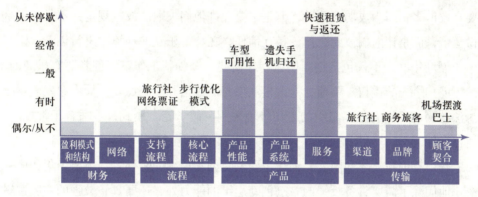

图0-1 "特色之战"

（2）"0-1"创新和"1+N"创新。

① "0-1"创新，又叫颠覆式创新、破坏式创新。它是指一个新产品出来，旧产品就要死去，它是创造性的，同时对传统产业又是毁灭性的，毁灭的不仅是传统产品，还有对应的设备甚至产业带。"0-1"创新研发通常成本非常高，优势是永远站在世界技术前沿，可以拿到巨额的垄断利润。

② "1+N"创新，又叫渐进式创新。它采取差异化的创新办法，不求技术大突破，只专注于一个接一个的微创新和优化，然后把一类产品做到最好。"1+N"创新在创新流程上是可以迭代的，流程内蕴含了许多循环过程，流程中的反复迭代将可能带来更富有价值、更成功的创新成果，其前提是必须适度原则，适可而止。

5. 创新的条件

企业创新是需要一定条件的，如企业的创新文化、容错机制、创新人才和团队、创新方法论、创新的社会环境等。

（1）必须有创新文化。组织需要建立创新机制，出台相关奖励制度，对创新失败持包容心态，同时具备资金的投入和风险承受能力。

创新意味着改变，所谓推陈出新、气象万新、焕然一新，无不诉说着一个"变"字；创新意味着付出，因为惯性，没有外力状态是不可能有改变的，这个外力就是创新者的付出；创新意味着风险，都说"一分耕耘一分收获"，而创新有时却以失败告终。

所以落实创新，需要有创新的内部环境，组织要制定创新的制度。创新需要的是事先的许可和授权，而不是事后的奖励和惩罚。创新需要宽松的文化环境，在企业内部建立创新的氛围，由公司承担风险，鼓励大家齐心协力，放下包袱，大胆创新。

（2）必须有容错机制。需要组织高层的重视、授权和投入。组织要实现真正的创新需要设立创新专项基金，鼓励成立创新中心，营造人人参与创新的氛围。

创新不仅需要组织授权和企业容错的环境，还需要相应宽松的物理空间。组织的心理空间和物理空间相互协同，是创新成功的关键要素。对于创新，事先获得授权比事后寻求宽恕要有效得多，因为成功而奖励，但是也要允许他们失败。放宽规定并不是人们毫无规矩地做蠢事，而是让人们彼此合作、相互信任，在一个乐观的环境中进行创新。组织需要建立一个创新中心，不仅包括创新团队，还需要一个创新工作室，创新要有乐观的态度、宽松的环境和事先的授权。要建立人人喜欢参与的讨论和头脑风暴，让大家发表自己的建议和想法。当前依然有很多组织的工作环境采用"鸽子笼"模式，这适合于常规的工作，但不适合于创新。

（3）必须有创新人才和团队。创新需要具有创新思维的领导者，还要聚集相应的人才和团队。他们除了需要具备较强的右脑创新思维的能力外，还要具备较强的左脑逻辑推理能力，以及具备创新设计思维的思想和掌握创新设计思维的流程。他们不一定是行业的专家，但是一定是创新设计的专家。

创新人才除了专业知识及技能外，还要具备如下个性心理特征：首先，要有自信，相信自己有能力改变；其次，要有激情，为实现目标不懈奋斗；再次，要担责任，主动控制失败风险和勇于承担失败后果；最后，还要掌握一套创新的流程和方法论。

在培养创新人才过程中，不能忽略创新心理的培养。自信心不足，点子不能成为行动，行动不能得到坚持；缺乏激情，创新没有动力，思维会僵化，行动会迟缓；没有责任心，创新风险容易失控，即便成功可能也难以取得持续进步。所以，创新心理的培养在创新过程中应该得到充分重视。

（4）必须有创新方法论。创新不仅需要创新的思维模式，还要具备一套方法论，将创新流程化，做到流水线作业。比如，如何设计创新主题，利用什么样的工具进行头脑激荡，如何实现民主集中制，如何找到新的解决方案，创新想法如何测试，如何将创意做成原型等。

（5）必须有创新的社会环境。创新需要学习，需要借鉴他人的思想和方法，但是创新得到的产品、想法或者解决方案也需要得到社会认可，获得知识产权的保护，反对完全的"山寨"。为强化企业科技创新主体地位，营造有利于科技型企业成长的良好环境，党的二十大报告明确提出，"培育创新文化，弘扬科学家精神，涵养优良学风，营造创新氛围。扩大国际科技交流合作，加强国际化科研环境建设，形成具有全球竞争力的开放创新生态。"

将创新的知识产权加以保护，将创新的产品或者服务进行大规模推广、广泛应用、降低成本，为社会带来真正的价值，只有如此，创新才能真正成为组织的核心竞争力。

6. 创新的意义

创新是对真理的发展，创新是对实践的推进，创新是一个民族进步的灵魂，创新是社会发展的动力。在激烈的国际竞争中，"惟创新者进，惟创新者强，惟创新者胜"。当今国际社会是一个飞速发展的时代，创新精神显得尤为重要。只有拥有创新精神的国家，才能让自己立于世界强国之林。市场是无情的，竞争是残酷的，只有坚持创新，个人才能体现价值，企业才能获得优势，国家才能繁荣富强。

📢 案例分享

从"百亿"走向"百年"：一家传统制造企业创新发展之变

"年销售额突破100亿元"——2017年，九牧集团（以下简称九牧）实现了2009年许下的"狂言"。那一年，在西安召开的九牧全国经销商年会上，董事长林孝发喊出了"百亿九牧，百年九牧"的战略目标。当时，这家闽南企业营业额还不足10亿元，市场份额不过1%。

时至2019年，依靠"创新"带来的不竭动力，九牧已经奠定国内行业的领军地位。在立足厨卫领域的同时，九牧不断变革适应时代变迁，这个即将步入"而立之年"的企业，也在向"百年企业"的目标继续行进。

产品之变——从"内地第一个花洒"到3 000多项专利

在2019德国iF设计大奖获奖名单中，九牧的产品从54个国家和地区的近6 400件参赛作品中脱颖而出，斩获五项iF国际设计奖。

据欧美中心总经理林晓伟介绍，九牧在全球已拥有16个实验室、8个研究院、超过2 000个研发设计团队，"每年投入到技术研发和产品创新的费用不少于销售总额5%"已经成为企业内部的一项铁律。2019年，九牧已获得产品先进专利3 000多项，平均每三天申请一个专利。

技术创新释放了巨大红利。在陶瓷全自动生产工艺研究基地——九牧陶瓷智能研究院中，陶瓷生产效率较之前提高了25倍，产品合格率由68%提升到98%。而通过对智能马桶和卫浴五金工厂的智能化改造，部分工序从原先的15天缩短到仅需2小时，生产力得到极大提升。

理念之变——由"厨卫专家"到"生活专家"

围绕仅仅几平方米的厨卫空间，如何让企业走出更大的舞台？

以"健康管理"为核心的整体智慧卫浴空间概念正成为九牧的发力点，通过与技术企业的跨界合作，九牧探索了一条"传统产业—人工智能—智能家居—大健康产业"的智能制造转型升级之路。

在智能转型的基础上，为迎合消费者对个性化、定制化的新需求，2016年，九牧还提出"泛家居"理念，为消费者提供一站式的整体解决方案。如今，九牧的"泛家居"整合了国际知名品牌的卫浴、家具、瓷砖、石材等跨界产业资源，昔日的"厨卫专家"正探索以"生活家"角色，为消费者打造独有的家庭空间。

视野之变——乘"一带一路"东风启航

九牧总部所在的泉州曾是古代海上丝绸之路的起点。如今，借助"一带一路"的新机遇，九牧正将视野从国内转向国际。

截至2022年，九牧在全球拥有五星定制店超过4 000家、50 000多个销售网点，产品远销全球30多个国家和地区。

在带去产品的同时，企业还积极融入当地公益事业。2017年，在蒙古国乌兰巴托一家孤儿院落成的剪彩仪式中，九牧为该孤儿院免费提供全部卫浴配套设备，并送去了衣物和玩具。2021年，九牧与拥爱设计公益计划联手打造中丹儿童友好社区示范点"爱的8次方"，树立了中外合作项目的标杆。

林孝发说："在'走出去'的同时，我们希望为当地带去更加健康、智能、品质的厨卫产品和全新的生活理念，展示中国制造的形象。"

（二）创业概述

1. 创业的概念

创业是指创立基业或创办事业。创业有广义和狭义之分。广义的创业是指社会生活各个领域里的人们为开创新的事业所从事的社会实践活动。狭义的创业是一个经济学的范畴，是指主体以创造价值和就业机会为目的，通过组建一定的企业组织形式，为社会提供产品服务的经济活动。

2. 创业的内涵

（1）创业是人们的一种经济活动，它以创造财富或追求经济效益作为目的指向。这是狭义的创业作为一种经济活动，区别于其他类型的创业实践活动的根本之所在。

（2）创业活动以创办企业为标志。

（3）创业活动的社会性首先表现为这一活动承载着重要的社会使命，具有不可替代的社会意义和价值。其次还表现为创业、创业机制和创业过程所具有的广泛的社会性。

（4）创业是一项具有鲜明的社会性特征的实践活动，同时，创业也是充分体现创业者的自主意识和能动精神的一种主体性行为。

（5）创业活动的风险性反映了一般经济活动所共有的特征。

其实，在学术界，尚未就"创业"的定义完全达成一致，表0-1列出了目前创业学研究领域中的主要流派及其特点。但近年来以下两个要点基本得到了公认：其一，创业是一个过程，而不是一个事件；其二，机会追求是创业的核心要素。换言之，创业是一个过程，创业过程受到政治、经济、文化等社会或环境因素的影响；创业过程由机会发现、机会评价、机会开发和创业结果等组成，创业中的市场调研是创业机会发现和评价的基础；创业旨在创造出新颖的产品、服务或实现其潜在价值。在创业过程中，个体创业者是核心要素，其中对机会追求是创业的关键要素；创业可以创建一个企业，也可以在已创建的企业中发生。

表 0-1　创业学研究领域中的主要流派及其理论特点

学派	基本主张
风险学派	创业者要承担以固定价格买入商品并以不确定的价格将其卖出的风险
领导学派	创业者就是生产过程的协调者和领导者
创新学派	创业是实现创新的过程，而创新是创业的本质和手段
认知学派	从创业者的认知特性、人品特征、成就动机、冒险倾向等角度来研究创业
社会学派	强调宏观的社会环境和社会网络对于企业创业的影响
管理学派	认为创业是一种管理方法，包括战略导向、把握机会、获取资源、控制资源、管理结构、报酬政策六个方面
战略学派	把创业过程视为初创企业或者现有企业成长过程中的战略管理过程
机会学派	强调从存在有利可图的机会和存在有进取心的个人这两者相结合的角度去研究创业

3. 创业的动因

众人之所以想成为创业者是因为他们的内心有种需要，这种需要驱使他们成为创业者，而这种需要及变化与马斯洛需求层次理论（Maslow's Hierarchy of Needs）非常吻合。马斯洛的需求层次理论阐述了人类心理发展的一种普遍特性。按照心理学所揭示的规律，人体的各种器官受外界的刺激而产生各种需求，由需求萌生需求层次理论。分析创业者的动因，可归纳为以下五个方面。

（1）经济效益。创业的主要目的是获得最大的经济效益。发家致富是多数人追求的人生目标，也是一个人创业的压力。人们只有解决了吃、穿、用的问题，才可能进行其他的社会活动。而自主创业时，如果都愿意付出更多的时间和努力，就有可能获得丰厚的利润。

（2）自我满足。对于多数人来讲，自主创业就是为了实现自我满足感。自我满足感是指能够做自己想做的事情，而选择自主创业，即可以每天做自己喜欢的工作。

（3）独立自强。自主创业的另一好处在于可以获得独立，会给你一种完全控制自己命运的感觉：自主地作出决定，贯彻自己的意图，充分支配自己的时间，自由地发挥自己的知识、技术和才干等。

（4）社会认同。自主创业的人通过成功经营和参加社会活动能够吸引公众的注意，树立起良好的个人和企业形象，做一名社会贤达，获得一定的社会地位，感受到其他人无法感受到的快乐和自豪。

（5）服务社会。创业者的根本目的在于对理想和事业的追求，实现自己的人生价值，完成社会使命。创业者的成长过程充分印证了马斯洛需求层次理论，而且创业者的需求更具有典型性，他们在各个层次的需求比常人更加突出。每当创业者的需求上升一个层次都会给创业者带来强烈的影响与巨大的变化。公司规模的大小并不代表创业者个人的层次变化，只有创业者自己的需求随着各种重要任务的变化而产生变化时，才意味着创业者发生了本质的变化。追求幸福、完美、永不满足是创业的最基本动力。

4. 大学生创业的影响因素

（1）个人能力与素质。创业是一种具有强烈个性色彩的社会活动，因为它十分强调创业者本身的素质和能力。大学毕业生要在激烈的社会竞争中站稳脚跟，靠的是个人实力。没有实力，创业只能成为美丽的空想，永远不可能成为现实。而当大学毕业生的创业实力达到一定程度时，他会排除其他因素的影响，坚定地走自己的创业之路。

（2）家庭因素。家庭对大学生创业的影响一般有两方面：一方面是父母的价值观会对大学生创业产生影响。如果父母从小鼓励孩子独立、大胆尝试、不怕失败，大学生在创业选择中会持更积极、乐观的态度；否则就会在创业选择上更加谨慎。另一方面是如果大学毕业生所在家庭有创业历史或经商背景，也往往会对大学毕业生的创业选择产生积极影响。

（3）社会因素。一方面是社会为大学生创业提供的软硬件环境。社会的软件环境是指与大学生创业相关的政策法规环境；社会的硬件环境则是指风险投资机构对大学生创业的扶持等经济环境。党的二十大报告特别强调，"完善促进创业带动就业的保障制度，支持和规范发展新就业形态。"这无疑为有志创业的大学生注入了一针"强心剂"。另一方面是大学生创业的社会舆论。良好的社会舆论一般是指鼓励、支持、扶持、赞许大学生创业的社会心理文化的总和。

（4）学校因素。学校所有的教育活动，尤其是以创新为主体的教育教学改革，对学生创业有着潜移默化的影响。

5. 大学生创业的意义

（1）有助于大学生培养进入社会之前必要的技能，树立积极的人生态度，确立正确的人生目标。一方面，大学生创业培养了自身的胆量。所谓"不入虎穴，焉得虎子"，只有敢于去做，敢于面对，才有成功的可能性。创业使大学生主动接触社会，对社会中各种现象及问题有了认识甚至面对的机会，进而在长期的适应过程中做到处之泰然、得心应手。另一方面，创业所应有的胆量是以一个人积极、乐观、刚强的人生态度为前提的。作为准成人的大学生，在面对困难、逆境时，只有以顽强、乐观的心态来对待，高墙般的困难才能变成脚下的踏脚石，而大学创业恰巧为其提供了最有效的途径，为大学生在面对未来漫长的路途时确立正确的人生态度。

（2）创业在一定程度上减轻了大学生的家庭负担，也减轻了自己的心理负担。2021年全国39%的人口仍然在农村，农村收入增长相对缓慢，但大学生学习、生活成本却在一定程度上逐步提高，这使农村家庭不堪重负。为此，一些农村家庭可能陷入困境，进而影响这部分大学生的心理健康。大学生创业无疑是经济来源之一。通过创业不仅可以在一定程度上减轻家庭经济的困窘，也使自己的自卑等心理问题得到缓解。

（3）创业是充实大学生活的一种有效方法。大学生活和高中生活有着明显的不同，尤其是大三的学生，在学业将近完成或已完成而面临着沉重的就业压力时，创业也是一种很好的选择。创业可以推动大学生实现高质量的就业，可以激发大学生的探索精神，提升综合能力，使其生活充满激情、富有挑战。

（4）在校大学生创业符合当前素质教育的大方向。现在全国的中小学教育都在大力提倡素质教育，学生不仅要有渊博的知识，还必须具备较强的综合素质能力，而大学生自主创业正是高阶素质教育的表现。实践与理论相结合，既可以加深对理论知识的理解，又可以提升自己的实践能力。此外，在校大学生创业不仅可以促进知识成果向生产力转化，推动社会财富增加，而且鼓励在校大学生创业从总体上有利于大学生的长远发展，缓解就业压力，壮大私营企业队伍，还将改善私营经济从业人员的素质结构。

6. 公益创业与社会型创业

（1）何谓公益创业？

公益创业是近年来在全球范围内迅速兴起的一种全新创业理念与创业模式，指的是在实施追求社会价值和商业价值并重的创业活动时，兼顾社会性和企业性，将实现社会价值和企业化运营结合在一起。公益创业不仅涵盖了非营利性机构的创业活动和营利性机构践行社会责任的活动，还逐步成为政府失灵和市场失灵的矫正力量。作为创业领域最重要成果之一，公益创业的开启是创业教育的重要里程碑，也是未来创业研究的重要领域。

"公益创业"的概念提出可追溯到20世纪80年代,由美国学者比尔·德雷顿(Bill Drayton)首次提出。他自己也以实际行动实践公益创业,1980年,他成立了名为阿苏迦(Ashoka)的全球性非营利组织,致力于在全球范围内推广公益创业,专门物色和培养公益创业人才,向公益创业者提供种子基金,帮助他们开展公益创业,主要涉及社会公正、社区发展、环境保护以及满足弱势群体如少数民族、妇女、老人、残疾人和孩子的需求等领域。由于对社会变革作出的巨大贡献,比尔·德雷顿被《美国新闻与世界报道》(*U.S.News & World Report*)评为2005年度"美国最杰出的领袖"。

另一个知名的案例是孟加拉国经济学家、银行家穆罕默德·尤努斯(Muhammad Yunus)创建的格拉明银行,它是以扶贫为目的营利性组织,以商业运作的方法和管理模式获得盈利,不分等级,关爱和信任穷人,帮助他们识别创业机会并获得小额贷款,战胜贫困。目前,格拉明银行已拥有2 226个分支机构,650万客户,每年发放贷款的规模超过8亿美元,还款率高达98.89%,资产质量良好,远远高于世界上公认的风险控制最好的其他商业银行,已经成为国际上公认的最成功的"穷人银行",该银行的"微型贷款"帮助无数穷人实现了脱贫的愿望,为此,穆罕默德·尤努斯获得了2006年度诺贝尔和平奖。

虽然各国学者对公益创业所下的定义不尽相同,研究领域不同,但公益创业在本质上都包含以下内容:

第一,公益创业关注的是那些政府或市场没有解决的社会问题和没有满足的需要。"强烈的社会意识以及对解决社会问题的渴望"是公益创业者区别于商业创业者的显著特征。

第二,公益创业从根本上是受社会利益驱动的。公益创业者比商业创业者更具仁慈和善良心,强烈的爱心和执着的奉献精神能积极转化成改造社会的美好品德。公益创业者更多看到了社会收益的价值并且愿意奉献他们的才能和精力来积累这些报酬。

第三,公益创业往往借助而非抵制市场力量。公益创业包括社会性和创业性两个基本的特征维度。公益创业一方面依靠来自政府、基金会或市场的单向资助,另一方面,团队全职化、注册NGO、项目间整合等专业化建设需要更好地借助市场力量才能得以实现,实现自我的"造血功能"。

根据参与公益创业的不同方式,可以将公益创业者分为以下四种类型。

① 参与型。参与型的公益创业者,有点类似志愿者、义工的角色。利用自己工作、学习之外的时间根据自己的专业技能、兴趣爱好等参与公益创业实践,为公益创业项目的实施贡献力量。严格意义上来说,他们还不算公益创业者,但参与了公益创新项目的创造,且极有可能成为潜在的未来公益创业者。

② 深度参与型。深度参与型的公益创业者，多为公益创业机构的核心志愿者骨干，或全职员工，这部分群体可能是全职负责机构的某部门，也可以是兼职解决机构的重大需求。这部分人因为是长期陪伴式的参与，对公益创业机构的发展有很大的贡献。我们可以把这部分人称作公益创业机构的"发烧友"。

③ 主导型。主导型的公益创业者，可以是机构创始人及联合创始人、某草根团队的创始人以及某机构旗下的公益创业项目的负责人等。这部分人多为全职公益创业者，兼职的草根公益创业团队创始人也属于此类，他们主导着公益创业项目的发展。

④ 公益创业家、社会企业家。公益创业者的最高层次就是成为社会企业家、公益创业家，也可以称这部分人为"深度主导型"，这部分可能原本是企业家，也可以是公益机构领导人，他们不仅是机构或项目的创始人，并且已经有成熟的运营模式，能够实现可持续发展。

国外学者莫什·谢里尔（Moshe Sharir）和米莉·勒纳（Miri Lerner）通过详细考察公益创业者个人、环境、企业组织、非营利组织以及新创社会事业的创立过程概括出公益创业的八个关键成功因素：一是公益创业者的社会网络；二是献身公益创业的精神；三是资本积累基础；四是公众接受创业理念的程度；五是创业团队的构成，包括志愿者和雇员的比例；六是与公共部门和非营利部门的长期合作关系；七是经得起市场考验的服务能力；八是公益创业者的管理经验。其中，公益创业者的社会网络和献身公益创业的精神是公益创业成功的最关键因素。

（2）何谓社会型创业？

社会型创业有公益创业的色彩，但又可以摆脱公益创业不能盈利的社会刻板印象。有学者持这样的观点，建议直接把公益创业就叫作社会型创业。

社会型创业相较于公益创业内涵更为广泛。长沙民政职业技术学院李浩平等在研究职业院校校友企业社会责任嵌入时发现，校友企业在与母校合作过程中，不同于一般企业基于利润最大化的目标追求，因其一脉的文化传承、情感纽带与母校形成了"强关系"，它强化了企业的公益性、互惠性，削弱了物质性、功利性，因而呈现出某些社会型创业的特征。当年，著名社会学家费孝通提出的"差序格局"概念，也被引入到企业社会责任研究领域，有学者提出了"中国企业的差序格局"概念。又如，政府提出的"积极引导支持大学毕业生进入社区、社会组织、社会工作领域就业"，侧重于社区场景，也可以理解为是社会型创业，大学生在社区完成本职工作的同时，兼顾社区创业，满足社区居民个性化、多元化生活服务需求；通过服务建立邻里信任关系和蛛网式社会支持网络，形成一定社会资本，提高就业成功率。

知识链接

"三社"领域，大学生就业的减压阀

就业是最重要的民生工作。据人社部分析，2020年新冠疫情发生正值春季招聘期，导致整体市场需求下降，部分行业需求调整加速，毕业生人岗匹配难度有所增加，大学毕业生找工作难上加难。民政部、教育部提出"积极引导支持大学毕业生进入社区、社会组织、社会工作领域就业"，并提出"争取实现两年内全国64万个城乡社区，每个社区的新增岗位至少招录一名毕业生"，表明社区、社会组织、社会工作领域（简称"三社"领域）将成为大学毕业生重要的就业渠道。

"三社"领域就业需求在哪里？

社区联系千家万户最具体，服务千家万户最直接。当前，城乡社区发展需要增加新鲜血液充实工作力量。

从社区防疫要求看，城乡社区防控工作继续摆在重要位置，疫情防控倒逼社区治理手段向技术化发展，社区基础数据库统计分析、跨部门信息资源利用、融媒体宣传、公共卫生应急管理等，都是社区面临的新课题。

从完善社区治理体系来看，全面提升城乡社区服务工作法治化、科学化、精细化水平和组织化程度，要求基层政权、社区协商、志愿服务、矛盾化解等工作模式更加成熟定型。

从脱贫攻坚任务看，城乡社区还有一批贫困群众比较困难，需要通过打造本土化、专业化、职业化、非行政化社会工作人才队伍和服务平台，实现兜底保障、精准服务。

从搞好居民服务来看，疫情让"家门口"的服务变得更加迫切，以社区为依托的医养结合、托养陪护、心理慰藉、电商物流等刚性需求快速增长，孕产妇、婴幼儿、老人、病人、残疾人等群体的个性化、高质量服务"菜单"需进一步丰富。

从社会服务产业提质扩容来看，品牌连锁的养老机构、家政机构、托育机构、大型康养综合体经营管理等急需人才，应首先在社区服务网点历练。为此，应鼓励毕业生在"三社"领域一展身手。

"三社"领域就业优势在哪里？

大学毕业生通过就业见习、政府购买服务、自主创业等形式在社区就业，有以下独特优势：

第一，可以规避市场风险。社区位于学校、市场之间的缓冲地带，办公场地可以

与社会组织共享，开展社区服务时，兼顾社区创业，同时享受学校和社区提供的就业创业支持政策；通过服务建立邻里信任关系和蛛网式社会支持网络，形成一定社会资本，提高就业成功率。

第二，能快速提升本领。社区工作的特点是"上面千条线、下面一根针"，大学生能接触到与社区居民利益密切相关的公共服务事项，准确掌握社区人群需求"痛点"，把自己打造成"为民服务"的行家里手、洞悉"客户需求"的"斜杠青年"。

第三，职业发展路径通畅。大学生职涯起步可以从员额外工作人员，再到员额内社区工作人员、社区书记、主任，优秀的社区主职还可以进一步定向考录公务员、副科实职，且待遇不低。

积极倡导到"三社"领域就业

第一，做好宣传发动。据第三方机构麦可思调研，2019届本科毕业生在"三社"领域就业量较大的专业及占比为财务管理6.39%、会计学5.48%、社会工作4.56%；高职毕业生为会计9.00%、社会工作5.54%、护理2.49%。可见，不仅绝大多数大学毕业生的就业意愿不在"三社"领域，社会工作、社区管理、养老、康复相关专业毕业生在"三社"领域就业量也极其有限。建议有关部门积极面向院校宣传"三社"领域就业信息、就业政策、就业形势，如河北某地主动联系京津冀高校对口支援乡镇扶贫社工站建设，支持高校毕业生在实习的基础上就地就业、创业等。

第二，强化党建引领。社区是贯彻党的宗旨、巩固党的执政基础的重要基石。应有效发挥党组织在基层工作中的领导核心作用，优先鼓励大学生党员、学生干部、表现突出且有志于在社区发展的大学生通过选举进入社区共产党员支部委员会和社区居民委员会、参加社区公共服务中心社会招考，进入城乡社区员额，并进一步定向考录公务员实职。校党委应为在校大学生社区职业发展提供必要的指导帮助。

第三，扩大社区公益性岗位供给。有条件的地方政府可考虑在社区层面增设基层治理专干、物业管理专干（已有部分社区落实）等，入驻城市社区的社会组织以及乡镇社工站增加社工岗位数量，做到乡镇社工站和村（居）政府购买服务社工项目全覆盖，预留名额给大学生。如湖南省在"禾计划"乡镇社工站派驻近4 000名社工基础上，提出了"支持建设城乡社区工作室"。除此之外，工会、共青团、妇联等群团组织可考虑增设"青年社区志愿者"服务项目，残联可加快建设一批残疾人社区康复站。

第四，适度提高大学生社区就业待遇。目前，中央基层项目有"大学生乡村干部""西部计划""三支一扶"等，各地还有一些基层项目，配套相应的就业优惠政策。建议人社部门增设一批面向社区的大学生就业见习岗位，社区服务期满考核合格的，享受"三支一扶"同等就业优惠政策。同时，建议在"采用市场化办法，细化城乡社区毕业生就业政策"方面拿出实招。如在养老机构、家政机构、托育机构设立的社区服务网点就业的大学生，且获得社会服务领域职业技能等级证书的，可考虑纳入《地方产业紧缺人才目录》，对用人企业给予一定的企业引才薪酬补助，大学毕业生工作满一定期限，能享受社会保险个人缴纳部分全额补贴、商品住宅补贴、房租补贴、城市落户加分等政策。出台促进大学生社区就业创业办法，推广"大学生创业项目嵌入社区模式"等。

第五，院校积极对接推动。建议院校加强"三社"领域岗位信息搜集整理，挖掘校友资源、校企校社合作资源，重点落实好孤残学生、建档立卡贫困家庭学生、少数民族学生、高职百万扩招学生等重点群体在"三社"领域的就业帮扶。围绕"互联网＋家政""互联网＋养老""互联网＋健康服务"等社区新业态，指导学生开展自主创新和创业活动。校地共建一批大学生思政研学基地、社区实践育人基地、社区创业孵化基地，组织在校生到城乡社区、家庭等开展劳动教育、志愿服务、惠民服务，增加"三社"领域认知和亲和力。

💻 **实训案例**

大学生创业项目嵌入社区模式

为了让大家进一步了解社区创业，我们以长沙民政职业技术学院开展的"大学生创业嵌入社区模式"为例。

2017年以来，长沙民政职业技术学院与长沙市岳麓区梅溪湖街道合作，依托学校在基层党建、养老、社区管理、社会工作、技能培训等方面的行业资源和专业优势，探索大学生创业项目嵌入社区模式。

定义和需求

大学生创业项目嵌入社区模式（图0-2）是基于社区居民需要，运用区校共建机制，将高校大学生就业型创业项目分批引入社区，嵌入社会组织孵化的一种新理念和模式。

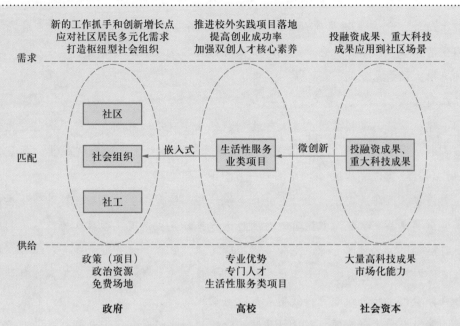

图 0-2　大学生创业项目嵌入社区模式示意图

从政府方面看。目前，社区主要依靠"三社联动"、政府购买服务方式来突破传统社区服务瓶颈。但处于承上启下环节的社会组织，还普遍存在"造血"能力不足、人员短缺的情况，无力应对社区日益增长的多元化需求。大学生创业项目引入社区，每个项目对应社区需求，不仅可以帮助社区打造能提供"菜单式服务"的枢纽型社会组织，而且项目拿出一部分利润可以帮助社会组织"造血"。如此一来，"三社联动"强了"腰身"，自然底气足、根基稳。

从高校方面看。一直以来，校内创新创业孵化基地孵化创业项目是主要形式之一。但大学生就业型创业项目面向的对象主要是城乡社区居民，消费主体"不在场"一定程度上影响了创业效果。大学生创业项目进入社区，是学校创业实践教育向第二课堂、第三课堂的自然延伸，随着创业项目量与质的增加，社区这类"半社会化"场域都会变成学校的创业孵化基地，街道会演变成校外创业实践基地群。同时，社区位于学校、市场之间的缓冲地带，有利于创业大学生继续用足用好政府政策和学校行业资源，积累经验、提升抵御风险能力，提高创业成功率。

从社会资本看。通过对大学生项目投融资，一大批学生科技成果转化落地并投入到市场，产生了较好的实践效应。但通过调研，一些权威投融资平台对立足社区的就业型创业项目关注较少。这些项目往往具有良好的"群众基础"，解决了产品、服务与社区居民消费"最后一公里"问题，其蕴含的巨大商业价值会逐渐得到社会资本的青睐。

综上所述，大学生创业项目嵌入社区，对于高校，特别是一些具有行业资源优势、以生活性服务技术技能见长的高职院校有很大的发展空间和前景。对政府和社会资本亦有很大的想象空间。

实践方式

（1）建立政府与高校区校共建大学生创新创业实践基地机制，以若干街道作为试点，按需将大学生就业型创业项目打包投放到街道所辖社区，适时将成熟的项目复制、推广到其他街道、社区。

（2）根据社区居民需求，由社区、社会组织与高校大学生创业项目签订合作共建协议，突出共建共育功能。社区负责对项目运作目标完成情况、项目支持及各项制度落实进行监督，协调社区资源，免费提供经营场地，配合高校开展实践育人工作。社会组织负责对引入社区服务的大学生创业项目进行考察、统一管理和孵化，收取一定管理和服务费用于社会组织可持续发展，社会组织的教育资源低偿或无偿向创业大学生开放。入驻大学生创业项目服从社区统一管理，合法经营，定期开展公益活动回馈社区居民，招聘员工优先考虑本社区就业创业困难群体。

（3）高校创新创业学院负责对大学生创业项目发展、运营情况进行过程性评估，定期安排创业导师指导，利用校内外投融资平台对接资源，促进学生成果转化落地、产品升级、场景迭代。

◎互动交流

讨论：大学生创业项目嵌入社区对于项目后续的发展有什么好处？

◎深思勤练

请同学们收集国内大学生创业项目嵌入社区模式的成功案例，并结合自己的专业加以分析，最终形成一份创业项目可行性分析报告（要求项目基于与社区合作的模式，并且与所学专业密切相关）。

（三）创新与创业

1. 创新与创业的区别

近年来，由于社会经济发展需求和国家政策导向，"创新"与"创业"已成为我国学术研究的热点。很多研究者因遵循"创新"学派的观点，过于强调创新和创业的内在联系，主张"创业是实现创新的过程，而创新是创业的本质和手段"。而瑞典管理学家凯伊·米可斯（Kaj Mickos）则认为，"创业不是创新，创新也不是创业。创业可能涉及创新，或者也并不涉及；创新可能涉及创业，或者也并不涉及"。结合实际，我们很容易发现，米可斯的主张更为客观。原因在于：

（1）创新就是用一种与众不同的、新颖的和敢于冒险的方法和精神去解决所面临的问题，并提出新思想、新认识、探索新规律，做出新发明、创造新成果。

（2）创业就是人们根据社会需要，运用自己的聪明才智创立一种事业，或在工作中有所创造、创新和发展。

创新有着丰富的内涵与外延，并不是所有的创新都具有创业的价值，也不是所有的创新都指向创业；而创业作为一种提供产品或服务的过程不一定都有创新的内容，很多传统项目或商业模式反复被创业者使用也是一种常态。

2. 创新与创业的关系

创新与创业的关系主要体现在以下几个方面：

（1）创新活动的本质内涵体现着其与创业活动性质上的一致性和关联性。

（2）创新是创业的基础，创业推动着创新。科学技术、思想观念的创新能引发新的生产、生活方式，进而为整个社会不断提供新的需求，这是创业活动的根本动因；创业活动依赖于科学技术、生产流程和经营理念的创新。

（3）创新是创业的源泉，是创业的本质。创业者在创业过程中需要具有持续旺盛的创新意识，才能产生富有创意的方案或想法，最终获得创业成功。

（4）创新的价值在于创业。创新的价值就在于潜在的知识、技术和市场机会转化为现实生产力，实现社会财富增长，而实现这种转化的根本途径就是创业。

（5）创业推动并深化着创新。创业可以推动新发明、新产品或新服务的不断涌现，创造出新的市场需求，从而进一步推动和深化科技创新。

二、职业规划

有些学生总希望毕业后找到一个既轻松又体面，既适应自己个性特长又有较高收入的工作。但在现实生活中，这些想法很难实现，于是他们便陷入苦恼之中，自信心受挫。

没有谁能够一开始就把今后几十年要走的路一下子想清楚，人都是在摸索中慢慢前进，慢慢地寻找到自己最适合的发展方向的。规划正如目标，高要求的目标激发人的斗志，能把自己的潜能全部发挥出来；低要求的目标对人没有激励，得过且过的思想只能限制自身的发展。

1. 职业规划的定义

职业规划又叫职业生涯设计或职业生涯规划，是指个人与组织相结合，在对一个人职业生涯的主客观条件进行测定、分析、总结的基础上，对自己的兴趣、爱好、能力、特点进行综合分析与权衡，结合时代特点，根据自己的职业倾向，确定其最佳的职业奋斗目标，并为实现这一目标做出行之有效的安排。

2. 职业规划的原则

（1）利益整合原则。个体与组织利益协调发展是个体发展的前提。任何个人都不可能脱离组织的束缚而自由自在地独立发展，无论是企事业单位的员工还是个体经营者都面临如何在组织发展的基础上贡献自己的力量而赢得个人发展契机的问题。

（2）动态目标原则。一个人一生中职业不一定是固定不变的，特别是互联网时代为人们的职业学习和职业更替提供了条件。在不同的人生阶段和不同的社会环境下，对职业规划进行适时的调整是职业规划的正确性保证。

（3）时间梯度原则。职业规划既有人生的整体规划，也有阶段性的规划。阶段性规划是整体规划实现的基础，做好阶段性规划才能为整体规划提供物质和精神保障。因此，每个人生阶段都要有个目标，阶段目标的落实和执行情况决定了整体规划的方向。

（4）发展创新原则。职业规划并不是一成不变的，也不可能完全地按部就班，规划的意义在于激发个人的职业潜能，寻求个人最佳的职业状态，因此职业规划是在创新中发展，在发展中创新，发现自我、激发自我、挖掘自我、完善自我是职业规划要达到的目标。

3. 职业规划的步骤

（1）自我评估。主要通过对自身条件和素质的分析，确定职业发展方向和职业定位。

（2）组织与社会环境分析。短期规划侧重于组织分析，长期规划侧重于社会环境分析。

（3）生涯机会评估。对社会环境进行分析，把握社会发展的总体趋势，寻求长期发展机会；对组织环境进行分析，了解组织行业发展，寻求短期发展机会。

（4）生涯目标确定。职业生涯目标的确定包括人生目标、长期目标、中期目标与短期目标的确定，它们分别与人生规划、长期规划、中期规划和短期规划相对应。首先要根据个人的专业、性格、气质和价值观以及社会的发展趋势确定自己的人生目标和长期目标，然后再把人生目标和长期目标细化，根据个人的经历和所处组织环境制定相应的中期目标和短期目标。

（5）制订行动方案，把目标转化成具体的方案和措施。这一过程中比较重要的行动方案有职业生涯发展路线的选择、职业的选择，相应的教育和培训计划的制定。

（6）评估与反馈。职业生涯规划的评估与反馈过程是个人对自己的不断认识过程，也是对社会的不断认识过程，是使职业生涯规划更加有效的手段。

4. 职业规划对个体发展的重要意义

一个人从出生开始，就被家人寄予期望，并进行早期的培养教育，然后接受十多年正规的学校教育，接着就业、创业，在各行各业发展，或取得满意的职业成就，或留下太多的职业遗憾，最后退休，养老，直到离开人世。职业不仅伴随着人的一生，而且凝聚着太多的喜怒哀乐，塑造着人的行为模式，标示出人的社会地位，体现出人生价值。因此，可以说职业铸就了人生。人生的理想与追求、探索与奋斗决定着职业的发展。对于有些人而言，职业铸就的是幸福的人生；对于另一些人而言，职业铸就的是枯燥甚至痛苦的人生。一个人把职业作为个人谋生、实现自我价值需要的同时，更应该视其为贡献社会、实现社会价值的舞台。

职业对个体的意义体现在以下几个方面：

（1）职业是谋生的手段。民以食为天。个人通过就业实现生存的需要，获得个人最基本的安全感。在谋生的过程中，个人通过职业活动为社会创造着物质财富和精神财富，为人类的繁衍和社会的发展提供保障。

（2）职业为个人发展自我个性、实现自我价值提供了空间。人生价值的实现，无论从哪方面看，都离不开职业活动。职业规定了一个人的工作岗位及其奋斗目标。个人只有以工作岗位为起点，将丰富的知识、熟练的技能出色地运用于职业活动，创造出一定的效益回报社会，才能实现与社会整体的融合，并因而实现自己的人生价值，满足个人对归属、爱、尊重与被尊重的需要。

（3）职业为个人提供了贡献社会的场所。个人不可能生产出自己所需的一切生活资料，这就需要通过劳动成果的交换，在满足自己需要的同时，也满足其他社会成员的需要，从而起到为他人服务的作用。这是个人职业劳动的客观构成，也是义不容辞的社会责任。不过，这种责任感、义务感的强弱，对于不同时期、不同社会以及不同个体会有很大差异。

美国著名社会心理学家、人格理论家和比较心理学家 A. H. 马斯洛（A. H. Maslow）曾指出："人是永远不能满足的动物"，并提出人的需求由低级依次向高级推进，即"生理需求—安全需求—友爱和归属的需求—受尊重的需求—自我实现的需求"。后来的学者又根据其研究成果补充了求知、求美以及天人合一境界三种层次的需求。

每个人在不同的人生阶段都有不同层次的需求。一个人如果饿了，吃了饭就不饿；如果渴了，喝了水就不渴。这虽然是最低层次的需求，但在现代社会，即便是最低级的生理需求，也需要个人在社会分工中扮演一定的角色，从事一定的职业之后才能得到满足。而更高的需求，比如一个人想满足自己受尊重的需求，他一定是在满足别人的一些需求之后，才会得到别人的答谢和尊重，即高级需求必须通过外界环境对他所做贡献的折射才能得到满足。

一个人要想充分发挥自己的能力，实现自己的梦想，得到社会的承认，就一定要努力工作，为社会作出贡献。成功的个人自我实现，是在满足他人的需求后社会环境对他的回报，这是一个客观规律。

毫无疑问，我们大部分的人生需求都要通过职业生涯来满足。开始参加工作的时候主要是为了满足基本的生理需求，随着个人对企业、社会的贡献越来越多，高层次的需求会逐渐得到满足。职业生涯开发与管理可以帮助我们在持续增加基本需求满足程度的同时，提高高层次需求的满足程度。近年来有的学者通过调查统计，得到了人生各种需求通过职业满足的百分比如下：对"生活来源"需求满足的平均值为99%；对"归属和爱"需求满足的平均值为55%；对"自我需要"需求满足的平均值为80%；对"来自他人的尊重"需求满足的平均值为86%；对"自我实现"需求满足的平均值为95%。

由此可见，职业不仅仅是我们谋生的手段，更是我们满足更高层次需求的重要途径。

📢 案例分享

一个大学生的职业规划

基本情况

常丽言，女，2019年9月考入某省属职业技术学院经济贸易学院国际经济与贸易专业，业余时间辅修电子商务专业课程，2022年7月毕业。其父母在一座小城市工作，属普通工薪家庭。

个人分析（SWOT分析）

1. 优势（Strengths）

（1）做事认真、踏实，生活态度积极，善于发现新事物和环境友好的一面。

（2）待人真诚，放得开，乐于与人交往和沟通，善于开导别人。

（3）有责任心、爱心，并且喜欢相关的工作。

（4）喜欢思考问题，有一定的分析能力，有寻根究底的兴趣，做事之前一定要将事情想清楚。

（5）有浓厚的学习兴趣和一定的知识积累，英语水平较高。

（6）心思细腻，考虑问题比较细致、周到。

（7）逻辑性和条理性较好，书面表达能力较强。

（8）当过班干部，组织过集体活动，有一定的组织管理能力和管理经验。

（9）喜欢能让自己静下心来的工作环境，能自我控制，安排好工作，善于做跟人打交道的工作。

2. 劣势（Weaknesses）

（1）竞争意识不强，对环境资源的利用不够主动，也就是快速适应环境的能力不够。

（2）口头表达有时过于细节化，不够简洁。

（3）做事不够果断，尤其做决定的时候往往犹豫不决。

（4）工作、学习有些保守，学习速度较慢。

（5）冒险精神不够，创新能力有待提高。

（6）做事有时拖拉，不够雷厉风行。

（7）不喜欢机械性、重复性的工作，也不喜欢没有计划、没有收获的忙乱，不喜欢应酬和刻意为之的事情。

3. 机会（Opportunities）

（1）就专业方面来说，随着我国对外开放水平全面提高，外语的使用越来越广，就业机会较多。

（2）当下正处于信息化时代，电子商务已经成为国际贸易、国内贸易中不可或缺的重要组成部分，就业机会较多。

（3）学校提供了一些很好的学以致用的机会，可以积累一定的实践经验，同时有很多机会与各行业人士接触、交流、学习，提高自身素质。

（4）身边有很多优秀的同学，可以多向他们学习，并且有构建良好人际关系的条件。

4. 威胁（Threats）

（1）国际化的环境同时意味着国际范围的竞争和挑战，对个人素质要求更高，而对于外语水平来说，不能只满足于不错的听写能力，表达能力的提高至关重要。

（2）随着我国电子商务产业的高速发展，在"互联+"风潮下，很多知名电商企业纷纷打起"人才争夺战"。但因为电子商务类的工作实践性强，因此很多企业主要招聘有相关工作经验者，要跻身大企业实属不易。

（3）随着我国大学扩招和教育水平普遍提高，毕业生很多、优秀毕业生不少，求职时不只是知识的比拼，更是对个人发现机会、展示自己并把握机会能力的考验。

未来的最佳选择

与专业相关的职业有外贸行业、电子商务行业，但这两个专业市场化程度较高，对竞争能力有较高的要求，而这正是自己的劣势。

求职考虑能够很好地发挥自己与人沟通能力强的职业，如教育行业，既能展示自己的优势，又跟个人专业结合，对竞争性要求也相对低一些。

现在应做的准备

如果要从事教师职业，自己的学历需要提高，有必要继续深造，但考虑到个人及家庭条件，还是先工作两年有一些实际的经验，然后再去学习比较好。

3~5年的职业目标

（1）进入教育行业。

（2）考上省师范大学的教育专业研究生。

（3）毕业后成为教师。

行动计划

（1）两年内努力考过专业英语四、六级，并进一步向专业八级的要求靠近，寻找英语家教的机会，获得一些教育的经验，至少对中小学生的情况有些了解。

（2）开始留意教育行业的招聘广告，关注招聘教师的要求，并向这一要求的方向努力。

（3）关注教育行业的其他职位，留意其中是否有适合自己的职位。

（4）不要被外贸、电子商务的相关职位转移了注意力。

（5）留意省师范大学教育专业研究生招生计划，选择适合自己的专业及导师，找机会旁听相关课程。

求职实践总结

按计划行动之后，常丽言发现教育行业的教师职位门槛相对于她来说，确实比较高，她根本没有机会，但教育行业中其他的行政后勤岗位中还是有适合自己的位置。

经过半年的努力与准备，她终于被一家职业高中看中，录取为学校机房的网管，主要的职责是：维护学校机房设备，在上课时间为相关教师准备好机器，协助管理学生上机，在非上课的自习时间为来机房上机的学生服务。这个工作自主性较强，平时时间比较自由，常丽言可以有时间复习为考研做准备；学生上机时，为学生服务也适合她乐于并善于与人交往的个性特点，她工作得非常愉快，自然受到学生的欢迎和学校领导的认可。

常丽言一边在学校上班，一边备考研究生。另外，她了解到学校有在职学习名额，还准备争取学校的在职学习名额，到师范大学进修，回来继续为学校服务。

在一个符合自己优势与喜好的行业与岗位上，常丽言如鱼得水，干得很起劲也很开心。

常丽言掌握了 SWOT 分析方法，对自己与外界环境能够进行比较精准且接近实际情况的分析，这是她成功找到合适工作的主要原因。

🖥 实训案例

选自己所爱还是爱自己所选

艾兰，某高职院校金融服务与管理专业毕业生，对文字工作特别钟爱。因个人兴趣，在校期间做了某报社兼职记者。临近毕业时，因该报社经营不善，领导层变故，遂由学校推荐至某知名国有银行从事相关业务工作。工作期间，她勤勤恳恳，任劳任怨，每年都被评为先进，得到领导和同事的一致认可。但艾兰并不喜欢这份工作，严格讲是不喜欢和数字打交道。在应聘本单位的办公室文秘岗位未果的情况下，她不甘现状，利用业余时间一边修完自学考试新闻专业的所有课程，一边给一些报纸和杂志投采访、评论等稿件。到了后期，艾兰还在一家省级知名出版社做了兼职编辑，由于工作认真，很受总编器重，她也很喜欢这份工作。于是，艾兰和对方口头约定当年3月辞掉银行工作，到社里上班。可在2月时，一家电视台的招聘启事打乱了艾兰的计划。她觉得成为电视台记者既风光收入又高，于是参加考试，顺利进入该电视台做了记者。但出乎意料的是，没过多久，她就发现这个记者工作很难做，人际关系复杂，稿子频频被"枪毙"，没有底薪，再往后连她报的选题都没法通过了。眼看着自己成了"末位兵"，艾兰开始怀疑自己的能力和究竟是否适合这项工作。她在家里漫无目的地翻报纸，突然发现另一知名股份银行有很多部门的岗位在招聘有银行工作经验的人员。此时又想起那位出版社总编在她临走时留下的一句话："你如果愿意回来，我们依然欢迎你、培养你，这里有你施展的空间。"现在艾兰十分迷茫和苦恼：是留在电视台？还是去出版社？或者再去银行试试？

　　艾兰的故事给了我们一个很沉重的警醒：要去做自己喜欢的工作，还是做自己能做的工作？或做职业声望高、收入高，但自己不能胜任的工作？"选择还是放弃？"这是个问题！其实，这是个定位职业方向的问题。因为艾兰没有明确自己的职业发展方向，所以，在职业选择时才会出现这种迷茫：能做的不愿意做，想做的又做不来，喜欢做的却没有做。如何找到适合自己的职业方向是艾兰所面临的根本问题。俗话说，方向不明，无以为动。职业方向不明导致艾兰成了职场上的弱势群体。

◎**互动交流**

请回答以下问题：

（1）一个人选择自己喜欢的职业重要还是选择自己擅长的职业重要？

（2）艾兰能够找到自己既喜欢又能胜任的职业吗？

◎**深思勤练**

请同学们结合自身实际写一份职业规划书，并在课堂上进行交流。

三、创新创业与职业规划

1. 创新创业能力在职业规划与发展中发挥积极作用

　　创新创业是一种人生态度，是根植于内心的一种不满足于现状、敢于创新并承担风险的精神，是一种在考虑资源约束的情况下把握创造价值的认知。创新驱动发展，创业实现价值。从广义的角度去看创业，可以理解为是一个人根据自己的性格、兴趣、所学专业等选择适合自己的事业（可以是创办企业，也可以是创办非营利的事业，还可以是就业），并把握机会，为这个事业的成功整合资源、付诸努力，最终实现自己人生目标的过程。因此，创新创业能力中所包括的捕捉机会、整合资源等意识，以及领导、沟通等能力具有普遍性与适应性，在个人职业规划与发展中起着不可或缺的作用。

2. 职业规划是创业成功的必要条件

职业规划更多的是对人生职业的一种设计和整体筹划，创业则是实现职业规划的重要方式和渠道，同时也是更好地激发个人职业规划得以实现的积极手段。

3. 创新创业是职业规划的一种路径

大学生在毕业后，可以选择就业也可以选择创业。利用所学专业知识找一份工作，并在工作中进行创新，在创新中求发展，一步一步向更高级的岗位迈进，从某种意义上讲，这也是一种创业；而自主创立一份事业，也是一种就业的方式，属于高水平的就业。创新是一种职业素养、创业是一种职业生涯，创业同就业一样，属于职业规划与发展的不同路径。

就业是民生之本，创业是富民之基，创新是创业之源。创新创业是新时代赋予高职大学生的使命，也是对高职大学生的内在要求。当代大学生只有通过不断地提升自身的创新创业能力与素质，才能在激烈的人才竞争中脱颖而出，获得更大的职业发展空间，书写人生精彩华章。

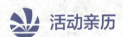 **活动亲历**

找到十年后的自己

——做自己职业生涯的设计师

活动人数

以班级为单位开展活动，人数不限。

活动场地及用具

教室、工作坊等场地，准备白纸、绘画笔若干。

活动组织

学生独立完成，教师组织交流。

活动步骤

（1）每位学生在白纸上画一幅自画像，用场景的形式展现想象中十年后自己的职业生涯状态——那时的自己会在哪里、从事什么工作、过着怎样的生活等。

（2）与同学分享有关自己想象中十年后所从事工作的描述——我看到那时天花板的颜

色、我穿的衣服的款式、我住的房子、我乘坐的交通工具、我的工作环境、同事们对我的称呼、和我共进三餐的人、我一天的工作内容、下班后我的生活、晚餐后我的活动安排、我认为我未来会从事什么样的职业，等等。

活动交流与讨论

（1）说出你未来从事该职业的理由？

（2）在憧憬未来时，你都考虑了哪些因素？还应考虑哪些因素？

活动体验

谈谈你在本次活动中的感悟与收获。

活动点评

"我是谁？""我要到哪里去？""我该如何去？"这些都是我们每个人要积极思考、扪心自问的问题，当我们拥有这种主观能动性时，意味着我们已经开始尝试着规划自己的职业生涯、自己的人生未来。若是看不到未来，就掌握不了现在；若是掌握不了现在，便看不到未来。本次活动的目的旨在培养学生树立职业生涯规划意识，增强学生对自我的认知，结合职业生涯规划的原则，在教师的引导下逐步建立正确的职业生涯规划，并在明确职业方向的同时，进一步了解创新创业意识和能力的培养对未来人生发展的重要性。

创新篇

创新不神秘，人人都有创新力！

创新意识水平测评

测评过程中，只需根据自身实际情况，选择符合自己特征的描述即可。

（1）我不随大流。 　　　　　　　　　　　　　　　　　（　　）

　　A.无　　　　B.偶尔　　　　C.有时　　　　D.经常　　　　E.总是

（2）我不断追求事业上的进步。 　　　　　　　　　　　（　　）

　　A.无　　　　B.偶尔　　　　C.有时　　　　D.经常　　　　E.总是

（3）我随时发言而无所顾忌。 　　　　　　　　　　　　（　　）

　　A.无　　　　B.偶尔　　　　C.有时　　　　D.经常　　　　E.总是

（4）我觉得我思想比较活跃。 　　　　　　　　　　　　（　　）

　　A.无　　　　B.偶尔　　　　C.有时　　　　D.经常　　　　E.总是

（5）我对新知识感兴趣。 　　　　　　　　　　　　　　（　　）

　　A.无　　　　B.偶尔　　　　C.有时　　　　D.经常　　　　E.总是

（6）我的时间宝贵。 　　　　　　　　　　　　　　　　（　　）

　　A.无　　　　B.偶尔　　　　C.有时　　　　D.经常　　　　E.总是

（7）我敢于向困难工作挑战。 　　　　　　　　　　　　（　　）

　　A.无　　　　B.偶尔　　　　C.有时　　　　D.经常　　　　E.总是

（8）我提建议多。 　　　　　　　　　　　　　　　　　（　　）

　　A.无　　　　B.偶尔　　　　C.有时　　　　D.经常　　　　E.总是

（9）我求知欲望强。 　　　　　　　　　　　　　　　　（　　）

　　A.无　　　　B.偶尔　　　　C.有时　　　　D.经常　　　　E.总是

（10）我不迷信权威。 　　　　　　　　　　　　　　　（　　）

　　A.无　　　　B.偶尔　　　　C.有时　　　　D.经常　　　　E.总是

（11）凡事我有主意。 　　　　　　　　　　　　　　　（　　）

　　A.无　　　　B.偶尔　　　　C.有时　　　　D.经常　　　　E.总是

（12）新鲜事很容易吸引我的注意力。 　　　　　　　　（　　）

　　A.无　　　　B.偶尔　　　　C.有时　　　　D.经常　　　　E.总是

（13）我看问题高瞻远瞩。 　　　　　　　　　　　　　（　　）

　　A.无　　　　B.偶尔　　　　C.有时　　　　D.经常　　　　E.总是

（14）我兴趣广泛。 　　　　　　　　　　　　　　　　（　　）

　　A.无　　　　B.偶尔　　　　C.有时　　　　D.经常　　　　E.总是

（15）我不墨守成规。 （　　）

      A.无   B.偶尔   C.有时   D.经常   E.总是

（16）我不害怕从来没做过的事。 （　　）

      A.无   B.偶尔   C.有时   D.经常   E.总是

（17）我喜欢做新颖的工作。 （　　）

      A.无   B.偶尔   C.有时   D.经常   E.总是

（18）我的主意多。 （　　）

      A.无   B.偶尔   C.有时   D.经常   E.总是

（19）我对事情喜欢刨根问底。 （　　）

      A.无   B.偶尔   C.有时   D.经常   E.总是

（20）我相信自己不比别人差。 （　　）

      A.无   B.偶尔   C.有时   D.经常   E.总是

统计方法：

"无"计1分，"偶尔"计2分，"时有"计3分，"经常"计4分，"总是"计5分。将20个题目的分值加在一起，即为总分。

测评说明：

（1）总分在80分以上，表现为创新意识程度高。

（2）总分在70~79分，表现为创新意识程度中等偏高。

（3）总分在60~69分，表现为创新意识程度中等偏低。

（4）总分在60分以下，表现为创新意识程度低。

【思想领航】

创新是引领发展的第一动力。抓创新就是抓发展，谋创新就是谋未来。

——习近平

    提出一个问题往往比解决一个问题更重要。因为解决问题也许仅是一个数学上或实验上的技能而已，而提出新问题、新的可能性，从新的角度去看旧的问题，却需要有创造性的想象力，而且标志着科学的真正进步。

——爱因斯坦

第一单元　创新意识与特质

创新是以新思维、新发明和新描述为特征的一种概念化过程。英文中"innovation"（创新）一词起源于拉丁语，原意有三层含义：第一，更新；第二，创造新的东西；第三，改变。创新是人类特有的认识能力和实践能力，是人类主观能动性的高级表现形式，是推动民族进步和社会发展的不竭动力。一个民族要想走在时代前列，就一刻也不能没有理论思维，一刻也不能停止理论创新。创新意识是善于独立思考、敢于标新立异，提出新观点、新方法，解决新问题和创造新事物的意识，它是创新思维和创新活动的基本前提和条件，它直接决定创新活动的产生和创新能力的发挥。

一、创新意识概述

（一）创新意识的内涵

创新意识是指人们根据现实发展的需要，对客观物质世界的探求过程中，创造前所未有的客观事物或产生了新的理念、思路和想法的心理动机，并在创造活动中表现出发现问题且积极探索解决问题的愿望和设想。它是人类意识活动中的一种表现形式，推动人类进行创造，富有成果性和积极性，它是人类产生创新能力的前提。创新意识作为一种心理动机，促使人们进行创造性的活动，只有具备了创新意识的人才能进行创造。若一个人没有创新意识，则只能进行重复的、机械的劳动，不能推动社会的发展和人类的进步。一个人具备创新素质的首要前提是要具备创新意识，它不仅仅表现在科技产品、思想行为的创新，还表现在对待问题的思维方式的创新，对未知事物有好奇心，这是一种积极的心理取向。

（二）创新意识的主要品质

有学者认为创新意识的主要品质由好奇心、自信心、思维独立性等构成。

1. 好奇心

一个人如果对周边事物产生了好奇，他就会对其进行仔细观察，在观察过程中加深对事物的理解，活跃思维。例如，物理学家牛顿对苹果为何是向下掉落产生了好奇，进而研究出了万有引力定律。

2. 自信心

自信心是创新意识产生的重要保障，我们在对新事物的探索过程中不可能一帆风顺，总会遇到这样或那样的挫折，但是我们不能因此而否定自己。例如，发明家爱迪生在发明电灯的过程中，为了寻找合适的灯丝材料，足足实验了一千多次，一次次的失败并未让他灰心丧气，他一直满含信心并最终取得了成功。

3. 思维独立性

人云亦云式的思维方式并不能有助于创新意识的培养。一个人如果容易受到他人影响，对事物不能进行独立的思考，那么创新就无从谈起。一个人根据社会和个体生活发展的新需要，产生某种创造的动机，表现出创造的意向和愿望。创新意识是人类意识活动中的一种积极的、富有成果性的意识形态，是人们进行创造活动的出发点和内在动力。需要和动机是创新意识的基本要素，其中道德动机更为重要，它反映创造者的道德水平。只有目的明确的、高尚的创造动机，才能使创造行动坚定不移，直到创造活动取得成功。

（三）大学生创新意识的内涵

社会主义核心价值体系的首次提出是在中国共产党十六届六中全会上。此次会议提出我国的社会主义核心价值体系主要包括四大方面的内容，其中，"以爱国主义为核心的民族精神和改革创新精神为核心的时代精神"这一内容恰好体现了创新是时代的要求，同时也成为精神文明建设和新道德教育的重要内容。人才建设是以大学生作为储备群体，使大学生在未来成为社会各界的支柱，因此，作为大学生应该具有创新意识、创新精神和实践能力。在科学技术快速发展的今天，人们在任何情况下，应该有适当的创新意识。只有具备了创新意识，才能在创新机会来临的时候加以把握，从而实现创新的行为。如果没有创新意识，即使机会来了也会稍纵即逝。同时，创新意识是创新活动的内在动力，如果没有创新意识便只是空谈创新实践。例如，被苹果击中头部的人有很多，但发现万有引力定律的却只有牛顿一人。

大学生的创新意识，是指根据社会和个体生活发展的需要，在学习知识、解决学习和生活中所出现问题的实践过程中，对问题处理时表现出的意向、愿望和设想，并同时推动主体运用变化、组合等创新手段进行探索，获得创新知识与创新能力的一种特定心理状态。它是大学生进行创新活动的出发点和内在动力，是唤醒、激励和发挥其所蕴含的潜在本质力量的重要精神动力。

大学生的创新意识在创新的过程中发挥着独特的作用。首先，大学生创新意识是创新的前提，有利于推进创新、促进创新。人类改变世界的过程中，意识产生实践，实践活动都是由意识驱动而产生的。党的二十大报告提出了到二〇三五年，我国实现高水平科技自立自强，进入创新型国家前列，正是基于对创新战略地位的深刻理解。在大学生创新意识的培养中应挖掘创新更深层次的价值，注重创新意识培养，增强创新实践。其次，大学生需要以创新意识为指导，每一步的创新都需要创新意识发挥指导作用，这样学生在创新的过程中遇到困难时，方可正确处之，及时调整，反思提高。

二、创新意识的主要构成要素

创新是一种锐意进取的精神面貌，是一种勇于探索的工作态度，是一种不断追求卓越、追求进步、追求发展的理念。超越前人是创新，推陈出新是创新，创造性地解决难题也是创新，创新是一个广泛的概念。创新意识是创新的前提。那么，创新意识的构成要素有哪些呢？

（一）批判精神

批判精神是创新意识的第一要素。创新首先意味着对旧观念、旧事物的扬弃，是要抛开旧的，创造新的。因此，创新意识就其本质来说，是批判的、革命的。它不迷信、崇拜任何偶像、教条和一切不适应现实情况变化的旧观点，不因循守旧，不墨守成规，不唯上、不唯书、只唯实，能够批判地思考和分析问题并善于吸取旧事物、旧观念中的合理因素，在继承的基础上创新，提出自己的新创意、新思想，从而提高批判性思维，培养批判精神。因为，批判精神是创新精神的前提与基础。古希腊著名思想家亚里士多德有句名言："思维是从疑问和惊奇开始的。"有疑问才会有思考，有思考才会有创新。批判性思维讲究思维的独立性，须经过自己的独立思考与辨别，才能得出自己的结论。

案例分享

电梯装在楼外

很多年以前，有一家酒店的电梯不够用。于是酒店请来了建筑师和工程师研究如何增设新的电梯。专家们一致认为，最好的办法是在每层楼上打个大洞，直接安装新电梯。方案定下来之后，两个专家坐在酒店前进一步商谈工程计划。他们的谈话恰巧被一位正在扫地的清洁工听到。清洁工对他们说："每层楼都打个大洞，肯定会尘土飞扬，动工时最好把酒店关闭些日子。"工程师说："那可不行，关门一段时间，别人还以为酒店倒闭了呢！"清洁工不经意地说："我要是你们，我就会把电梯装在楼的外面。"建筑师和工程师听了这话，相视片刻，不约而同地为清洁工的这一想法叫绝。于是，便有了近代建筑史上的一次伟大变革——把电梯装在楼外。

（二）创造性思维

思维是人类一切活动的源头，也是创新的源头。创造性思维是以发现新思想、新观点、新理论为目标的，新颖性、独特性和求异性是它的显著特征。创造性思维，对人的行为和决策都有直接的重要影响。它是正确理论指导下长期的艰苦实践和科学的求实精神、研究方法相融合中的再创造。我们应当注意汲取人类各方面的研究成果，不断增强自己的创造性思维能力，打破原有的阻碍人们采用新的解决方法的思维定势，在开展创新活动中善于运用发散性思维研究新情况、新矛盾、新问题，探索应对问题、解决矛盾的新途径、新方法，产生创新成果。

（三）风险意识

创新是做前人未做的事情，是对旧事物、旧观念的否定，是对传统习惯势力的挑战，是对现状的革新，因此很容易受到传统习惯势力和错误倾向的压制、打击，致使创新的风险和代价较高。加之没有现成经验可供参考借鉴，创新的结果往往具有不确定性，有时甚至会付出高昂的代价，所以任何创新都意味着超越过去、超越自我，意味着冒险、探索、开拓未知，这就要有进取之心和接受风险考验的心理准备。在增强创新意识时务必要培养勇于进取之心，务必要增强风险意识，有足够的思想准备应对和化解风险。争取有所建树，取得更大、更好、更长远发展，为自己设定较高的工作目标，勇于进取，勇于迎接挑战。

（四）系统观念

创新是一种系统性行为。系统普遍存在于自然界和人类社会中，世界上的一切事物又都存在于一定的系统中，是若干要素按一定的结构和层次组成的，并且具有特定的功能。从社会整体看，各个领域中的创新是相互关联的。科学的发现可能导致技术的革新，技术的革新又能推动经济的发展，经济的发展则又能对社会的经济和政治体制产生深远影响。系统分析作为一种思维方法和研究方法，科学地反映了事物系统性规律。因此，我们在增强创新意识时，应树立系统观念，掌握系统分析方法，避免以偏概全，避免只看到局部和暂时的利益，从而最大限度地使创新符合客观实际，达到整体优化的目标。

（五）制度保障

增强创新意识要具备良好的制度保障。创新的种子要发芽、生长，需要适宜的气候和环境。发展创新文化、培育创新精神，需要观念的支撑、方法的执行，更呼唤制度的保障。制度创新的灵魂是尊重人、服务于人、平等待人。社会要为创新活动创造良好的法制环境、政策环境、市场环境和舆论环境，把对创新规律的理解和对创新活动的态度贯穿于体制机制当中，通过制度的杠杆协调创新主体与社会之间的平衡关系，以更好地吸引社会资源要素不断投入创新活动之中，提高创新的质量和效益，更大地激发人们的创新热情，保护创新的积极性、主动性，更有力地保障创新文化价值观的形成和确立。要坚决革除"枪打出头鸟"这样的错误心理，勇敢走出将敢于冒尖者视为冒失、将打破常规者看作异类、将富有个性者当成不成熟这类认识误区，让创新者"闯"的魄力更大、"抢"的意识更强、"争"的劲头更猛、"拼"的勇气更足。

（六）科学理论的指导

增强创新意识要坚持以科学理论为指导。只有抓住理论武装这个根本，创新才会有

"魂"和"纲"。因此，我们应该坚持不懈地学习贯彻党的二十大精神，高举习近平新时代中国特色社会主义思想伟大旗帜，牢固树立中国特色社会主义道路自信、理论自信、制度自信、文化自信，切实打牢开拓创新的思想基础。创新意识只有体现在工作中，落实到不断研究新情况、解决新问题的行动上，才能转化为全面建成社会主义现代化强国、实现第二个百年奋斗目标，以中国式现代化全面推进中华民族伟大复兴的磅礴力量。

三、创新意识的作用

（一）创新意识是决定一个国家、民族创新能力最直接的精神力量

在今天，创新能力实际就是国家、民族发展能力的代名词，是一个国家和民族解决自身生存、发展问题能力大小的最客观和最重要的标志。

（二）创新意识促成社会多种因素变化，推动社会全面进步

创新意识根源于社会生产方式，它的形成和发展必然进一步推动社会生产方式的进步，从而带动经济的飞速发展，促进上层建筑的提升。创新意识进一步推动人的思想解放，有利于人们形成开拓意识、领先意识等观念。创新意识会促进社会政治向更加民主、宽容的方向发展。

（三）创新意识能促成人才素质结构的变化，提升人的本质力量

创新实质上确定了一种新的人才标准，它代表着人才素质变化的性质和方向，它输出一种重要的信息：社会需要充满生机和活力的人、有开拓精神的人、有思想道德素质和现代科学文化素质的人。发挥其激发人的主体性、能动性、创造性的作用，从而使人自身的内涵获得极大丰富和扩展。

四、创新意识的培养

（一）创新意识的培养重点

创新意识代表着一定社会主体奋斗的明确目标和价值指向，是一定主体产生稳定、持久创新需要，价值追求和思维定势以及理性自觉的推动力量是唤醒、激励和发挥人所蕴涵潜能的重要精神力量。创新意识远比知识和技能更重要。创新意识的培养过程中，要重点培养三个"意识"。

1. 价值意识

价值意识就是创新有用意识，就是能觉察、认识到创新价值，在调控创新行为时考虑价值因素。在进行创新价值意识的教育中，既要突出创新对社会、国家的积极意义，也要关注创新对个人发展的积极意义。美国著名社会心理学家马斯洛认为，人的行为动机来自人的需要，需要是分层次的。树立创新有用的意识，是促使对创新的认知需求向更高级的尊重需求和自我实现需求转化的因素之一。创新有用的意识有利于学习者产生

接受创新教育的需求，或者在创新活动中维持更长久的动力。

2. 行动意识

"行动意识"就是"我要创新"的意识。"我要创新"不仅仅是认识创新的意义，欣赏、享用他人的创新成果，而是自己要参与创新活动，期望通过参与创新活动实现提高自我创新能力的价值，美国心理学家维克托·弗鲁姆（Victor H. Vroom）在期望理论（Expectancy Theory）中提出，动机激励水平的高低等于期望与效价的乘积。强化"我要创新"意识，提高创新能力的期待，强化对创新活动的积极情绪体验，都有利于学生将接受创新教育的需求转化为具体的行动。

3. 自信意识

"自信意识"就是"我能创新"的意识。每个人心中都有创新因子，在创新教育中产生"行动意识"一般不困难，难的是如何维持学习动机，如何逐步提高学习的动机水平。美国当代心理学家阿尔伯特·班杜拉（Albert Bandura）认为，自我效能是支配人类行为的重要力量，自我效能包括对行为能力的自觉和个体对自身能力稳定的信念。自我效能感强的人，常表现为自信心强，具有积极的情绪，在困难面前不退缩，很少自我放弃等。在创新教育中提供成功的创新体验，有利于学习者逐步提高自我效能感，产生对自身创新能力的信念，从而增强创新自信，提高接受创新教育和投身创新活动的动机。

（二）大学生创新意识的培养方法

大学生创新意识的培养还应聚焦对创新的认识、创新精神、创新思维和团队协作精神的培养。应重点从以下几个方面加强。

1. 要加强对创新的正确认识

（1）要明白高等职业教育是我国职业教育体系中的高层次教育，是以培养高素质技术技能型、工匠型人才为目标的。同时，要认识到工匠型人才的创新不仅有理论上的创新，也有技术上的创新，还有工艺技能上的创新。既然高等职业教育的侧重点在于技术技能人才的培养，决定其要具有强烈的创新意识，为今后成为工匠创新型技术技能人才做好准备。

（2）要明白创新是需要基础和积累的，它需要用到在课堂上所学到的知识。

（3）还要认识到创新的根本目的在于发现问题和解决问题，并且较以往的学习要有所突破和创造。

2. 要积极主动参加"第二课堂"的实践活动和专业实训

创新精神和团队协作精神的培养，必须确立以创新为核心的学习思想、学习方法和学习内容，营造一种创新人才健康成长的学习氛围。要充分发挥自己的个性和创新精神，主动发挥自己的创新能力。要弘扬科学精神，重视理性的力量，要有"敢为天下先"的精神和气度。要积极参与学校的各项校园文体活动和社会实践活动等第二课堂活动，勤于思考、善于思考，大胆探索，在实践活动中学习，在学习中实践，在学习和实践活动过程中产生新想法、提出新问题和新见解来培养自己的创造能力，要敢于标新立异。学校要在课程考核上对学生给予鼓励和支持，增强学生的主动性和独立性；学生通过参与老师的教学创新和科研创新来培养自己的创新精神、提高自己的创新能力。与此同时，加强与老师和同学的沟通协作和配合，培养自己的团队协作能力。

要在具体实践活动中调动自己的创新热情，培养自己的创新能力。在高职教育中，学生在课堂中所学基础理论知识只有通过实践才能得到进一步巩固和升华，而且只有在实践中才能真正提高创新意识和创新能力。

大学生科技创新活动是一个很好的创新实践平台。目前，高职院校都在广泛地开展各项创新创业和技能创新大赛。因此，大学生应该积极主动地去参加各类大学生科技创新活动。实践表明，积极参加各种技能创新比赛可以很好地调动大学生的创新热情。首先，荣誉感可以点燃大学生的创新动力和热情，并使其得以长时间保持。其次，在大学生科技创新活动中，指导教师的悉心指导，能让大学生明确自己要解决的问题，这就是初期阶段的立题。有了问题就要寻找解决办法，这就需要用到课堂学到的理论知识和技术，更需要创造性的思维，从而让学生逐渐明白创新的内涵。

专业实训环节是具有高职教育特色的实践环节。在这一环节中，要勤于动手，勤于思考，善于发现问题，勇于开拓创新。因此，在专业实训期间，对遇到的问题提出新的想法时，不管其意义大小，只要其思路是科学合理的，就是创新，就应该大胆实践，从而进一步培养自己的创新意识和创新能力。同时，在大学生科技创新和专业实训活动期间，要尽可能多地接触和使用各种仪器设备，独立操作，直到熟练掌握为止。只有通过实际操作，对具体数据进行分析和总结，在实际工作中发现问题并创造性地解决问题，才能真正将专业理论知识和实践有机结合，从而使自己的理论知识、实践能力和创新能力得到全面提高。

3. 要注重创新思维训练

培养创新思维，要提高自己的文化知识求知欲，侧重于加强以下几个方面的创新思维训练。首先是元认知训练。元认知就是对思维的思考。它用以监督和调节人的认识活动，以提高认识活动的效率。元认知水平高的人，能够多角度思考问题，能看到事物的不同侧面，也能充分认识到自己行为的各种可能后果。思维策略训练是元认知训练的重要内容。研究表明，差的问题解决者往往根据事物的表面特征进行类推，而好的问题解决者则根据基本原理的相似性进行类推。其次，进行一系列的创造技能训练，包括坚持不懈的能力、发散思维的能力及勇于打破思维定势的能力和敢冒风险的能力训练。

4. 要加强多读书、读好书的学习习惯的培养

培养多读书、读好书的习惯，广泛涉猎，从教科书外吸取知识，弥补自己的不足。加强对科技文献的阅读，有意识地结合所学专业知识查阅相关科技文献，特别是一些好的专

利文献，并思考其文献的创新点。这样既能进一步巩固和掌握基础理论知识，了解创新并不神秘、自己所学的理论知识确实有用，从而提高自己的创新意识和对创新的热情，又能够培养自己的科研素养和阅读各种科技文献的能力，还能够培养自己发现问题和解决问题的能力。实践表明，科技文献的阅读对培养大学生创新意识大有裨益。

5. 要增强创新的信心和拼搏的勇气

有关调查发现，相对于普通高校特别是重点高校的学生而言，高等职业院校学生的自信心有待加强。在培养学生创新意识和创新能力的过程中，教师对学生多鼓励、少批评，不仅可以增强学生对自身创新能力的信心，还能让他们具有参加各种技能和创新比赛的勇气。更重要的是，对学生就业之后在工作岗位上发挥其创新意识和创新能力具有非常重要的意义。

因此，在高职院校开展大学生科技创新活动和专业实训的过程中，当学生遇到挫折甚至失败的时候，教师不应指责学生，而应该鼓励。在培养学生创新意识和创新能力的过程中，要让学生明白一个道理：做创新性的工作，失败是在所难免的，但是千万不能失去信心，失败至少让你知道这次的方案不对，只要不失去信心，终究会找到一条正确的路。只有不断鼓励学生，让他们面对失败时保持良好的心态，才能在创新意识和创新能力的培养过程中逐渐使其树立对创新的信心。

另外，由于当前大学生大多是"00后"，基本上是独生子女，而且成长环境相对较为优裕，因而，他们中的一些人相对缺乏拼搏精神。有些大学生缺乏忧患意识，认为上了大学就可以高枕无忧，不愿意继续奋斗，只想顺利拿到毕业证书；也有不少大学生在学习中怕苦怕累，在参加创新活动的过程中缺乏艰苦奋斗、吃苦耐劳的精神。因此，在培养大学生创新意识和创新能力的过程中，还必须加强对大学生拼搏精神的培养。大学生只有具备了拼搏精神和自信心，才会敢于挑战，勇于创新。

五、培养大学生创新意识的意义

（一）培养大学生创新意识是培养创新人才的需要

科技要发展，人才是关键。科技的发展需要不断创新，科技的创新需要的是创新型人才。创新型人才需要有强烈的求知欲和好奇心，也就是要有创新意识，同时还要有坚强的意志，大学生朝气蓬勃、充满活力，对他们进行创新意识的培养，能够帮助其更好地开展创新活动，更好地为科技进步、国家发展贡献力量。

（二）培养大学生创新意识是素质教育的核心

我国教育的根本是立德树人，促进学生的全面发展，提高学生综合素质。信息时代，知识的更新周期不断缩短，由此带来了职业的快速更迭。作为大学生只有不断学习新知识，保持终身学习的能力，才能不断创造，在社会竞争中占有一席之地。同时，高校作为人才培养基地，肩负着为国家建设输送人才的重要使命，为了适应国家发展，创新人才的培养刻不容缓。要想培养创新人才，创新意识的培养尤其重要。

（三）培养大学生创新意识是提高国家竞争力的需要

知识经济时代的到来，科技创新成为社会发展的主导力量。尤其是互联网技术的飞速发展，给我们的生活带来无限方便的同时也加深了人们对科技创新的依赖程度。国家之间的竞争也体现在科技竞争上，要想提高我国的国际竞争力，提高科技创新的能力和水平刻不容缓。大学生作为科技创新的主体力量，无疑在国家科技水平提升方面起着重要作用，培养大学生的创新意识，提高大学生的创新能力，对于提高国家科技水平，提高国家的国际竞争力意义重大。

📖 知识链接

现代学徒制
——培养具备创新意识的工匠型人才的最佳途径

目前，我国制造业正处于转型升级的关键时期，技术、工艺、设计等方面的不断革新要求从业人员具备更精湛的技术、更精准的操作、更富创意的设计。但另一方面，我国职业教育脱离实践的痼疾仍未根治，技能型人才素质尚不能满足社会经济发展需求。在此背景下，教育部于2015年8月推出了首批"现代学徒制"试点单位，其目的就是借鉴学徒制这一古老制度，将其与当代工业技术革命有机结合，传承和弘扬现代工匠精神，为中国制造培养一批具有创新意识工匠精神的高技能人才。截至2021年1月，教育部分三批布局了500多个现代学徒制试点，参与企业达到2 200多家。

现代学徒制源自制造业高度发达的英国、德国等先进制造强国。其最鲜明的特色，是通过职业院校与企业的深度合作，教师与师傅的携手传授，共同培养社会所需要的高素质技术技能型人才。英国、德国等国家的现代学徒制人才培养开展普遍，制度规范，企业参与度高，500人以上的大企业学徒制参与率高达91%。学员一般每周在企业接受3~4天的岗位实践教育，在职业院校接受1~2天的专业理论教育，专业理论学习和岗位实践相辅相成、相互促进，这正是英国、德国等国家制造业人才辈出、创新不断、质量一流的关键，值得我们借鉴学习。

其实我国传统的学徒制由来已久，分布于诸多行业的各类工匠大师，几乎都是传统学徒制的成果。即使在中华人民共和国成立后，也能够在国防军工和广大民用工业领域保持较高的技术水平和制造能力。传统学徒中已经有一批顶尖人才成长为"大国工匠"。但是,传统学徒制显然不能满足从制造大国迈向制造强国的大批量人才需求,将传统的学徒培养与现代职业教育紧密结合的现代学徒制,是弥补这一缺陷、培养高技能人才的必然选择。

职业教育的初衷就是培养工匠,然而受限于僵化的管理体制和运行机制、呆板的教学方式、落后生产实际的课程内容、远离实践的师资队伍,其人才培养的结果难以符合社会经济发展的需求。相比传统职业教育,现代学徒制的基础是校企深度融合,工学交替、岗位育人,磨炼学生的实际操作技能,这正是工匠精神的根本。

让名师巧匠和学生建立师徒关系,在真实的工作环境、任务规则下言传身教,通过情感交流和行为感染培养学生的耐心、专注、坚持等品质气质,这就是现代学徒制的价值所在。唯有如此,才能培养出学生对职业的敬畏、对技艺的执着,形成敬业、乐业、精业的神圣感和使命感。当然,从试点到全面推广,现代学徒制还有很长的路要走。宏观层面上,需要政府完善顶层设计,制定国家层面的政策法规,出台对参与企业用工、税收等方面的优惠政策,促进地方政府和行业组织进行积极有效的管理和运行保障,解决教育主管部门不能对企业进行足够约束的难题。中观层面上,需要教育主管部门以及各政府职能部门在服务机构、专项资金上给予支持。微观层面上,需要各职业院校创新校企合作人才培养的体制和机制,建立适应现代学徒制的课程体系、双师队伍、教学质量评价体系,完善双身份学生管理制度,保障人才培养质量,加大对学生家长、用人单位的宣传,使现代学徒制真正得到全社会的参与和认同。

同时必须注意,推广现代学徒制本身也需要创新意识、工匠精神。必须精选专业、精选合作学校和企业,不断创新完善制度等,千万不要盲目追求规模,大干快上。职业教育改革的目的是培养具有创新意识工匠精神的高素质技术技能人才,现代学徒制是实现这一核心目标的最佳途径。

💻 **实训案例**

红领集团的大规模"私人定制"

当前,中国服装市场一年的库存保守估计也要有几千亿元的规模,各服装企业所有的库存加起来足够在市面上卖上好几年,这个行业竞争的激烈程度可想而知。

服装行业内有两类企业:第一类是针对大众化成品市场的,采取的商业模式叫"按库存囤积生产"(Build to Stock),就是由生产商预测市场情况,进行设计生产,然后由分销商订货,零售商销售。这是典型的"推式"生产,每年4 000亿元的库存也就是这么来的。第二类企业则是"按定制生产"（Build to Order），也就是"拉式"生产，企业没有成品库存，按照消费者的需求进行下单生产。由于传统的定制市场比较小，按定制生产易造成两头分化比较极端，容易被一些不入流的街边裁缝店或高端的私人定制品牌所分割。

青岛红领集团有限公司（以下简称红领）尝试通过运用数据和算法分解生产流程，消除了生产过程中的冗余浪费，解决了大规模生产与定制化的矛盾，实现了小批量多品种的生产线的标准化和流程化，最终成为定制市场的颠覆者。

红领何以成为颠覆者

红领的工厂更像是一个IT公司，每个员工都对着一个电子显示屏，按照上面的指示来开展自己的工作。流水线上每件产品的颜色、款式、面料都不同，都挂有自己的"身份证"，工人只要将其在自己面前的识别终端轻轻一扫，这件衣服的信息及制作要求就全都一目了然了。

控制这一切的，是红领独自研发的智能化定制系统。从初始的量体到成单、打版、剪裁，再到最后的成衣，一套服装被细分成300多道标准工序，怎样搭配最合理，怎样剪裁最省料，全部由系统来计算并执行。这套智能化定制系统和传统的服装生产系统是截然不同的，其中，最为关键的有三个要素。

1. 采用标准的量体方法，采集身体数据

红领曾经特意聘请了一名有着40多年量体经验的老师傅对学员进行传统量体方法的培训，可结束了3个月的培训后，却没有一个学员学会，因为传统的量体方法很复杂，对工人的经验要求很高，往往对一个客人的量体需要反复进行几次。想要大规模定制，量体方式必须获得突破，要简单，要让很多人能够快速学会，还不能反复地对客户量体。因此，红领突破了行业常规，创新了量体方法，按照人体平衡理论，找到了人体的平衡坐标——肩端点、肩颈点、颈肩端、中腰水平线，这就形成了三点一线的"坐标量体法"。这套方法以追求平衡为核心，以人体19个部位为坐标点，平均5分钟就能确定一个人的服装尺码。

2. 用3D智能打印代替人工打版

和量体一样，传统的打版也是一项非常依赖经验的技术。人工打版速度慢，一个打版老师傅每天最多也只能打5个版，有经验的打版师傅不好找，工资也很高。而红领则是通过应用大数据和3D打印技术，用机器代替人工打版，做得又快、又多、又好。智能打版系统的建立并没有成熟模式可供学习，因此，从2003年到2014年，红领整整为此摸索实践了11年。要实现智能打版，最重要的是找出各种数据之间的关系，包括尺寸、部位之间的逻辑关系，设计出可以自动计算的数学模型，但人体的数据那么多，稍微瘦点、胖点，胳膊长一点、短一点，一个数据的微小差别，对成衣的要求都会不一样。这套系统的科学性，需要企业有足够多的样本数据进行反复试验、分析和调整。历经十多年时间，红领积累了超过200万名客户个性化定制的版型数据，包括版型、款式、工艺数据，如各类领型数据、袖型数据、扣型数据、口袋数据、衣片组合等设计元素，形成了版型数据库、工艺数据库、款式数据库、原料数据库。每录入一个客户的身体各部位数据，系统都会自动储存，根据数据自动匹配适合其身体的版型，实现快速"配衣"。

3. 工厂的信息化改革

比前两点更为艰难的是工厂的信息化改革。为了实现在一条流水线上生产不同的西服，红领将定制西服这种个性化的流程拆解为不同的工序，每个工序必须足够简单，让工人能看到作业提示就可以操作且不容易出错，这涉及工序的重新划分、整合等。经过长期的分析和实践，红领将一件西服的制造过程拆分成300多个工序，在流水线上全部可以完成，每个工人都配备一台平板计算机，并只对应一道生产工序。红领在工厂里采用的是RFID（射频识别）技术，就是目前在无人超市所运用的电子标签技术。RFID通过射频信号自动识别目标对象，获取相关数据，可识别高速运动物体并可同时识别多个标签，操作快捷方便。运用RFID技术，可以将整理、整烫、入库、仓储、配送等一系列环节都连接起来，实现全面信息化。通过流程再造和科技手段的运用，红领真正实现了以数据驱动生产，做到了从一条流水线上生产出各种风格、尺寸的西装。消费者的定制需求通过C2M（Customer-to-Manudacturer）平台提交过来，进行生产任务分解，以指令推送的方式将订单信息转换成生产任务并分解推送给各个工人。每一件定制产品都有其专属的电子芯片，并伴随生产的全流程。

红领的生产工厂像是一个由计算机系统带动的有机体，每个工人的工位前面都有一台计算机识别终端。工人在接到衣服之前，需要先扫描各自佩戴的电子标签，根据终端上显示出来的口袋、袖边、刺绣等工艺标准和数据做不同的处理，每个终端上只有各自职责内所需的数据，无关的数据都会被系统自动屏蔽，而现在红领的车间里已经装上监控流程的高清摄像头，客户的电子标签每进行到一个流程都会被打卡。未来，只要红领放开访问权限，客人就可以直接打开自己的网页或手机应用程序，了解到自己的衣服已经流转到哪一道工序，甚至可以知道自己这件衣服的每一道工序是由哪位工人在操作。

红领的启迪

红领的制造成本仅比大批量规模化制造高10%，收益却能达到其两倍。截至

2020年，红领拥有工人近3 000人，每天可以生产出2 600多套个性化西服。而且，红领真正实现了零库存，其生产车间里挂着的每一件西服，都是已经销售出去的产品，也就是说，每件挂在衣架上的西服，都是可以计算利润的。

红领向我们展示了一种以数据为核心，带动生产、改造生产的未来制造业发展方向，这是工业化时代的思想智慧结合数字化时代万物互联的信息革命技术的一种必然发展趋势，工业4.0正是以这种数据化生产为基础。

◎互动交流

根据上述案例，分析以下几个问题：

（1）红领的服装生产系统和传统的服装生产系统有什么不同？

（2）数据在红领的大规模"私人定制"中起到了什么样的作用？

◎深思勤练

组织一场辩论：

甲方——创新意识决定于创新。

乙方——创新决定于创新意识。

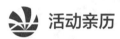

活动亲历

一 棵 大 树

活动人数

人数控制在60人以内，若人数过多可进行分组。

活动场地及用具

教室、工作坊等场地，准备一支话筒。

活动组织

本次活动由教师协助、学生主导，最终效果以"创意合影"方式呈现。活动中的"违规者"要在活动结束后表演节目。

活动步骤

（1）所有同学面向讲台站成一列，推选出一位身材强壮的同学作为排头。

（2）教师将话筒交到排头这位同学手中，并示意其大声喊出："我是一棵大树！"然后，这位同学将话筒递给后面的同学，自己走到空地中间，扮成一棵大树的模样。

（3）接过话筒的同学需要说出任意一样与大树相关的东西，如"我是大树上的一根树枝"，讲完后将话筒继续递给后面的同学，自己则走到"大树"旁边，并扮成"树枝"的造型，每位同学依次完成。每位同学讲出的内容不能重复、不能停顿，并且要认真扮演自选的"角色"，否则被视为"违规者"。

（4）最后，所有同学保持住各自的姿态，由老师拍一张"奇特"的合影作为活动成果并分享到"班级群"。

活动交流与讨论

（1）自我评价在活动中的表现。

（2）推选出最具创意的三位同学，并说出理由。

活动体验

谈谈你在本次活动中的感悟与收获。

活动点评

要提高学生的创新能力，首要之务是培养其创新意识。"一棵大树"活动不仅可以发挥同学们的想象力，激发同学们的创新意识，还可以增强其表达能力，更能增强课堂的趣味性，让课堂气氛活跃起来，从而起到破冰之效。

第二单元　创新思维与能力

如果把"思维"两个字分开来看,"思"从字面上来讲是"想"或"思考","维"则可以解释为"序"或者"方向"。心理学普遍认为,思维是人脑对客观事物间接的和概括的反映。思维是人类区别于其他动物的最根本的特征。

一、创新思维概述

（一）创新思维的内涵

创新思维是指以新颖、独创的方法解决问题的思维过程。通过这种思维能突破常规思维的界限,以超常规甚至反常规的方法、视角去思考问题,提出与众不同的解决方案,从而产生新颖的、独到的、有社会意义的思维成果。善于转换思路思考问题,常能获得更多的成功机会。

创新思维是多种思维方式的综合运用,包括逻辑思维和非逻辑思维、抽象思维和形象思维、发散思维和收敛思维。而发散思维在创新思维中至关重要,没有发散思维就没有创新。具有发散思维的个体在考虑问题的时候思路开阔、思维发散,会从不同的方位、角度、层次、途径去联想、想象、设想以求得创造性解决问题的方法。

创新思维不是一般性思维,它不是单纯依靠现有的知识和经验进行抽象和概括,而是在现有的知识和经验的基础上进行想象、推理和再创造,对前人尚未解决的问题进行探索、寻究,找出新答案的思维活动。

（二）创新思维的特点

创新思维是思维的高级形态,其主要特点有新颖性、求异性、灵活性、突发性、反常规性等。

1. 新颖性

新颖性表现在其构思让人耳目一新,展现出的是一种新的概念、形象、结构、范畴。

2. 求异性

求异性主要表现在平中见奇、标新立异、独树一帜、非同寻常的能力,能在别人司空见惯、习以为常的地方看出问题。

3. 灵活性

灵活性表现在思维方式灵活多变,及时转换思路。善于从多角度、多方位、多层次、多学科进行立体思考。

4. 突发性

突发性表现为在极短的时间内，以突发形式迸发出创造性思想火花，新的观念随之脱颖而出。

🔊 案例分享

创业达人助力乡村振兴

杨西炜是长沙民政职业技术学院电子信息工程学院2020届毕业生，关于他的创新故事要从一次洗澡说起。在大学生宿舍里，洗澡时可能会遇到这些问题：突然没热水、淋浴出水忽大忽小、洗着洗着水突然冷了……为了解决这个痛点，杨西炜和同学一起研发出物联网远程控制盒，解决了寝室热水压力不够的问题，并借此开始产品研发、申请专利、成立公司……抓住痛点、运用技术、解决困难，从此成为他生活的常态。

这些年，杨西炜的团队先后申请了十余项国家专利和软件著作权，其中三项获得国家级产品认证。2018年，其团队推出了一代中央热水能源管理平台，在解决中央热水稳定性的基础上还提升了设备30%左右的节能率，很快获得了市场的高度关注。凭借这一创新项目，2019年，杨西炜团队荣获第五届中国"互联网+"大学生创新创业大赛（以下简称"互联网+"大赛）的全国金奖，创造了湖南省高职院校在"互联网+"大赛国赛中的首金；同年，还荣获第三届中华职业教育创新创业大赛的全国冠军，创造了湖南省高职院校的最好成绩。

2020年，看到同学在公厕扎堆排队，又激起了杨西炜的创新灵感。杨西炜联合学校的"专创融合中心"，共同开发了智能厕所监管产品——"监厕灵"。"监厕灵"依托各类传感器采集厕所运行参数（温湿度、人流量、空气质量等），不仅能实时监测如厕人数，还推出了体温监测、厕所客量查询、自动消毒预警、智能冲厕四大新型功能。依托这一智慧平台，厕所不仅能及时检测入厕人数，通过手机反馈给学生，避免因如厕扎堆给疫情防控增加难度，更能实时监测厕所的空气质量等卫生环境情况，及时高效地让保洁人员清理厕所，避免重复低效率打扫。结合防疫需求，平台还推出体温检测和自动冲洗功能，在特定场所安装免费爱心口罩机，助力疫情防控和"厕所革命"，为全国校园科技厕所进程迈出坚实的一步。

---

5. 反常规性

反常规性表现在采用反常规思路，追求新、奇、特，避免构思平庸、与人雷同，做到不落俗套。

（三）创新思维的变迁

创新思维的发展分为三个阶段，分别是：模仿式创新、微创新、颠覆式创新。

1. 模仿式创新

大工业时代的创新思维主要体现在模仿式创新上。在大工业时代，思维模式是在比谁更有效率、更有执行力以及更勤奋。

模仿式创新技术有两个特征：第一，持续性地改善原有的产品性能，客户需要什么样的技术，就做什么样的产品，而且越做越好；第二，技术进步的速度一定会超过市场的需求，所以，许多企业为了保持领先地位，会努力开发具有更强竞争力的产品。但是令企业没有意识到的是，随着它们竞相参与更高性能、更高利润市场的竞争，它们追逐高端市场、提高产品性能的速度已经超出了顾客的实际需求。比如，通常我们开车的时速不会超过200千米，如果有一辆汽车时速达到800千米，你买吗？这时候车速已经不是消费者购买汽车的指标，影响其购买行为的反而是车的安全性、舒适度、美观等其他因素。

2. 微创新

微创新是360公司董事长周鸿祎在2010年中国互联网大会"网络草根创业与就业论坛"上提出的。周鸿祎称："你的产品可以不完美，但是只要能打动用户心里最甜的那个点，把一个问题解决好，有时候就是四两拨千斤，这种单点突破就叫'微创新'。要做出'微创新'，就要像钻进用户的心里，把自己当成一个大妈、大婶那样的普通用户去体验产品。模仿可以照猫画虎，但肯定抓不住用户体验的精髓。"

腾讯公司会根据用户需求，从小处着眼，贴近用户心理需求进行微创新。不管是游戏、团购，还是其他产品，模仿不是关键，而微创新才是王道，最起码中国的互联网竞争是如此。

3. 颠覆式创新

所谓颠覆，是对创新结果的一种描述。即在传统创新、破坏式创新和微创新的基础之上，由量变导致质变，从逐渐改变到最终实现颠覆，通过创新，实现从原有的模式完全蜕变为一种全新的模式和全新的价值链。因此，颠覆式创新也可以被视作创新方式的一种终极追求。

🔊 案例分享

小米社群

小米模式的核心是"小米社群"。别人先做硬件，小米先做软件，别人先做产品，小米先聚用户。

小米在手机发布前，用了一年的时间做MIUI手机系统；在小米手机尚未问世前，通过MIUI，小米先拥有了50万用户，与用户一起开发MIUI，这些被聚集的用户就是"小米社群"。接着在手机论坛上找到100个天使用户（核心粉丝），这100个人也成为小米社群的起点，而他们的名字都出现在了第一版小米手机的开机页面上。在工业时代，品牌衍生模式是知名度、美誉度、忠诚度，而互联网时代完全反过来，先有忠诚度，再有美誉度和知名度。所以小米靠着这100名天使用户，建立了核心粉丝群体——极客，小米手机逼着自己做出一个小米手机论坛的媒体来。除了论坛，小米每一两周还有一场线下同城会和年度"米粉节"。所有这些活动都不是为了卖产品，而是为了增加粉丝之间以及粉丝与公司之间的接触点和接触频率。小米在卖第一部手机之前，没有广告，只在新浪微博发起一个名为"我的手机编年史"的活动，大家在微博中晒出自己哪年用过哪些品牌和型号的手机。这个活动有108万人参加，小米仅花了几万元而已。其结果就是：在第一款小米手机预售时，34小时内收到30万部手机订单。

📖 知识链接

时代的风口

《颠覆式创新：移动互联网时代的生存法则》一书中写道：比英雄人物更重要的是时代，你以为你的对手是友商，其实你的对手是时代，我们今天存在两个世界，一个原子的现实世界，一个比特的虚拟世界，把这两个世界打通才是今天最大的风口。

忘掉工商管理会丢掉过去，不懂互联网思维会失去未来。今天大家在思考传统行业如何向互联网转型，千万要注意的是不要掉入传统互联网的陷阱，从工业时代向互联网时代逃逸最需要转变的就是思维。在属于互联网时代的生存环境中，需要全新的思维方式和管理文化，工商管理已经失效，虽然其在局部范围依然有效，但是将不再是主流方式，不再具有全局影响力。

二、拓展创新思维的路径

（一）精神准备：三点心理暗示

在开始创新思维训练和实践之前，做一定的心理暗示，有助于梳理对创新这项任务的认知程度，营造积极的创新氛围，平和焦虑的情绪，增强信心，避免偏执、成见的消极作用。一般来讲，心理暗示有三点：一是要意识到现状一定不是完美的，是有缺陷的，由此形成创新的紧迫感、必要性；二是要确信创新一定是可以实现的，要相信"车到山前必有路"，由此增强找到新思路、新方法、新工具、新路径的信心；三是提醒自己，混搭是创新的必经之路，应明确实现创新的方向、保障方法和路径，在很多创新思维的应用场景中，"随机词"是收获创新思维的常见手法。创新思维需要四种能力：

（1）想象力。只有插上想象的翅膀，才能够建立概念之间的广泛联系，将原本"风马牛不相及"的事物联结在一起，产生颠覆性的创意。

（2）魄力。创新意味着对传统的改变和否定，即使有了很好的创意，也会遇到习惯势力的强大阻碍，需要有强大的内心支撑才能够执行下去。

（3）耐力。创新是一条持续而漫长的道路，在探索的过程中会遭遇各种各样的挫折，缺乏耐力很容易让人丧失信心，进而放弃。

（4）组织表达能力。灵感在迸发出来之后，还不成熟，还不能被人普遍接受，所以需要良好的组织表达能力，去说服周围的人，为创新争取更多的机会。

（二）方法准备：六顶思考帽

"六顶思考帽"（Six Thinking Hats）是英国学者爱德华·德·博诺（Edward de Bono）博士提出的一种革命性的创新思维方法，博诺博士因此被誉为20世纪人类思考方式革命性变革的缔造者，是创造性思维领域和思维训练领域举世公认的权威，被尊为"创新思维之父"。

微学堂：
六顶思考帽

六顶帽子各代表一种特定类型的思考方式。在任何会议上，六顶思考帽都有助于人们脱离思维的俗套而对事物产生新的看法。六顶思考帽强调的是"能够成为什么"，而非"本身是什么"，是寻求一条向前发展的路，而不是争论"谁对谁错"。六顶思考帽使我们指导自己的思考如同指挥一个乐队一般，让我们可以唤起自己想要的。图2-1列出了六顶思考帽的特点，表2-1介绍了六顶思考帽的颜色与功能。

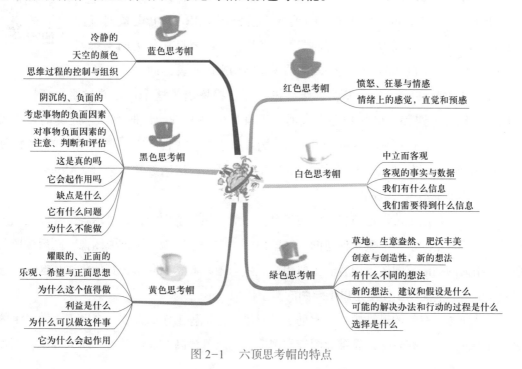

图2-1　六顶思考帽的特点

表 2-1　六项思考帽的颜色与功能

帽子	颜色及其功能	作用
白色思考帽	白色代表中性和客观。白色思考帽思考的是客观的事实和数据	信息和数据
红色思考帽	红色代表情绪、直觉和感情。红色思考帽提供的是感性的看法	情绪和感觉
黑色思考帽	黑色代表冷静和严肃。黑色思考帽意味着小心和谨慎。它指出了任一观点的风险所在	洞察力
黄色思考帽	黄色代表阳光和价值。黄色思考帽是乐观、充满希望的积极思考	乐观地思考
绿色思考帽	绿色是草地和蔬菜的颜色，代表丰富、肥沃和生机。绿色思考帽指向的是创造性和新观点	创造力
蓝色思考帽	蓝色是冷色，也是高高在上的天空的颜色。蓝色思考帽是对思考过程和其他思考帽的控制和组织	管理

六项思考帽的最大价值就在于它非常便于思考。为避免思考受到干扰，六项思考帽的方法只允许思考者在同一时间内做一件事情。思考者要学会将逻辑与情感、创造与信息等区分开来。六项思考帽的方法注重人的行为，而不分析行为背后的思想动机。它指明所有行动的规则，而人们只需遵从这些规则。

六项思考帽突破了传统的逻辑思维单一模式，将思考的不同方面分开进行，取代了一次解决所有问题的做法。六项思考帽已被50多个国家政府在学校教育领域内设为教学课程，同时也被许多著名商业组织作为创造组织合力和创造力的通用工具。

（三）工具准备：思维导图

思维导图（Mind Map）一词最早由英国流行心理学作家和电视名人托尼·博赞（Tony Buzan）在其主持的英国广播公司（BBC）电视系列节目《开动大脑》（*Use Your Head*）期间提出并普及。在该节目和相关图书系列中，博赞使用一个色彩鲜艳、光芒四射的树状结构来图示关键词。

微学堂：
思维导图法

博赞的贡献在于他并未发明思维导图，而是提炼出了这个词，并注册了商标。一些网站、软件、课程、出版物等会表明"思维导图是博赞的注册商标"之类的免责说明。通过图表的方式将信息可视化的方法由来已久，从古希腊的数学家毕达哥拉斯（Pythagoras）到近代的法国哲学家笛卡尔（Descartes）、法国数学家蒙日（Monge）都对这一方法作出了不可磨灭的贡献。

思维导图是用于可视化信息的图表工具，一般采用分层次的方式显示各个片段之间的关系。它通常是围绕一个概念创建的，在空白页的中心绘制为一个词或图像，随后按照关系添加相关的词语或图像等内容。主要想法直接与中心概念相联系，其他想法从这些概念中分离出来。前文图2-1便是思维导图的典型样例。

思维导图是有效的思维模式，有助于学习思考记忆等工作的开展，有助于发散思维的记录与表征。有研究表明，思维导图较常规笔记记录可提高15%的学习、研究效率。新加坡教育部将思维导图列为小学必修科目。

博赞为创建思维导图提出了以下指导原则：

（1）从中心开始，使用至少三种颜色的主题图像。

（2）在整个思维导图中使用图像、符号、代码尺寸。

（3）选择关键词并使用大写或小写字母打印。

（4）每个词语/图像都是清楚明确的，并且置于自己的线上。

（5）线应该从中央图像开始连接。线条从中心向外辐射变得更细。

（6）使线条与它们所支持的词语/图像的长度相同。

（7）在思维导图中使用多种颜色，用于视觉刺激以及编码或分组。

（8）开发你自己的思维导图个人风格。

（9）在你的思维导图中使用重点和显示关联。

（10）通过使用径向层次结构或轮廓来包容分支，从而保持思维导图清晰。

思维导图的绘制可以利用纸笔通过手工完成，也可以借助专门的软件工具来完成。这些软件提供多种方式来把人的大脑里面混乱的、琐碎的想法贯穿起来，帮助其整理思路，最终形成条理清晰、逻辑性强的成熟思维模式。常用的软件工具有MindMaster、Mindmanager、Xmind、FreeMind、百度脑图等。

因为思维是人的意识活动，所以创新思维一定要先树立正确的观念，对创新的必要性、可能性、可行性进行心理暗示。六顶思考帽提供了一种"平行思维"的创新方式，采用六种不同的思维模式，引导人们将注意力集中在"要达成什么"，而不是"本质是什么"的对错关系，凝结集体、综合的力量集中于创造而不是争论，能够缩短思考时间、提高创新效率。而思维导图则是一种利用可视化的手段梳理人的思维内容的工具。在没有思路的时候，利用思维导图，随手写下几个词语，随机勾勒几个节点，然后发挥主观能动性，建立节点之间的关联，进而尝试是否能够得到新的灵感和思路，事实证明，这是一种行之有效的创新思维方法。

💻 实训案例

铅笔的用途有哪些？

一般来说，学生都知道铅笔只有一种用途——写字。但是铅笔不仅能用来写字，还具有以下用途。必要时候还能用来替代尺子画线；还能作为礼品送朋友表示友爱；能当商品出售获得利润；铅笔的芯磨成粉后可以做金属润滑粉；演出的时候可以临时用来化妆；削下的木屑可以做成装饰画；一支铅笔按照相等的比例锯成若干份，可以做成一副象棋；可以当作玩具的轮子；在野外缺水的时候，铅笔抽掉芯还能当作吸管喝石缝中的水；在遇到坏人时，削尖的铅笔还能作为自卫的武器等。

◎互动交流

请回答以下问题：

（1）铅笔除了上述用途外，还有哪些奇特妙用？

（2）思维导图在分析铅笔用途时能发挥哪些作用？

◎深思勤练

将学生分成若干小组，请大家思考曲别针能干什么？并将这些用途用思维导图方式记录下来，写得最多的组获胜。

三、创新思维训练

创新思维是多种思维方式的综合运用，美国管理学家耐尔·R.斯威尼（Neil R.Sweeney）认为：为了产生创新思想，你必须具备必要的知识；不怕失误，不怕犯错误的态度；专心致志和深邃的洞察力。

（一）逆向思维训练

逆向思维也叫反向思维、反转思维，其特点是改变惯常的思维方向，从相反方面来认识事物、思考问题。由于这种思维突破了人考虑问题的思维定势，因而往往能够获得惯常思维所不能取得的成效。《田忌赛马》和《司马光砸缸》的故事就是运用了逆向思维。

微学堂：
逆向思维法

💻实训案例

思路决定出路

1964年6月，王永志第一次走进戈壁滩，执行发射中国自行设计的第一枚中近程火箭任务。当时计算火箭的推力时，正值七八月份，天气炎热。火箭发射时推进剂温度高，密度就要变小，发动机的节流特性也要随之变化。正当大家绞尽脑汁想办法时，一个高个子年轻中尉站起来说："经过计算，要是从火箭体内卸出600公斤燃料，这枚导弹就会命中目标。"大家的目光一下子聚集到这位年轻的"新面孔"上。在场的专家几乎不敢相信自己的耳朵。有人不客气地说："本来火箭能量就不够，你还要往外卸？"于是再也没有人理睬他的建议。这个年轻人就是王永志，他并不甘心，想起了坐镇酒泉发射场的技术总指挥、大科学家钱学森，于是在临射前，他鼓起勇气走进了钱学森的住房。当时，钱学森还不太熟悉这个小字辈，可听完了王永志的意见，钱学森眼睛一亮，高兴地喊道："马上把火箭的总设计师请来！"钱学森指着王永志对总设计师说："这个年轻人的意见对，就按他的办！"果然，火箭卸出一些推进剂后射程变远了，连打三发导弹，发发命中。从此，钱学森记住了王永志。中国开始研制第二代导弹的时候，钱学森建议：第二代战略导弹让第二代人挂帅，让王永志担任总设计师。几十年后，总装备部（军委装备发展部的前身）领导看望钱学森，钱学森还提起这件事说："我推荐王永志担任载人航天工程总设计师没错，此人年轻时就露出头角，他大胆逆向思维，和别人不一样。"这是一个运用辩证法的逆向思维例证。

◎互动交流

请回答以下问题：

（1）王永志运用了什么思维方式？这种思维的意义何在？

（2）一般在什么情况下逆向思维可能产生不一样的效果？

◎深思勤练

在一次"港姐"竞选决赛中，主持人提出一个测试参赛选手思维能力的难题："假如你必须在肖邦和希特勒两个人中间选择一个作为终身伴侣的话，你会选择哪一个呢？"

你认为该选手应如何选择并对其选择作出解释。

（二）横向思维训练

横向思维，顾名思义，是指这个人的思维有横向发展的特点。具有这种思维特点的人，思维面都不会太窄，且善于举一反三。对横向思维有一个形象的比喻，这种思维就像河流一样，遇到宽广处，很自然地就会蔓延开来，但欠缺的是深度。

💻实训案例

曹冲称象

有一次，吴国孙权送给曹操一只大象，曹操十分高兴。大象运到莲城（今河南许昌）那天，曹操带领文武百官和小儿子曹冲，一同去看。大臣们都没有见过大象，很是新奇。这大象又高又大，腿就有大殿的柱子那么粗，人们走近比一比，还够不到它的肚子。曹操对大家说："这只大象真是大，可是到底有多重呢？你们哪个有办法称它一称？"嘿！这么大个家伙，可怎么称呢！大臣们都纷纷议论开了。

一位大臣说："只有造一杆大秤来称。"

而另一位大臣说："这可要造多大一杆秤呀！再说，大象是活的，也没办法称呀！我看只有把它宰了，切成块儿称。"

他的话刚说完，所有的人都哈哈大笑起来。有人说："你这个办法可不行啊，为了称重量，就把大象活活地宰了，不可惜吗？"

大臣们想了许多办法，但都行不通。可真叫人为难。这时，从人群里走出一个小孩，对曹操说："父亲，我有个可以称大象的法子。"曹操一看，正是他最心爱的儿子曹冲，就笑着说："你小小年纪，有什么法子？你倒说说，看有没有道理。"曹冲趴在曹操耳边，轻声地讲了起来。曹操一听连连叫好，吩咐众人立刻准备称象，然后对大臣们说："走！咱们到河边看称象去！"

众大臣跟随曹操来到河边。河里停着一艘大船，曹冲叫人把象牵到船上，等船身稳定了，在船舷上齐水面的地方，刻了一道记号。再叫人把象牵到岸上来，把大大小小的石头，一块一块地往船上装，船身就一点儿一点儿往下沉。等船身沉到刚才刻的那道记号和水面一样齐的时候，曹冲就叫人停止装石头。

大臣们睁大了眼睛，起先还摸不清是怎么回事，看到这里不由得连声称赞："好办法！好办法！"现在谁都明白，只要把船里的石头都称一下，再把重量加起来，就知道象有多重了。

◎**互动交流**

请回答以下问题：

（1）请从以上案例分析横向思维的特点。

（2）这种思维方式对创新有什么帮助？

◎**深思勤练**

请思考：

（1）许多商店把价格定得略微低于一个整数，如9.9元而不是10元，或者99.5元而不是100元。通常假设这样做会使顾客觉得价格看起来更低。但其实这并非该做法最初的目的，那么这种定价方式最初的目的是什么呢？

（2）一位年轻的证券经纪人即将开始自己的业务，但是他没有客户。如何才能使那些准备进入股市的人相信他能够准确地预测股票价格走势呢？

（三）换位思考训练

换位思考是人对人的一种心理体验过程。"将心比心""设身处地"是达成理解不可缺少的心理机制。它客观上要求我们将自己的内心世界，如情感体验、思维方式等与对方联系起来，站在对方的立场上体验和思考问题，从而与对方在情感上得到沟通，为增进理解奠定基础。它既是一种理解，也是一种关爱。

人们在考虑问题、处理事情时，常常受所处地位、所持立场的影响，想不出解决问题的办法。但如果变换一下立场，转变一下地位，就可能产生新思路，想出有效的办法。

📖 **实训案例**

让轮椅"随心而动"

一次，一个公益项目的赞助方，支持一家照顾残障人士的非营利组织研发一辆更轻巧便捷的轮椅，该组织委托一家生产商去设计。经过近半年的时间，新轮椅终于面世，赞助方在项目评估时访问了一批残障人士，征询他们的意见，结果大部分人表示设计有缺陷。缺陷究竟在哪里？这些行动不便的受访者说："请各位评委与我们一起坐在轮椅上出去走一趟吧！"他们去了医院、商场、公园和公共厕所，回到单位后所有的评委都说："现在我们明白缺陷在哪里了！"

◎**互动交流**

请回答以下问题：

（1）换位思考在什么情况下运用？其基本的方式有哪些？

（2）换位思考在创新创业中有什么作用？

◎**深思勤练**

有一对要租房子的夫妻，两人带着孩子拖着疲惫的身躯挨家挨户地找房子，但总没有中意的。到了下午，奇迹出现了，两个人同时看上一间满意的房子，急着想要付定金，把房子定下来。房东是位老先生，这老先生说："租房子，我只有一个条件，就是我不租给有小孩子的家庭。"这对夫妻面面相觑。

如果是你，该怎么办？

（四）求同思维训练

求同思维又称聚合思维、辐合思维、集中思维，是一种有方向、有范围、有条理的收敛性思维方式，与发散思维相对应。"求同"是指两个以上事物中找到它们的共同之处，仿生学中运用最多，如仿造蛋壳、乌龟壳发明了建筑的薄壳结构，通过模拟生物酶的催化作用创造了高级催化剂。

📖 **实训案例**

王 冠 之 谜

古希腊时期的希洛王让工匠做了一项纯金王冠。金王冠做得极其精致，可是有人告发说，工匠在制作王冠时掺了银子。国王让大名鼎鼎的科学家阿基米德想办法在不损害王冠的情况下测出王冠里是否掺了假。阿基米德便冥思苦想如何才能解决这个难题。有一天，他到澡堂去洗澡。当他躺进澡盆时，发现自己身体越往下沉，盆里溢出的水就越多。而他则感到身体越轻。突然阿基米德欣喜若狂地跳出了澡盆，甚至忘记了穿衣服就直奔王宫，边跑边喊："找到了，找到了！"阿基米德找到了什么？他找到的不仅是鉴定金王冠是否掺假的方法，而且是重要的科学原理，即浸没于水中的物体受到一个向上的浮力，浮力的大小等于它所排开水的重量，据此计算了王冠中金和银的含量。因为重量相同的物体，密度大的体积就小。金的密度大于银，因而金块和银块同重时，金块的体积必然小于银块的体积，如把同重的金块和银块放入水中，那么金块排出的水就比银块排出的水少，而王冠排出的水在这两者之间，这就证明了王冠不是纯金的。他又利用数学计算，确定了王冠中掺了银子，而且比重与阿基米德计算的结果一样。一直到现代，人们还在利用这个原理计算物体比重和测定船舶载重量等。

◎**互动交流**

请回答以下问题：

（1）在商业或企业生产活动中哪些环节经常用到求同思维？

（2）求同思维的要点是什么？

◎**深思勤练**

找出与自行车有结合点的其他事物，使自行车的构造和功用发生新的变化。

（五）求异思维训练

求异思维，又称辐射思维、放射思维、扩散思维或发散思维，是指大脑在思维时呈现的一种扩散状态的思维模式。它表现为思维视野广阔，思维呈现出多维发散状。如一题多解、一事多写、一物多用等方式，可以培养发散思维能力。不少心理学家认为，发散思维是创造性思维的最主要的特点，是测定创造力的主要标志之一。企业为了在竞争激烈的市场上占有一席之地，会采用"你无我有、你有我廉、你廉我精、你精我专"等生产经营策略，就是运用了求异思维。

 **实训案例**

问法有讲究

在同一条街上，相距不远开着两家小吃店，两家经营的早点都是油饼、豆浆、鸡蛋、咸菜、米粥等。但是，其中一家早餐收入很好，而另一家却勉强维持。为什么呢？有人实地体验了一下，发现了其中的不同之处。当顾客来就餐时，一个店里的服务员会主动问顾客："您用不用加个鸡蛋？"而另一个店里的服务员则主动问顾客："您加一个鸡蛋还是两个鸡蛋？"

这一毫不显眼的询问竟然起到不小的作用。前者传递的信息是可吃可不吃，后者提议的是吃一个还是吃两个，一般人在此时产生的求同心理是难以摆脱的，其效果当然可想而知。

◎**互动交流**

请回答以下问题：

（1）这两种问法的不同之处在哪里？

（2）求异思维要怎样才能产生积极的效果？

◎**深思勤练**

一位青年去拜访德国著名画家门采尔（Menzel），并向他请教："为什么我画一幅画只需一天工夫，卖掉它却需要一年的时间？""你倒过来试试，花一年的时间画一幅画，兴许一天就能卖掉。"门采尔如是说，结果果然如此。

请分析门采尔的话中蕴含着哪些观点？

💻 **知识链接**

"拘泥教条"的终结与"求同存异"的开启

求同存异是中国传统哲学思想，展示了中华民族伟大的智慧和创造力。

邓小平理论是党和人民实践经验和集体智慧的结晶，是运用求同存异创新思维的典范。例如，在对待社会主义和资本主义两种制度的问题上，由于人们长期受到错误思想的影响，总是倾向于把资本主义的一切东西与社会主义的东西绝对对立化，结果形成了许多僵化的观念。邓小平理论冲破这些僵化观念的影响，巧妙地把对立统一的规律运用于两种制度的研究中，把对立的两极联系起来，贯通起来，在对立中看到了"同一"，在"同一"中看到了"对立"，提出了吸收资本主义文明成果加快我国经济建设的新思维。

邓小平理论以一系列具有开创意义的理论成果实现了马克思主义中国化的第二次飞跃，奠定了中国特色社会主义理论体系的基础。

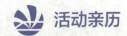 **活动亲历**

六顶思考帽

活动人数

班级划分为若干小组，每组6人。

活动场地及用具

教室、工作坊等场地，准备手机、无线网络、即时通信软件、思维导图、词典等设备用具。

活动组织

小组成员分别准备一个问题，轮流戴白、绿、黄、黑、红、蓝等各色帽子开展活动。利用微信、QQ等即时通信工具，建立一个群组，重要研讨信息要在讨论群组中保存或直接绘制思维导图。

活动步骤

（1）准备问题。小组成员每人提出一个问题：可以是自己切身体会的难题，也可以是久悬未决或者社会公认的难题，还可以是虚拟场景中发生的难题。

（2）确定戴帽子的顺序。抽签确定戴白、绿、黄、黑、红、蓝帽子的组员顺序，每个组员设置自己的群组昵称为所戴帽子的颜色，如白帽子、绿帽子、黄帽子等。第一轮先解决第一个戴白帽子的组员提出的问题，第二轮原来戴绿帽子的组员戴白帽子，戴白帽子的组员戴蓝帽子，以此类推，六轮为一个流程。

（3）开始第一轮六顶思考帽游戏。

① 白帽子组员提出并陈述问题，将问题发布到群组。

② 绿帽子组员提出解决问题的方案，并发布到群组。

③ 黄帽子组员为方案点赞，并陈述其优点及价值。

④ 黑帽子组员为方案及黄帽子意见进行否定和反驳。

⑤ 红帽子组员对该方案进行直觉判断。

⑥ 蓝帽子组员总结陈述，作出决策，整理聊天结果并发布到群组。

提出问题后，准备时间2分钟。每顶帽子发言时间1分钟。

（4）开展第二轮六顶思考帽游戏。

活动交流与讨论

（1）绿帽子如何确定创新解决方案？

（2）如果没有合适的解决方案，怎样打破僵局？

（3）六顶帽子中谁对创造力的贡献最小，谁最大？

活动体验

谈谈你在本次活动中的感悟与收获。

活动点评

六项思考帽是一个经过实践验证的创新思维方法，是运用平行式思考的实用方法，被誉为当下最流行、最有效的思维技能之一。它的功能并不仅限于提供新的想法、灵感，而是一种具有建设性、设计性和创新性的思维管理工具，可以使思考者克服情绪感染，剔除思维的无助和混乱，避免片面和自负，在你认为问题无法解决、争执无法调和时，给你一个崭新的契机。对于一个团体而言，它能够使各种不同的想法和观点和谐地组织在一起，避免人与人之间的对抗，使团队中的每个人都积极参与思考，共同寻找最终方案。

第三单元　创新方法与应用

创新方法在美国被称为"创造工程"，在日本叫作"创造工法"，在苏联则被称为"发明技法"，它是人们在创造发明、科学研究或创造性解决问题的实践活动中，所采用的有效方法和程序的总称。创新方法基于对创新思维（逻辑思维、形象思维、联想思维、平行思维等）的研究，具有可操作性、技巧性、探索性和独创性等基本特点。

一、创新方法的概念

创新方法是创造学家收集大量成功的创造和创新实例后，研究其获得成功的思路和过程，经过归纳、分析、总结，找出的一些带有普遍规律性的原理、方法和技巧。它们可以供人们学习、借鉴和效仿。

> 📖 知识链接
>
> ### 中国古代部分杰出的发明创造
>
> 在几千年前，我国劳动人民就从自己的实践中总结出许多为世人所瞩目的创造工艺和创造方法。如商代的"漂絮法"，使商代的生产力得到开发；三国时一名叫蒲元的制刀工，创造了"淬火"工艺，制造的刀能"削铁如泥"，南北朝时期的毋怀文，创造了"灌钢冶炼法"；北宋时期，人们根据指南针的创造原理，用磁铁制成鱼状指南针浮在水中，创造出了"水浮法"；继春秋时秦国的石刻印刷、北宋毕昇发明的"泥活字"法之后，元代王祯又把活字置于转盘上，被定名为"造活字印书法"等。

二、创新方法的作用

众所周知，做任何事情，如果方法得当，则事半功倍，甚至点石成金；方法不当，则事倍功半，甚至得不偿失，人们往往将个人拥有的东西称为财富，其实其真正的财富是获得这些东西的方法。

创新方法基于思维心理学的基础，指导人们克服常态的思维定势，开发人们的思维能力，提高人们的联想能力和想象能力，激发人们思维的敏感性、独立性、灵活性、流畅性和连续性，是发展创新智力的有效方法。创新方法是创新的重要手段，是进行创新活动的有效智能性工具，可以拓展思路，更好地开发智力、智慧，实现创新。人们在实践过程中运用创新方法，能够省时、省力解决问题，可以直接产生创新成果，还可以提高创造力和创新成果的转化率。

三、常见的创新方法

（一）头脑风暴法

1. 头脑风暴法的内涵

头脑风暴法，又称智力激荡法、BS法，它是由美国创造学家亚历克斯·F.奥斯本（Alex F.Osborn）于1939年首次提出、1953年正式发表的一种激发创造性思维的方法。头脑风暴法是通过小型会议的组织形式，让所有与会者在自由愉快、畅所欲言的气氛中，自由交换想法或点子，并以此激发其创意及灵感，使各种设想在相互碰撞中激起脑海的创造性"风暴"，从而产生解决问题的方法。它适合于解决那些比较简单、确定的问题，如产品名称、广告口号、销售方法和产品的多样化研究等，以及需要大量构思、创意的行业，如广告业。因此，所谓头脑风暴本质上是一种智力激励法。中国俗话所说的"三个臭皮匠，顶个诸葛亮"，其实与其有异曲同工之妙。

头脑风暴法利用基本心理机理改变了群体决策中容易形成的群体思维，最大限度地保证了个人思维的自由发挥，让与会者受到他人的热情感染而激起一系列联想反应，为创造性发挥提供了条件。头脑风暴法的作用主要有以下四点：一是引起与会者的联想反应，刺激新观念的产生；二是激发人的热情，促进与会者突破旧观念的束缚，最大限度地发挥创新思维的能力；三是促使与会者产生竞争意识，力求提出独到的见解；四是让与会者的自由欲望得到满足。

微学堂：
头脑风暴法

◁)) 案例分享

电线专用清雪机的诞生

北方的雨雪天气，常常会导致电线上积满冰雪，大跨度的电线被积雪压断，严重影响通信。某国电信公司的经理应用头脑风暴法，尝试解决这一难题。参加会议的各专业技术人员热烈地讨论起来。有人提出设计一种专用的电线清雪机；有人想到用电热来化解冰雪；也有人建议用振荡技术来清除积雪；还有人提出能否带上几把大扫帚，乘坐直升机去扫电线上的积雪。对于这种"坐飞机扫雪"的设想，大家心里尽管觉得滑稽可笑，但在会上也无人提出批评。相反，有一位工程师听到坐飞机扫雪的想法后，突然受到启发，他想，出动直升机沿积雪严重的电线飞行，依靠高速旋转的螺旋桨即可将电线上的积雪迅速扇落。他马上提出"用直升机扇雪"的新设想（图3-1），顿时又引起其他与会者的联想，有关用飞机除雪的主意一下又扩展了七八条。不到一小时，与会的10名技术人员共提出90多条新设想。会后，公司组织专家对设想进行分类论证。

图 3-1　直升机扇雪

专家们认为采用电热或电磁振荡等方法设计专用清雪机，成本高、周期长，而"直升机扇雪"的设想，既简单又省钱。之后通过现场试验，发现该设想能够达到清除积雪的目的，一个久悬未决的难题，终于在头脑风暴会中得到了巧妙的解决。

📖 **知识链接**

撞击产生的智慧

　　头脑风暴法的英文"Brain Storming"原意是"精神病人的胡言乱语"，奥斯本借用这个词来形容会议的特点是让与会者敞开思想，使各种设想在相互碰撞中激起脑海的创造性"风暴"。头脑风暴法是一种通过会议的形式，让所有参与者在自由愉快、畅所欲言的气氛中，自由交换想法或点子，对一个问题进行有意或无意的争论辩解的一种民主议事方法。它又称智力激励法，是一种激发创造性思维的方法。发明创造的实践表明，真正有天资的发明家，他们的创造性思维能力较平常人要优越得多。但对天资平常的人，如果能相互激励、相互补充，引起思维"共振"，也会产生出不同凡响的新创意或新方案。集思广益，这本身并没有什么高深的道理，问题在于如何去做到这点。

　　开会是一种集思广益的办法，但并不是所有形式的会都能达到让人敞开思想、畅所欲言的效果。奥斯本的贡献，就在于他找到了一种能有效地实现信息刺激和信息增值的操作规程。奥斯本在20世纪30年代发明这种集思广益的创造技法后，马上在美国得到推广，日本也相继效法，进而使企业的发明创造与合理化建议活动硕果累累。"人力资源是第一资源"，员工的创造潜力是巨大的，一个优秀的领导者，应该懂得如何发掘和运用这一潜力。

2. 头脑风暴法的类型

头脑风暴法一经提出便在世界各国引起强烈反响，后经创造学研究者的实践和发展，最终形成了一个相对完善的发明技法群，如三菱式智力激励法、默写式智力激励法、卡片式智力激励法等。

（1）三菱式智力激励法。它是由日本三菱树脂公司改进而成的，它的优点是修正了奥斯本头脑风暴法严禁批评的原则，有利于对设想进行评价和集中。

（2）默写式智力激励法。这是无参照扩散法的一种，由德国创造学家荷立（Holly）创造，其特点是用书面阐述来激励智力。具体做法是：每次有六人同时参加会议，每人在五分钟之内用书面的形式提出三个设想，因此又被称为"635法"。会议开始时，由主持人宣布会议议题，允许与会者质疑并进行解释。然后给每人发三张卡片。第一个五分钟内，每人针对议题在卡片上填写三个设想，然后将卡片传给右邻的与会者。第二个五分钟内，每人从别人的三个设想中得到新的启发。再在卡片上填写三个新的设想，然后将设想的卡片再传给右邻的与会者。这样，卡片在半小时内可传递六次，一共可产生108个设想。635法可避免因许多人争相发言而使设想遗漏的弊病，其不足是相互激励的气氛没有公开发言方式热烈。

（3）卡片式智力激励法（卡片法）。它包括CBS法和NBS法两种。CBS法由日本创造开发研究所所长高桥诚改进而成，其特点是可以对每个人提出的设想进行质询和评价；NBS法是日本广播电台开发的一种智力激励法，其特点是每个人可以提出质询，或实时将新的构想写在备用卡片上。

3. 头脑风暴法的实施流程

（1）准备阶段。这个阶段主要是为会议做好各个方面的充分准备，具体包括：确定会议主题，选好主持人和参与人员；确定会议时间、地点；设定评价设想；将会议通知和相关材料发给所有参与人员。上述各项工作准备妥善以后找一个时间对与会者进行适当的训练，使其跳出常规的思维模式，适应自由思考、自由发言。会前可进行柔化训练，即对缺乏创新锻炼者进行打破常规思维、转变思维角度的训练活动，以减少思维惯性，从单调、紧张的工作环境中解放出来，以饱满的创造热情投入到激励设想活动中去。

（2）热身阶段。这个阶段的目的是创造一种自由、宽松、祥和的氛围，使大家得以放松，进入一种无拘无束的状态。主持人宣布开会后，先说明会议的规则，然后随便谈点有趣的话题或问题，让大家的思维处于轻松和活跃的状态。

（3）导入阶段。主持人简明扼要地介绍有待解决的问题。介绍时多须简洁、明确，不可过分周全；否则，过多的信息会限制人的思维，干扰创新的想象力。

（4）畅谈阶段。畅谈是头脑风暴法的创意阶段。为了使大家能够畅所欲言，需要制定以下规则：第一，不要私下交谈，以免分散注意力；第二，不妨碍及评论他人发言，每人只谈自己的想法；第三，发表见解时要简单明了，一次发言只谈一种见解。主持人首先要向大家宣布这些规则，随后引导大家自由发言、自由想象、自由发挥，使彼此相互启发、相互补充，真正做到知无不言、言无不尽、畅所欲言，然后将会议发言记录进行整理。

（5）整理阶段。会议过程中提出的问题多数都未经斟酌，加工后才能产生实质性的作用。整理阶段主要包括两方面工作：一是增加设想。会议结束后的一两天内，由专门人员对与会人员进行追踪，询问其会后新的设想，因为经过一段时间的沉淀，可能会有更具价值的设想产生，又或者可能将原来的设想进一步完善。二是评价和发展。这是两个互相联系的方面，即根据既定的标准进行筛选判断和综合改善。标准应该根据具体问题拟定，可以包括设想的可行性、成本、可能产生的效果等。专家小组人员可以是提出设想的与会人员，但最好是问题的负责人，人数最好是五人。会上将大家的想法整理成若干方案，再根据标准，诸如可识别性、创新性、可实施性等进行筛选。经过多次反复比较和优中择优，最后确定一到三个最佳方案。这些最佳方案往往是多种创意的优势组合，是大家集体智慧综合作用的结果。

（二）组合创新法

巧妙组合就是创新，组合在创新活动中极为常见，被广泛运用的组合类创新方法，是以两个或多个事物为基础，按照一定的原理或目的，进行有效组合而产生的创新方法。在当今世界，属于首创、原创的创新成果很少，大多数创新成果的获得都是采用组合类创新方法取得的。在进行创新时，组合只要合理有效，就是一项成功的创新。组合类创新方法的特点是：以组合为核心，把表面看来似乎不相关的事物，有机地结合在一起，合而为一，从而产生意想不到、奇妙新颖的创新成果。组合创新的机会无穷无尽，组合类创新方法也多种多样，组合类创新方法的经典方法是1942年由美籍瑞士科学家茨维基（Zwicky）提出的形态分析法。最有影响的中国特色组合类创新方法，是许国泰提出的信息交合法。

1. 组合创新法的内涵

创新通常可以分为两种：一种是突破性创新，另一种就是组合创新。日本创造学家菊池城博士说："我认为搞发明有两条路，第一条是全新的发现，第二条是把已知原理的事实进行组合"。大科学家爱因斯坦也说："我认为为了满足人类的需要而找出已知装置的新的组合的人就是发明家。"组合创新法是指按照一定的技术原理，通过重组合并两个或者多个功能元素，开发出具有全新功能的新材料、新工艺、新产品的创新方法。这种创新方法不同于突破性创新中完全采用新技术、新原理的方法，是对已有发明的再开发利用。组合创新既利用了原有成熟的技术，又节省了时间和成本，同时也更容易被大众接受和推广。可见，组合创新法注重的是灵活性，需要的不是质的改变，而是通过不断组合，便可以以不变应万变，推陈出新，出奇制胜。

App 工厂的奥秘

　　过去10年，字节跳动（全称北京字节跳动科技有限公司）成长速度之快有目共睹。坐拥两款现象级内容产品今日头条和抖音的字节跳动，宛如一间App（应用程序）工厂，在"大力出奇迹"的方法论下，不断孵化迎合各种风口的App，其App的研发效率远高于竞争对手。奥妙就在于，字节跳动采用了组合创新架构以实现敏捷开发——这些新App都是今日头条所掌握的技术要素的新组合，通过技术要素的模块化组装，就可以快速批量地开发出新的App。

2. 组合创新法的类型

　　要想两物或多物组合之后成为受人欢迎的新事物，在进行组合思考的时候，就不能拘泥于某一方面，局限于某一事物，而应从多方面、多层次、多种事物中寻找组合物。从近些年来的重大新成果中，我们可以发现在技术创新的性质和方式中，原理突破型成果的比例开始明显降低，而组合型创新则上升为主要方式，据统计，在现代技术开发中，组合型成果已占全部的60%~70%。

　　组合创新法的种类有很多，大致可归纳为以下七种类型：

　　（1）材料组合。这是指把不同的材料进行组合，其目的是尽量避免各种材料本身的缺点，而通过优化组合实现其功能的最大化。例如，最初使用的电缆都是纯铜芯，必然导电性能很好，但铜本身质地比较软。后来经过改进，以铁作为内芯，开发出内铁外铜的组合材料，目前远距离的电缆采用的都是这种材料，既充分发挥了铜的良好导电性能，又利用了铁质地硬，不易下垂的优点，同时还大大降低了成本。

　　（2）功能组合。从人的思维角度来看，想象的本质就是组合。心理学研究表明，创造性想象可以借助不同的手段去建立不同的表象。例如，中国古代的"龙"就是以蛇为主体，结合兽脚、马头、鹿角、鱼鳞等其他动物特征的超现实想象。古埃及神话中人面狮身的斯芬克斯和丹麦童话中的美人鱼都是人类组合思维的杰作。

　　组合的概念有广义与狭义之分。

　　广义的组合是指不受学科、领域限制的信息的汇合、事物的结合、过程的排列等。例如，儿童的积木游戏、饮食中的烹调、产品新功能的设计、文学艺术形象的创作、建筑学和电影中的"蒙太奇"等。

　　狭义的组合则是指在技术发明范围内，将多个独立的技术因素（如现象、原理、材料、工艺、方法、物品等）进行重新组合。不是一种简单的罗列、机械的叠加。例如，一支饮料吸管和一把小勺放在一起并不是创造组合，而把小勺固定在吸管的一端并满足人们的实用和审美要求时，就可以称之为创造组合。

所以说，组合法是一种以综合分析为基础，并按照一定的原理或规则对现有的事物或系统进行有效综合，从而获得新事物、新系统的创造方法。例如，具有按摩功能的梳子就是将普通梳子和微型按摩器加以组合；按摩型洗脚盆也是在传统洗脚盆的基础上嫁接了按摩的功能。

📢 案例分享

"万能"的瑞士军刀

被世界各国视为珍品的瑞士军刀，是由制造刀具的鼻祖埃森纳（Elsener）家族制造的。100多年前，瑞士军方迫切需要一种便于行军携带的多用途刀具，于是就向以制造刀具闻名的埃森纳家族订购。经过精心设计，选择优质材料，埃森纳家族终于制造出符合要求的高质量刀具，此种军刀小巧玲珑，方便实用，且不易磨损，功能齐全的军刀上都镶有盾形十字，璀璨夺目。瑞士军方用后，大为称赞，自此瑞士军刀以其精良的工艺成为许多人不可缺少的工具。其中被称为"瑞士冠军"的款式最为难得，它由大刀、小刀、木塞拔、开罐器、螺丝刀、开瓶器、电线剥皮器、钻孔锥、剪刀、钩子、木锯、鱼鳞刮、凿子、放大镜、圆珠笔等31种工具组合而成。携刀一把等于带了一个工具箱，但刀长只有9厘米，重185克，完美得令人难以置信。

（3）意义组合。意义组合是指通过组合赋予新物品以新的意义，其目的并不在于改变其功能。例如各种旅游纪念品，一个普通的葫芦随处可见，但是印上某景点的名字和标志就具有了纪念价值；一件普通的T恤衫印上一个团体的名字和标志便具有了代表性。

📢 案例分享

潮牌与汽车相遇：开启"国潮"风

2018年11月，李宁（全称北京李宁体育用品有限公司）官方微博发布一组名为"中国李宁×红旗"联名系列设计，官微配文：系好安全带来提前感受下，这一波中国制造的"国产大马力"。当本土潮牌遇上"国车"，两大国产品牌会碰撞出怎样的火花呢？

这种跨界组合让人眼前一亮，值得期待。李宁长期致力将民族设计融入潮流文化，让中国时尚引领全球潮流趋势。而近年来，"鼻祖级"国车品牌红旗（中国第一汽车集团有限公司旗下汽车品牌）也开始着眼于年轻化和潮流化，推出一系列主打运动的车型。李宁和红旗的合作，既让国人感受到了"国潮"的魅力，更唤起了国人对于中国制造的自豪感。

（4）原理组合。原理组合是指把具有相同原理的两种或多种物品组合成一种新产品。例如，传统的衣橱太浪费空间，而且衣服存放和拿取都不太方便，于是有人把不同的衣架组合在衣橱里，这样不同种类的衣服可以分别存放，既方便又节省空间。

（5）成分组合。成分组合是指把成分不同的物品进行组合产生的一种新产品。例如，当下非常流行的各种茶饮，如柠檬茶、奶茶等，色彩缤纷的鸡尾酒也是这种组合方式的产物。

（6）构造组合。构造组合法是指把不同的物品进行组合产生新功能。这种组合方式最伟大的发明莫过于房车了。它同时解决了外出交通和住宿两大问题，因此其自诞生之日起便广受欢迎。

（7）聚焦组合。聚焦组合是指以解决特定的问题为目标，广泛寻找与解决问题有关的信息，聚焦于问题。形成各种可能的组合，以实现解决问题的目标。

🔊 案例分享

"阿波罗"的聚焦组合

1969年7月16日，美国的阿波罗11号宇宙飞船点火升空，经77小时的飞行到达月球附近，开始绕月球飞行。同年7月21日格林尼治时间2时56分，飞船指挥长尼尔·奥尔登·阿姆斯特朗（Neil Alden Armstrong）第一个离开登月舱踏上月球。他所说的"这一步，对于一个人来说，是很小一步，但对整个人类来说，是一个巨大的飞跃"，已成为宇航史的名言，为了实现阿波罗登月计划，飞船的全部构件有300多万个，调动了2万家企业、120所大学实验室的42万多名研究人员，经历了11年的工作，才把三名宇航员送到月球并使他们安全返回地球，其关键是什么呢？阿波罗登月总指挥詹姆斯·埃德温·韦伯（James Edwin Webb）说："阿波罗飞船计划中，没有一项是突破性新技术，关键在于综合。"这里的"综合"，实际上就是高水平的多元组合，即聚焦组合。

（三）奥斯本检核表法

1. 奥斯本检核表法的内涵

检核表法享有"创造技法之母"的美誉，几乎适用于任何类型与场合的创造活动。检核表法属于横向思维，通过多向发散的思考，使人的思维角度、思维目标更丰富。它强制人去思考，有利于突破一些人不愿提问题或不善于提问题的心理障碍。检核表法是由被称为创新技法和创新过程之父的美国创造学家奥斯本于1941年在其出版的《创造性想象》（*Applied Imagination*）一书中率先提出的，因此也叫奥斯本检核表法。

奥斯本检核表法是根据需要解决的问题或者需要创造发明的对象，列出有关的问题，然后一个个来核对讨论，从中获得解决问题的方法和创造发明的设想。它是能够大量开发创造性设想的一种创造技法。

🔊 **案例分享**

"好文器"解难题

镜子、挂烫机、平烫架是一般家庭里跟衣物息息相关的三大件，带来一定方便的同时也造成占用较多家庭空间以及三者风格无法统一等难题。

2021年首届中国"文器奖"获奖作品——三合一熨烫桌完美地解决了这些问题。这是一款家庭版三用熨烫桌，集镜子功能、衣物挂烫、平烫三种功能，另外还能把熨烫机取出单独使用。设计风格上通过温和的原木、皮质材质，减少以往家电的冰冷感、廉价的塑料感，使得整体风格能融入进家居环境中，而不突兀。将其翻转立到布质的一面，这时配合侧边的挂烫机，可作为挂烫机使用；翻转到另一面就可以当作镜子使用。侧边带有自锁的弹性插销的设计，能轻易地转动桌面，这样就能控制三种状态的转换。无论桌面平放还是立放，都能很方便地将熨烫机从收纳箱拿出使用。

三合一熨烫桌的设计灵感来源于生活，是一款综合运用创新方法解决生活小难题的创意产品。

---

2. 奥斯本检核表法的基本内容

奥斯本检核表法引导人们对照九大方面的问题进行思考，促使人们产生新设想、新方案，主要包括：能否他用、能否借用、能否改变、能否增加、能否减少、能否替代、能否变换、能否颠倒、能否组合九大问题。

（1）能否他用——现有的事物有无其他的用途？保持不变能否扩大用途？稍加改变有无其他用途？

例如，在我国，人们利用大豆已开发出多种食品：豆腐、豆浆、豆腐脑、豆腐干、豆腐皮、豆腐乳、豆奶、酱油、豆豉、豆酱、豆芽、豆油、人造素肉、人造黄油、豆类小食品等。

（2）能否借用——能否引入其他的创造性设想？能否模仿别的东西？能否从其他领域、产品、方案中引入新的元素、材料、造型、原理、工艺、思路？

例如，泌尿科医生引入微爆破技术而使体内结石粉碎，变得易于清除，免去患者遭受手术之苦。

（3）能否改变——现有事物能否做些改变（如颜色、声音、味道、式样、花色、音响、品种、意义、形状、制造方法等)?

例如，传统的白色家电披上了"彩色盛装"；利用现代科技开发了彩色钢板、彩色棉花、彩色大米等"漂亮产品"。

（4）能否增加（放大、扩大等）——现有事物可否扩大适用范围？能否增加使用功能？能否添加零部件？能否延长它的使用寿命？能否增加长度、厚度、强度、频率、速度、数量、价值？

例如，在管理中融入感情，就会沟通心灵，使关系和谐融洽；在产品中赋以情感，必将以情动人，备受欢迎。

（5）能否减少（缩小、省略等）——现有事物能否体积变小？长度变短？重量变轻？厚度变薄？拆分或省略某些部分（简单化）？能否浓缩化、省力化、方便化？

例如，如不用内胎的自行车、一按即拍的"傻瓜照相机"、省略换挡用油门调速的小汽车、一次成像照相机、即冲即饮的咖啡等都是很受欢迎的产品。

（6）能否替代——现有事物能否用其他材料、元件、结构、力、方法、工艺、能源、声音等代替？

例如，在西亚、非洲、中美洲等地区盛行用昆虫做菜，如油炸蝴蝶和蝗虫、土豆烩蜻蜓、面团炸黄蜂、清炖甲虫、蚂蚁番茄汤、蛾子饼、蚂蚁奶油蛋糕、蝉肉蜜饯都成了美味佳肴。

（7）能否变换——现有事物能否变换排列顺序、位置、时间、速度、计划、型号？内部元件可否调换？

例如，某市文化馆要扩建，涉及搬迁100户居民。上级拨款1 400万元，但城区购一套房子得20万元，搬迁费缺口600万元，怎么办？文化馆领导何阳出招让100户居民都搬到城外郊区去住，那里的房子才三四万元一套。可住户说："太远了，不干！"何阳说："给每家配辆'微面'，干不干？"住户们乐意接受。其实，"微面"才4万元一辆，连同房子每户花费仅8万元，搬迁费还有结余。何阳再建议将"微面"集中起来注册成立个出租车队，既接送住户上下班，又可做出租车业务，一箭双雕，皆大欢喜。

（8）能否颠倒——现有的事物能否从里外、上下、左右、前后、横竖、主次、正负、因果等相反的角度颠倒过来用？

例如，以毒攻毒、欲擒故纵、吃小亏占大便宜、缺陷成才、危机管理、废物利用等均为反向创新的经验精华。

（9）能否组合——能否将一件事物和其他事物组合在一起？能否进行原理组合、材料组合、部件组合、形状组合、功能组合、目的组合？

例如，把几种金属组合在一起变成各种性能不同的合金，把几种部件组合在一起变成组合机床，等等。

3. 奥斯本检核表法的实施流程

奥斯本检核表法的核心是改进，其基本做法是：一是选定一个要改进的产品或方案；二是面对一个需要改进的产品或方案，或者面对一个问题，从九个角度提出一系列的问题，并由此产生大量的思路；三是根据提出的思路，进行筛选和进一步思考、完善。

其实施步骤如下：

（1）根据创新对象，明确需要解决的问题。

（2）根据需要解决的问题，参照表3-1中列出的检核问题，运用丰富的想象力，强制性地逐个核对讨论，写出新设想。

（3）对新设想进行筛选，将最有价值和创新性的设想筛选出来。

4. 奥斯本检核表法的应用范例

表3-1　对玻璃杯的改进

序号	检核问题	发散性设想	初选方案
1	能否他用	当灯罩、量具、装饰、圆规	装饰品
2	能否借用	自热杯、磁疗杯、保温杯、电热杯、音乐杯、防爆杯	自热磁疗杯
3	能否改变	塔形杯、动物杯、防溢杯、自洁杯、密码杯、幻影杯	自洁杯
4	能否增加	不倒杯、防碎杯、消防杯、过滤杯、多层杯	多层杯
5	能否减少	微型杯、超薄杯、可伸缩杯、扁形杯、勺形杯	可伸缩杯
6	能否替代	纸杯、一次性杯、竹木制杯、可食质杯、塑料杯	可食质杯
7	能否变换	系列装饰杯、系列高脚杯、系列口杯、酒杯、咖啡杯	系列高脚杯
8	能否颠倒	透明或不透明杯、彩色或非彩色杯、雕花或非雕花杯、有嘴或无嘴杯	不透明雕花杯
9	能否组合	与温度计组合、与香料组合、与中草药组合、与加热器组合	中草药组合杯

（四）和田十二法

1. 和田十二法的内涵

和田十二法，又叫和田创新法则、和田创新十二法，是指人们在观察、认识一个事物时，考虑是否可以采用、检验的十二类创新技法（包括12个"一"）。它是我国的创造学学者许立言、张福奎、夏钟在奥斯本检核表法基础上，借用其基本原理而提出的一种思维技法。它既是对奥斯本检核表法的一种继承，又是一种大胆的创新，并在上海和田路小学进行了试验。

微学堂：
和田十二法

无叶风扇更安全

传统的电风扇通常带有三片或五片扇叶，用一段时间后，扇叶上会积聚较多灰尘且不宜清洗，高速旋转的扇叶也容易误伤到儿童手指。发明家将扇叶数量减到零，彻底取消扇叶，消除了安全隐患。这种无叶风扇，不但解决了高速旋转的扇叶易伤手指的问题，还彻底解决了传统风扇不容易清洗扇叶的问题（图3-2）。

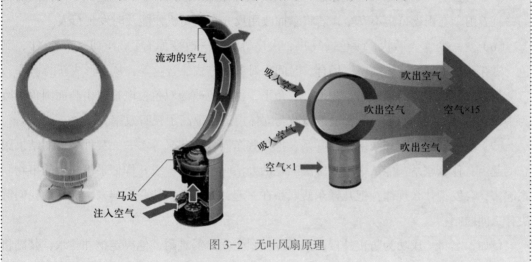

图 3-2　无叶风扇原理

2. 和田十二法的基本内容

（1）加一加（加高、加厚、加多、组合等）——在一件东西上添加些什么或把这件东西跟其他东西组合在一起吗？"加一加"后会变成什么新东西？这新东西有什么新的功能？

例如，铅笔添加橡皮变成带橡皮头的铅笔，铅笔有了擦改的功能；电话添加录音机变成录音电话，电话有了录音功能。

（2）减一减（减轻、减少、省略等）——能在某件东西上减去什么部分吗？能把某样东西的重量减轻一点吗？能在操作过程中减少次数吗？这些从形态上、重量上、过程中的"减一减"能产生什么好的效果吗？

例如，有线鼠标减掉线将变成无线鼠标；多媒体手机减掉娱乐功能将变成老年机。

（3）扩一扩（放大、扩大、提高功效等）——把某样东西放大、扩展来达到你想要达到的目的。这样东西如果放大、扩展（声音扩大、面积扩大、距离扩大等），它的功能与用途会发生哪些变化？这件物品除了大家熟知的用途外，还可以扩展出哪些用途？

例如，围棋扩大棋盘、棋子的体积变成挂式围棋，可供大场面讲解使用；雨伞扩大伞面变成恋人伞、双人伞可供两人同时使用。

（4）缩一缩（压缩、缩小、微型化等）——把某件东西压缩、折叠、缩小，它的功能、用途会发生什么变化？

例如，一般饼干将体积缩小能变成压缩饼干，携带方便风景区将面积缩小变成微缩风景区，世界著名景区便可集于一处。

（5）改一改（改缺点、改不便之处等）——把某件东西的一部分或缺点、不足之处一一减去以达到你想达到的目的。

例如，普通杯子在冬天不能保温，如果改成有保温功能的杯子，能达到冬天保温的目的；打着雨伞在雨夜行走不安全，若将伞面改用反光布，司机便能及时发现行人。

（6）变一变（变形状、颜色、气味、次序等）——改变原有物品的形状、尺寸、颜色、滋味、浓度、密度、顺序、场合、时间、对象、方式、音响等，从而形成新的物品。

例如，圆珠笔由圆形改为六角形、三角形，由单色改为双色；电视机由凸面圆角形改为平面直角形、纯平面形，由普通声道改为立体声道，提高了视听效率。

（7）联一联（原因和结果有何联系，把某些东西联系起来等）——某件事情的结果跟它的起因有什么联系？能从中找到解决问题的办法吗？把两样或几样似乎不相干的事物联系起来，会发现什么规律？把几样东西联系在一起，或几件事情联系起来，能帮助我们解决什么问题？

例如，名将郑成功为防止外侵，天天练兵，士兵口渴难耐，他决定挖井找水，其副将被蚂蚁咬了一口，郑成功想"蚂蚁也要喝水，蚂蚁窝边一定会有水"，于是循着蚂蚁的足迹找到蚂蚁窝，然后打井，挖到5米深时，井底冒出清泉。

（8）仿一仿（模仿形状、结构、方法，学习先进）——有什么事物可以让自己模仿、学习？模仿它的某些形状、结构或学习它的某些原理、方法。这样做，会有什么良好的效果？这样会创造出什么新的东西？

例如，木匠祖师鲁班，在上山砍树时，不小心被带有锯齿的草叶割破了手指，于是他突发奇想，按照草叶上锯齿的样子发明了锯子，大大地提高了锯木头的效率。

（9）代一代（用别的材料代替、用别的方法代替等）——用其他的事物或方法来代替现有的事物，从而进行创新的一种思路。有些事物尽管应用的领域不一样，使用的方式也各有不同，但都能完成同一功能，因此，可以试着替代，既可以直接寻找现有事物的代替品，也可以从材料、零部件、方法、颜色、形状和声音等方面进行局部替代。

例如，古希腊科学家阿基米德告诉我们称重不一定要秤，用浮力也可以；小学课本上一则耳熟能详的故事告诉我们，乌鸦喝水不一定非得打翻瓶子，扔石头就行。

（10）搬一搬（移作他用）——将原事物或原设想、技术移至别处，使之产生新的事物、新的设想和新的技术。

例如，将日常照明电灯通过改变光线的波长，制作紫外线灭菌灯、红外线加热灯；改变灯泡颜色，又成了装饰彩灯；把灯泡放在道路的路口，就成了交通灯。

（11）反一反（能否颠倒一下）——将某一事物的形态、性质、功能及其正反、里外、横竖、上下、左右、前后等加以颠倒，从而产生新的事物。"反一反"的思维方法又叫逆向思维，一般是从已有事物的相反方向进行思考。

例如，《田忌赛马》的故事告诉我们，顺序颠倒、要素不变可以改变竞争的结局；动物园是动物关在笼子里，而野生动物园则是将人关在一个铁笼子车里，凶猛的动物从外面看人，反过来更刺激，票价也更昂贵。

（12）定一定（定个界限、标准等）——对某些发明或产品定出新的标准、型号、顺序，或者为改进某种东西，为提高学习和工作效率及防止可能发生的不良后果做出的一些新规定，从而进行创新。

例如，有人用"定一定"发明了一种"定位防近视警报器"。他用微型水银密封开关，将其与电子元件、发音器一起安装在头戴式耳机上；经调节，规定头部到桌子的距离，当头低到超过这个规定值时，微型水银开关接通电源，并发出警告声，提醒人要端正坐姿。

3. 和田十二法的应用范例

澳大利亚曾发生过这样一件事：在收获的季节，有人发现一片甘蔗田里的甘蔗产量提高了50%。这是由于甘蔗栽种前的一个月，有一些水泥洒落在这块田地里。科学家们分析后认为，是水泥中的硅酸钙改良了土壤的酸性，而导致甘蔗增产。这种将结果与原因联系起来的分析方法，经常能使我们发现一些新的现象与原理，从而引出发明。由于硅酸钙可以改良土壤的酸性，于是人们研制出了改良酸性土壤的"水泥肥料"。

石家庄市第一中学的王学青同学发现地球仪携带不方便，便想到，如果地球仪不用时能把它压缩、变小，携带就方便了。他设想应用制作塑料球的办法制作地球仪就可以解决这个问题。用塑料薄膜制的地球仪，用的时候把气吹足，放在支架上，可以转动；不用的时候把气放掉，一下子就缩得很小，方便携带。

📖 知识链接

中国传统创新方法

创新的实践孕育创新的方法，而创新的方法又是创新的钥匙和有效工具。方法作为"点石成金"之术，很早便引起人们的重视。中国古语有"工欲善其事，必先利其器"的说法。创新方法是实现跨越式发展的关键因素。要增强我国的创新能力学习和吸收国外先进的创新方法固然重要，但挖掘我们民族文化传统中的相关资源同样具有积极意义。中国人自古崇尚创新，在几千年的创新实践中，提出并使用了些极富创新意蕴的方法。

温故知新

"温故知新"最早由春秋时期的伟大思想家孔子提出，以后得到士人们的广泛认同。温故知新即通过温习已有的知识，能有所启发，会不时产生新的体会，引起新的发现，获得新的知识。这一方面说明"旧"中隐藏着"新"，需要后人去挖掘和领悟；另方面说明新旧知识之间存在联系，人们在温习旧知识的过程中积极思考和发问，可以扩大知识范围或将知识进一步深化，发现和克服旧知识的局限，从已知走向未知，得到新知识。

举一反三

"举一反三"同样源自孔子在教学实践中说过一句话："举隅不以三隅反，则不复也。"举一反三首先是作为一种学习和认识的方法而受到推崇的，但它也具有创新的价值。人要提高自身的学习效果和获得多方面的知识，需要懂得举反三，触类旁通。如二程（程颢、程颐）所说："格物非谓尽穷天下之理，但于一事上穷尽，其他可以类推。""格物致知"包含举一反三的思维方法。人要发明创造，寻找创意，也要善于举反三。

至法无法

"至法无法"虽说是中国古人基于艺术创新而提出的，但它具有普遍的方法论意义，对我们今天提高自主创新能力，实现"进入创新型国家前列"的战略目标，具有重要的价值和启示作用。创新需要方法，但局限于已有的方法，仅仅停留在"技"的层面，精神得不到升华，而为具体的方法束缚，创造性就难以充分发挥，难有大的突破和创新。

以上仅是对中国传统创新方法的举隅，中国人在过去几千年提出并使用的具有创新意蕴的方法远不止此。

📺 **实训案例**

海 滩 救 援

有一艘游艇搁浅在海难上，8名游客等待救援，但是现在直升机每次只能够救一个人。游艇已坏，不停漏水。在寒冷的冬天，游客身处刺骨的海水之中。

游客情况：

（1）将军，男，69岁，身经百战。

（2）外科医生，女，41岁，医术高明，医德高尚。

（3）大学生，男，19岁，家境贫寒，国际奥数大赛获奖者。

（4）大学教授，50岁，正主持一个科学领域的项目研究。

（5）运动员，女，23岁，奥运金牌获得者。

（6）经理人，35岁，擅长管理，曾将一大型企业扭亏为盈。

（7）小学校长，53岁，男，劳动模范，五一劳动奖章获得者。

（8）中学教师，女，47岁，桃李满天下，教学经验丰富。

请将这8名游客按照营救的先后顺序排序。

面包与记者

假设你是某跨国公司的业务员，现在公司派你去某国偏远地区销毁一卡车的过期面包（不会致命，也无损于身体健康）。在行进的途中，刚好遇到一群饥饿的难民堵住了去路，因为他们坚信你所坐的卡车里有能吃的东西。

这时，该国报道难民动向的记者也刚好赶来。对于难民来说，他们肯定要解决饥饿问题；对于记者来说，他要报道事实；对于你来说，你的任务是要销毁面包。

现在要求你既要解决难民的饥饿问题，让他们吃这些过期的面包，以便销毁这些面包，又不要让记者报道过期面包这一事实。你将如何处理？

说明：

（1）面包不会致命。

（2）不能贿赂记者。

（3）不能损害公司形象。

人 员 选 拔

某公司是制造、销售较复杂机器的公司，最近一些重要岗位的中层经理要离休。公司本来一贯严格从内部选拔人员，但不久发现提拔到中层管理职位的基层员工缺乏相应的管理能力，导致业绩不断下滑。

因此，公司决定从外部招聘具有高学历的管理人才，并先放在基层管理职位上，以便为今后提拔为中层管理人员做好准备。不料在两天之内，这些人都离开了该公司。公司只好又回到以前，采用内部提拔方式，但又碰到了过去同样素质欠佳的问题。

面对这一问题，公司想请咨询专家来出主意。如果你是咨询专家，你会有哪些建议？

◎互动交流

请回答以下问题：

（1）你认为以上实训案例可以采用哪种创新方法来解决？

（2）以上情况是否只有一种解决方法？

◎深思勤练

　　学生自由分成若干组（8～10人一组），每组选一名主持人、一名记录员。各组从上述三个案例中任选其一，并在20分钟内共同商讨出解决方案。最后，每组派一个代表进行3分钟的总结陈词。

 **活动亲历**

运用和田十二法回顾手机发展历程

活动人数

以班级为单位开展活动，人数控制在50人以下为宜。

活动场地及用具

教室、工作坊等场地，准备手机（安装思维导图软件）、白纸、签字笔等设备用具。

活动组织

　　学生自由结组（每组4～6人），相互协作，通过思维导图软件梳理手机的发展历程并利用和田十二法加以核对，最后以小组为单位推选一位代表进行活动汇报总结。教师负责组织交流。

活动步骤

（1）以小组为单位，收集有关手机发展史的资料。

（2）对资料加以分析，并最终以思维导图形式呈现出不同时期手机的迭代变化。

（3）针对手机外观、功能等演变，运用和田十二法，按12个"一"的顺序进行核对和思考，进而诱发学生对"未来手机"的创造性设想。

活动交流与讨论

"未来手机"会是什么样？还可能在哪些方面有所创新？

活动体验

通过本次活动，谈谈和田十二法对你学习、生活的启发。

活动点评

　　和田十二法是基于奥斯本检核表法的一种创新。这种创新方法更通俗易懂，简便易行，便于推广。如果将该法应用到解决实际问题当中，能帮助人们打开创造思路、激发创新潜能，从而收到意想不到的神奇效果。

第四单元 创新成果保护与转化

创新成果凝聚了创新者的智慧和汗水，体现了创新者的劳动价值和知识价值。创新成果保护与转化的成功效应直接决定了创新者的创业成效和经济效益。当前，我们很多创业者特别是大学生创业者对创新成果保护与转化的重视度不够，技术操作性不强，法律监控性不严，导致创新成果应用中出现了很多法律问题和产权纠纷，成为创业者特别是大学生创业者成功创业的一个较为严重的阻碍。

创新成果的保护与转化归根结底还是知识产权的保护与转化。我国对知识产权的保护与转化形成了较为完备的法律体系。党的二十大报告特别强调，加强知识产权法治保障，形成支持全面创新的基础制度。作为创业者要树立法律意识和司法精神，要重视创新成果的保护与转化，重要的还是要学法、懂法、知法、用法，充分利用法律武器保护自己的创新劳动成果。

互联网时代，信息传递速度快，网络传播渠道广，层出不穷的创新成果保护问题不仅涉及创新者的知识产权保护的法律关怀，也关乎社会公平的宏观思考。当前，无论是一个国家还是企业，经济竞争说到底还是技术竞争，特别是具有自主知识产权的科技水平的竞争。对于一个初创企业来说，自主知识产权关乎生死。因此，保护自己的知识产权就显得尤为重要。如何保护自己的创新成果，主观上的重视是基础，但产权认定和法律保护才是关键。如何进行产权认定？需要掌握哪些必备的法律常识？对于初创者而言，可以根据创新成果的性质和类型进行针对性学习和运用。

一、创新成果概述

（一）创新成果的概念

《辞海》对"创新"的解释是"抛开旧的，创造新的"；对"成果"的释义是"工作或事业上的收获"，联合起来解释，就是改造旧事物或创造新事物的成就和结果，结果以显性和隐性的形态来体现。

现代许多学者对"创新"和"成果"做了一定的概念命名。从本书的角度来看，我们认为"创新"指的是"以现有的思维模式提出有别于常规或常人思路的见解为导向，利用现有的知识和物质，在特定的环境中，本着理想化需要或为满足社会需求，而改进或创造新的事物（包括但不限于各种产品、方法、元素、路径、环境等），并能获得一定有益效果的行为"。"成果"就是创新行为的结果和体现。

（二）创新成果的特点

创新成果是人通过自身的知识修养和专业储备，在一定的技术条件下，通过创新实践活动取得有价值的有形或无形产品的过程。其特点体现在以下几个方面。

1. 价值性

一般来说，创新成果是为满足需要而产生的。这种需要可以是个人的或社会的。只有满足社会需要的创新成果才会有市场的商业价值；满足个人需要的成果具有个性化特点，随着个性化社会的到来，个性定制也可能成为商业市场的亮点。需要的满足都决定了成果的价值度。

2. 新颖性

创新成果的核心是"新"。"新"可以是产生前所未有的新事物、新技术、新产品等，也可以是对原技术的改造和提高、对旧工艺的改进和更新、对管理的提高和改善。新颖性与价值性具有一定的关联，没有价值的"创新"失去了满足需要的意义，就没有了市场的前景。

3. 目的性

创新成果是实践的结果，实践是具有一定目的性的活动，创新成果的出现就是为了一定的目的而研发、创造和生产出来的。

4. 投资回报性

创新成果的价值性是投资回报性的基础条件，但投资是风险性的市场行为，对创新成果的投资存在潜在的风险，如技术的泄密、资金链的断裂等问题，因此必须有风险防范机制和自我保护意识。

（三）创新成果的分类

创新成果可以按照其性质、存在形态、应用领域和创新对象的不同而有不同的分类方法。从保护和转化的角度来看，我们主要按照创新对象的标准分为知识创新成果、技术创新成果、产品创新成果和制度创新成果。

1. 知识创新成果

知识创新成果是指通过基础研究和应用研究，获得新的基础科学和技术科学知识成果的过程。知识创新为人类认识世界、改造世界提供新理论和新方法，为人类文明进步和社会发展提供不竭动力。

2. 技术创新成果

技术创新成果是指通过开发新技术，或者将已有的技术进行应用的实践成果。科学是技术之源，技术是产业之源，技术创新建立在科学道理的发现基础之上，而产业创新主要建立在技术创新基础之上。技术创新的成果对产业来说具有革命性的意义。

3. 产品创新成果

产品创新成果是指通过创造某种新产品或对某一新或旧产品的功能进行改造而产生的成果。一般来说，产品是有形的物品，产品创新直接关系到企业发展的战略选择和定位。

4. 制度创新成果

制度创新成果是创设新的、更能有效激励人们行为的制度、规范体系来促进社会持续发展和变革的创新成果。制度创新成果主要体现在管理制度上的变革，制度创新成果可以影响其他类型的创新成果。

二、创新成果的保护及策略

创新成果的保护是指主要通过法律手段对取得的创新成果给予法律主体的认定、权利的归属界定、使用的权限划定等过程。当前，我国对创新成果的保护有自主保护、政策保护和法律保护，其中主要是法律保护即知识产权的保护。

知识产权保护是指依照现行法律，对侵犯知识产权的行为进行制止和打击的所有活动总和。这里的知识产权主要指版权（著作权）和工业产权。版权是指创作文学、艺术和科学作品的作者及其他著作权人依法对其作品所享有的人身权利和财产权利的总称;工业产权则是指包括发明专利、实用新型专利、外观设计专利、商标、服务标记、厂商名称、货源名称或原产地名称等在内的权利人享有的独占性权利。

（一）创新成果保护的法律体系及其要点

我国创新成果保护的法律体系由著作权法律制度、专利权法律制度、商标权法律制度、反不正当竞争法律制度和我国缔结及参加的国际公约构成。下面几项是大学生创新成果保护中需要经常用到并做到精细掌握的法律。

1. 著作权法保护

我国制定并颁布的与著作权有关的法律法规有:《中华人民共和国著作权法》《中华人民共和国著作权法实施条例》《实施国际著作权条例的规定》《著作权集体管理条例》《计算机软件保护条例》《计算机软件著作权登记办法》《信息网络传播权保护条例》等。

著作权法要点是:

（1）权利产生和保护的自主性。著作权采取创作保护主义的原则，即作品一经创作产生，不论是否发表，著作权即自动产生，开始受著作权法保护，与须经国家主管机关审查批准方能得到法律保护的专利权、商标权不同。

（2）权利主体多样性。著作权的权利主体可以是自然人、法人、其他组织、国家，同时，也不受国籍和行为能力限制，外国人和未成年人均可成为著作权主体。

（3）权利客体广泛性。著作权保护的作品包括:文字作品、口述作品、戏剧作品、音乐作品、舞蹈作品、曲艺作品、美术作品、建筑作品、摄影作品、杂技艺术作品、图形和模型作品、计算机软件等。

（4）权利内容复杂。《中华人民共和国著作权法》列举了4项著作人身权（发表权、修改权、署名权、保护作品完整权）和12项著作财产权（复制权、发行权、出租权、放映权、展览权、表演权、广播权、摄制权、信息网络传播权、改编权、翻译权、汇编权）。

2. 专利法保护

我国制定并颁布的与专利权有关的法律法规有：《中华人民共和国专利法》《中华人民共和国专利法实施细则》《专利代理条例》等。

专利法的要点是：

（1）专利权具有独占性。 独占性也称垄断性或专有性，是指专利权人对其发明创造享有占有、使用、收益和处分的权利。也就是说，任何单位或个人未经专利权人许可，都不得实施其专利，即不得为生产、经营目的制造、使用、许诺销售、销售和进口其专利产品，或者使用其专利方法以及使用、许诺销售、销售、进口依照该专利方法直接获得的产品。

（2）地域性。所谓地域性，是指一个国家依照其本国专利法授予的专利权，仅在该国范围内受到法律保护，在其他国家则不予保护。因此，申请人如果认为其发明创造具有国际市场前景，除申请国内专利外，还应向具有良好市场前景的其他国家和地区申请专利。

（3）时间性。 所谓时间性，是指专利权人对其发明创造所拥有的专有权只在法律规定的时间内有效，期限届满或专利权中途丧失，专利权人对其发明创造就不再享有专有权，其发明创造就成了社会的公共财富，任何单位或个人都可以无偿地使用。对于专利权的期限，我国现行专利法规定：发明专利保护期限为20年，实用新型和外观设计保护期限为10年，均自申请日起计算。

3. 商标法保护

我国制定并颁布的与商标权有关的法律法规有：《中华人民共和国商标法》《中华人民共和国商标法实施条例》《特殊标志管理条例》和《奥林匹克标志保护条例》等。

商标法的要点是：

（1）商标权的客体是作为商品标记的商标。商标权的客体是识别商品服务项目的一种标记，而不是智力成果。虽然商标图案的设计、选择算得上是一种智力活动，设计精美的商标图案也确实称得上具有创造性的作品，但商标法所要保护的不是具有创造性的作品而是具有识别作用的商品的标记。所以商标权的客体是作为商品标记的商标。

（2）商标权是单一的财产权。著作权、专利权等知识产权都具有人身权和财产权双重内容，而商标权只具有财产内容，不具有人身内容。所以商标权是单一的财产权。

（3）商标权的专有性是绝对的。商标权的专利性又称独占性或垄断性，是指商标权人对其注册商标享有使用的权利，任何第三者非经商标权人的同意不得使用。商标权人凭借这种垄断权才能实现自己的经济利益，国家才能实施其管理，保护消费者利益。可以说专有性是商标权最根本的属性。

（4）商标权的法定时间性是相对的。法定时间性是指商标权的有效期限。注册商标只在规定的期限内有效，超过规定期限，又未办理续展手续的，商标权自行消灭。这一特征主要体现在：其一，按照使用取得制度，靠使用建立起来的商标权没有法定有效期，只要其继续使用，权利就不会消灭；其二，采用注册制度的国家，虽然规定了注册商标的期限，但都允许不断续展，一个商标只要信誉好，其所有人愿意继续使用，就可以通过不断续展，使之长期有效。

（5）商标权具有严格的地域性。商标注册人所享有的商标权一般只能在授予该项权利的国家领域内受到保护，在其他国则不发生法律效力。

4. 计算机软件和集成电路布图设计保护

计算机软件和集成电路布图设计属著作权保护范围，但大学生的创意成果都牵涉其中，现特列说明：

（1）计算机软件。根据2001年出台的新的《计算机软件保护条例》，计算机软件著作权的内容包括：发表权、署名权、修改权、复制权、发行权、出租权、信息网络传播权、翻译权等，按照登记保护的办法，计算机软件的保护期限为自然人终生及其死亡后50年的12月31日；合作开发的，截止于最后死亡的自然人死亡后第50年的12月31日。法人或者其他组织的软件著作权，保护期为50年，截止于软件首次发表后第50年的12月31日，但软件自开发完成之日起50年内未发表的，本条例不再保护。

（2）集成电路布图设计。根据2001年《集成电路布图设计保护条例》规定的集成电路布图设计专有权包括复制权和发行权，保护年限为10年，自布图设计登记申请之日或者在世界任何地方首次投入商业利用之日起计算，以较前日期为准。但是，无论是否登记或者投入商业利用，布图设计自创作完成之日起15年后，不再受本条例保护。

（二）大学生创新成果的保护策略

大学生创新成果是大学生根据自己的科研水平和创新能力，对现实的有形或无形的产品进行改造、改进和改变等实践行为产生的有价值的成果。一般来说，大学生的创新成果表现为创意、科技产品、竞赛作品等形式。按照大学生创新成果的法律认证情况，有下面几种保护形式。

1. 商标注册

如果创新成果属于某种商品或服务的商标设计，则权利人可以通过申请商标注册来保护自己的创意。我国商标注册流程，如图4-1所示。

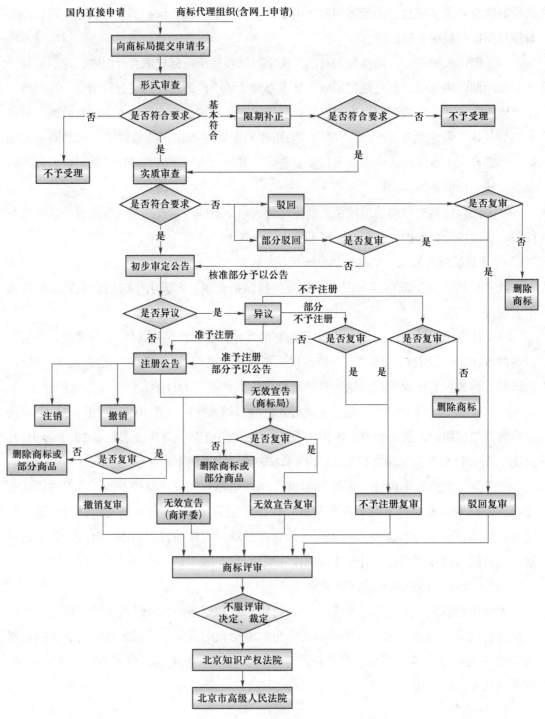

图 4-1　商标注册流程

2. 专利申请

如果一个创新成果是基于一项技术发明，并且符合《中华人民共和国专利法》关于申请专利的各项规定，则权利人可以通过申请专利获得保护。

知识链接

委托代理申请专利的一般流程和注意事项

申请专利是一种法律程序，申请专利的发明人要想快速而稳妥地获得专利权，取得法律上的保护，可委托专利事务所的专利代理人提供法律和技术上的支持，发明人一旦与专利代理人建立委托代理关系，专利代理人则是发明人的技术顾问和专利律师。

发明人与专利代理人建立代理委托关系后，应按照代理人的要求提供撰写专利文件所必需的详细技术资料。详细技术资料包括发明创造的目的、新旧技术对比、主要技术特征及实施发明创造目的的具体方案，以及能说明发明创造目的的图纸等。

如发明人不会制图或不能提供必需的详细技术资料，可直接向专利代理人口述，专利代理人可根据发明人的意图完成专利申请的全过程，直到获得专利权。

委托专利代理机构申请专利的程序。委托专利代理机构申请专利一般要经过以下几个步骤：

咨询

（1）确定发明创造的内容是否属于可以申请专利的内容。

（2）确定发明创造的内容可以申请哪一种专利类型（发明、实用新型、外观设计）。

签订代理委托协议

此时签订代理协议的目的是明确申请人和专利代理机构之间的权利和义务，主要是约束专利代理人对申请人的发明创造内容负有保密的义务。

技术交底

（1）申请人向专利代理人提供有关发明创造的背景资料或委托检索有关内容。

（2）申请人详细介绍发明创造的内容，帮助专利代理人充分理解发明创造的内容。

确定申请方案

（1）代理人在对发明创造的理解基础上，会对专利申请的前景作出初步的判断，对专利授权可能性很小的申请将建议申请人撤回。此时代理机构将会收取少量咨询费，大部分申请代理费用将返还申请人。

（2）若专利授权前景较大，专利代理人将提出明确的申请方案、保护的范围和内容，在征得申请人同意的条件下开始准备正式的申请工作。

准备申请文件

（1）撰写专利申请文件。

（2）制作申请书文件。

（3）提交专利申请并获取专利申请号。

审查

国家知识产权局专利局会对专利申请文件进行审查，在审查过程中专利代理人会进行专利补正、意见陈述、答辩、变更等工作。如有需要，申请人应该配合专利代理人完成以上工作。

审查结论

国家知识产权局专利局根据审查情况将会作出授权或驳回审查结论，这一过程的时间一般为：外观设计6个月左右，实用新型10~12个月，发明专利2~4年。

办理专利登记手续或复审请求

如果专利申请被授权，则根据专利授权通知书的要求办理登记手续，领取专利证书。如果专利申请被驳回，则根据具体的情况确定是否提出复审请求。

至此，专利申请过程即结束。

创新成果的保护与转化是创新成果运用的具体表现，其中保护是基础，转化是根本。创新成果的转化是科技进步的表现，也是创新成果的价值体现和社会责任，只有具有市场开发价值和商业利用前途的创新成果才能焕发其创新的生命力。

3. 版权保护

很多创新成果往往够不上申请专利的标准，但如果该创意是文学、艺术和科学领域内具有独创性的智力成果，则权利人可以将创意以作品的形式表现出来，通过著作权法寻求保护。

4. 反不正当法保护

如果一个创新成果，既不能申请商标注册，也不能申请专利或形成作品。那么，如果该创意是不为公众所知悉、能为权利人带来经济利益、具有实用性并经权利人采取保密措施的技术信息和经营信息，则权利人可以将其作为商业秘密获得保护。权利人应当采取合理的保密措施，与获悉该创意的单位或个人签订保密协议，要求其不得泄露或擅自使用该商业秘密。《中华人民共和国反不正当竞争法》对商业秘密有具体的规定。

（三）创新成果的阶段性保护策略

创新成果的形成要经历相应的环节和阶段，保护创新成果要根据成果形成的不同时期特点进行相应的保护。

1. 创意阶段的保护

好的创意往往具有敏锐的市场捕捉力、科技的创新力和超前的前瞻力，对于有价值的创意想法要提高保护意识，必要时提前申请法律保护。

2. 研发阶段的保护

在研发过程中，要注重对研发的核心技术、产品模型和设计图稿等原创性作品进行加密处理，强化保密的思想，注重研发过程中的安全防患。如果是合作研发，必须与合作单位签订保密协议，为创新成果上一道安全锁。

3. 定型阶段的保护

具有市场开发价值和科技创新力的创新成果，在参加科技作品竞赛、创业创新大赛、科技作品展示等公开活动前对定型的作品进行法律认证，寻求知识产权保护，避免不必要的法律纠纷。

💻 **实训案例**

创新成果应及时转变为知识产权

高阳是某职业院校机械制造及自动化专业的学生。课外，他对智能机器人制造产生了浓厚兴趣，在专业老师的指导下，他通过建立创客工作室，致力于工业机器人的研发和制造。在大二的时候，其团队以自己的机器人研究成果作为创业设想参加了所在省的创新创业大赛，获得了特等奖。其机器人技术成果受到不少商家的青睐。但获得的荣誉让他们沾沾自喜，其参赛作品多次被别人借阅，技术信息也被某个借阅的同学获得并很快进行了专利注册，还与商家洽谈了合作事宜。此时，高阳团队方才醒悟，想保护自己的权益，但碰到了法律问题。为了保护自己的知识成果，高阳在老师和同学的支持下，积极寻求法律保护。他们先向专利权主管部门提交了专利权属的申请，向主管部门提供了相应的证据，从时间和专利技术的发明的过程和核心技术方面佐证自己对专利的权属。经过专利主管部门审查，根据其技术核心要素的发明特征，最终同意重新审核授权。

◎ **互动交流**

请回答以下问题：

（1）高阳的团队在创新成果保护方面出现了哪些问题？

（2）高阳的团队能赢得最终的胜利吗？如果能，请问如何赢？如果不能，他输在了哪里？

◎ **深思勤练**

全班分为专利申请方和接受方，模拟一次专利申请的过程。

三、创新成果的转化

（一）创新成果转化的概念

创新成果转化是指创新成果知识产权人，通过自己使用，许可使用，转让、特许经营等方式行使创新成果知识产权的财产权利，实现创新成果知识产权的经济价值。创新成果知识产权的转化，既为权利人行使其财产权利提供了渠道，实现新成果知识产权的经济价值，又让社会大众分享创新成果的效用，从而实现了激励创造、鼓励传播、促进社会进步的目的。就创新成果而言，单纯的创新不是目的，单纯的保护也不是目的，在当今世界发展浪潮中，经济竞争正在从有形的竞争转化为无形的竞争，其中的知识含量已经愈发成为决胜的关键。创新成果的取得和保护的最终目的就是让所创造出的智力成果转化为经济价值和市场效益。

科技成果是指在科学技术活动下所产生的、被公认的、具有学术及经济价值的成果，在当前科技大爆炸的时代背景下，科技成果被赋予相当重要的意义。科技成果具有创新及先进性，其界定需要特定的机关及机构予以认可，《中国科学院科学技术研究成果管理办法》中明确指出，由科技成果行政部门认可的科技成果才称之为科技成果。并且该成果必须具备一定的经济价值及学术价值，是无形资产中最为重要的组成部分。

📢 **案例分享**

制度的本质是激励创新

2021年，华为作为中国获得授权专利最多的公司，在欧洲专利局专利申请量排名第一，在美国新增专利授权量排名第五。华为PCT（专利合作条约）专利申请量连续五年位居全球第一。

2022年6月8日，华为在深圳召开"开拓创新视野：2022创新和知识产权论坛"，这是华为第三次举办创新和知识产权主题活动，并分享其创新实践。华为坚持每年将10%以上的销售收入投入研究与开发。《2021年欧盟产业研发投入记分牌》报告显示，华为研发投入在全球企业中位居第二。2021年，华为投入研发费用人民币1 427亿元，占销售收入的22.4%，近十年累计投入的研发费用超过人民币8 450亿元。

华为总裁任正非签发的总裁办电子邮件《〈专利许可业务汇报〉会议纪要》中提到：专利制度的本质是激励创新，促进技术公开并被业界公平广泛地使用，从而推动产业繁荣和社会进步；我们要建立科学合理的知识产权价值观，树立公司的创新者形象，同时也利于公司的可持续、有质量地发展。

（二）创新成果转化模式

1. 自主创业

自主创业模式是指个人、科研院所、大专院校、企业等创新者的创新成果在内部进行的一种成果化转化模式。其特点是创新成果的成果源与吸收体融为一体，将市场交易内部消化，消除了中介，转化交易成本较低，转化效率较高。例如。中国科学院计算技术研究所于1984年投资20万元成立联想控股有限公司，当时联想由11名科技人员组成，主要对中国科学院计算技术研究所的科研成果和技术进行转化。2019年11月1日，联想集团成立35周年之际，其年收入已超3 500亿元人民币。截至2022年，联想集团已连续十二年登上《财富》（*Fortune*）世界500强排行榜。

对于当代大学生而言，通过自主创业，把青年人奇思妙想的创新思维转化为成果和利润，显得更为重要和紧迫，2015年首届中国"互联网+"大学生创新创业大赛总决赛举行时，国务院做出批示：大学生是实施创新驱动发展战略和推进大众创业、万众创新的生力军。据统计，2023年全国高校毕业生规模达1 158万人，再创历史新高。对于我国这样的一个人口大国来说，大学生面临的就业形势严峻复杂，创业，不再是少数人的专利，而是更多人的选择。

2. 许可使用

创新成果的许可使用，是指产权人授权他人在一定时期和范围内，以一定的方式行使创新成果的使用权并获得相应报酬的行为。"许可是在不转让财产所有权的条件下让渡财产中的权利"，这包含了以下几点含义：创新成果产权中的人身权利不得许可使用；许可使用不导致产权所有权的主体发生变化；许可使用不得超出许可人自身所拥有的权限；被许可人不得超出合同约定范围行使权利。著作权、专利实施和商标都可以进行许可使用。

（1）著作权的许可使用。著作权许可使用，指著作权人授权他人在一定的地域、期限内，以一定方式创新成果的使用权并获得报酬的行为。著作权许可使用是最常见的著作权贸易方式，是著作权人实现其著作财权的主要方式。

📢 案例分享

圆梦！智能助行康复机器人帮中风患者实现"站立梦"

一款智能助行康复机器人能帮众多中风瘫痪患者圆一个"站立梦"，而产品研发者、长沙民政职业技术学院学生杜德国也圆了自己的创业梦。

杜德国出生于甘肃省庆阳市环县的一个偏远贫穷山区，在他8岁那年，姑姑不小心滑倒，引发脑溢血，因离县城太远且交通不便，耽误了最佳治疗时间。后来，村里又多了几个因脑卒中（中风）而卧床不起的老年人，从那时起他便有了学医的想法。

在高考选择专业时，毅然选择了康复治疗技术专业。

进入大学后，杜德国了解到，2018年，我国因中风而瘫痪的患者已达1 200万人，而中风以后几乎100%导致患者下肢运动障碍，康复周期长，费用昂贵，给很多家庭带来了沉重的负担。要是能发明一款能帮助中风患者尽快站立起来、减轻他们痛苦的康复设备多好啊！

杜德国对市场进行了深入调研，发现市面上已有的康复产品，不同程度地存在价格高昂、性能单一、使用复杂、训练场地受限等问题，效果好、价格低廉、使用简单、小巧便携的康复助行产品，在国内尚处空白。他与本校老年服务与管理专业学生李向和机器人专业学生徐舒腾、蔡江东等人组建了跨专业研发团队，在学校刘隽铭等老师的带领下，先后深入中南大学湘雅医院、红枫康复医院等机构进行调研，湘雅医院主管康复治疗师陈坤利等专业人员为他们提出了很多宝贵建议。经过不断努力，团队终于研发出国内第一款可穿戴、智能、主动型助行康复辅具，可实现踩踏感知训练、步态矫正、智能助行、患者数据自动采集、远程监控与互动等功能，填补了国内智能康复助行产品的空白。

（2）专利实施的许可使用。专利实施许可是指专利权人授权他人在一定地域、期限内，以一定方式（包括使用、制造、销售）实施其所拥有专利并获得报酬的行为，专利实施许可是最常见的专利贸易形式，是专利权人获得经济价值的主要途径之一。

🔊 案例分享

"想折腾、爱折腾"的"专利哥"

"实在不好意思，我只想用专利技术入股，不想卖掉，如果你们不接受，我会考虑找其他公司合作。"面对北京某公司的"甜言蜜语"，浙江师范大学职业技术教育学院大三学生吴刚又一次委婉谢绝。

吴刚都记不清这是第几次拒绝对方了，尽管对方提出的8万元收购价十分诱人，不过这个在大二就靠专利年收入近百万的"专利哥"还是把持得很牢。

在老师和同学们眼中，吴刚对科研近乎痴狂。大二时，他就向国家知识产权局专利局递交了40多项专利申请，已经通过审查18项。吴刚说，由于开始不懂"行情"，最贵的专利才卖了3万多元，便宜的8 000元就卖掉了。

除了自己发明专利，吴刚还在淘宝开了店，卖的不是商品，而是服务——专门代别人写专利。"这是一个知识产权的时代，国家越来越重视保护知识产权，个人企业等申请专利的越来越多，我的生意才越来越好。"

（3）商标的许可使用。商标许可使用是指注册商标所有人授权他人在一定地域、期限内，以一定方式使用其注册商标并获得报酬的行为。商标许可使用是现代商标法的主要内容，是商标注册人实现其商标经济价值的主要形式。

3. 产权转让

产权转让是指创新成果的产权所有人依法将其享有的创新成果的产权中的财产权利全部或部分转让给他人的行为，包括著作权转让、专利权转让、注册商标转让等。当前许多创新成果正是以产权转让获取利益为主要目的。有偿转让创新成果，是实现其经济价值的主要途径之一。

（1）著作权转让。著作权转让是指著作权人依法将其享有的著作财产权的全部或者部分转移给他人的行为，通过著作权转让，受让人成为该作品全部或者部分财产权的权利人，转让人丧失相应权利。

（2）专利权转让。专利权转让指专利权人依法将其专利权转移给他人的法律行为。转让人有权依照合同收取转让金；受让人有权受让该项专利权，成为新的权利主体。

🔊 案例分享

重庆市高校一研究生发明专利获高额转让费

2014年，重庆科技学院研究生刘洪伟研发的国内首台低成本3D打印抛光机，通过中央电视台科教频道的《发明梦工厂》栏目竞拍，获200万元专利转让费。大四就加入学校大学生创新创业团队的刘洪伟，在老师的带领下开始研究3D打印抛光机。通过温度的控制、耗材的选择等一系列改进设计，刘洪伟自主研发出一种环保材料，运用材料转移技术为3D打印成品抛光。

"国内尚没有成熟的3D打印抛光机，国外的产品售价则高达几万美元，而且所使用的耗材极其昂贵。"刘洪伟说，自主研发的3D打印抛光机售价只有2 000～5 000元/台，价格大大低于国外产品，而且抛光速度很快。

2014年12月12日，中央电视台科教频道《发明梦工厂》栏目播出了刘洪伟的发明，一共有六家企业举牌参加竞拍。由于该发明填补了国内空白，最终该专利以200万元实现转让。

（3）商标转让。商标转让是指商标权人依法将其注册商标专用权转移给他人的法律行为，商标权人为转让人，接受注册商标专用权方为受让人。

📖 知识链接

技术转让

技术转让是知识产权转让的下位概念，在现代贸易中，技术转让是知识产权转让的重要内容。技术转让，是指专有技术的所有人将技术转移给他人，并收取报酬的行为。技术转让，通常是包括专利、商业秘密、商标、版权在内的综合性的知识产权利用行为。目前，专有技术至少由三种技术构成：专利技术、秘密技术、计算机软件技术。商标不属于技术范畴，虽然在知识产权贸易中，技术转让通常附带有商标的转让或是许可使用，商标可以作为技术转让的标的之一，但单纯的商标转让，不是技术转让。

科学技术转让的模式还有：技术开发模式、"政产学研金介用"模式、面向产业集群模式、科技创业孵化模式、公共技术服务平台模式等。

💻 实训案例

凭借一技之长实现人生价值

江喜允是深圳技师学院数控技术专业毕业生，通过在校期间的刻苦学习，扎实掌握了数控机床的相关知识和技能，凭借过硬的技术和创新精神，其在与手机配套的雕铣机研制方面取得突破，在老师与学校的帮助下，取得了专利权。由于其研制的雕铣机制作工艺超前，设计功能良好，受到生产厂家的关注，毕业前有六家厂商愿意高薪聘请他入职或者购置其专利权。何去何从，江喜允一时很困惑。

在微电子公司实习的经历让他大大开阔了眼界，他萌发了毕业后凭借一技之长自主创业的想法。他首先对自己的专利成果进行了经济价值评估和技术潜力评估，评估报告提升了他的信心。他还对深圳数控机床生产企业和市场进行了深入调查，发现深圳和珠江三角洲是中国乃至世界最大的手机生产基地，与手机制造配套的数控机床需求巨大，而其中高速雕刻机和高速雕铣机存在较大的机会。评估和调查坚定了其创业的决心，在有关部门的帮助和创业基金的扶持下，他与几个志同道合的朋友创立了公司。独家的技术成果、过硬的产品质量和前期的市场调研和推广，为他们创业打下了良好的基础，创业当年，营业额达到250万元；第二年，产值达到600万元。江喜允继续开发新产品，重新租赁了厂房，进一步扩大生产规模，第三年公司产值超过1 000万元。

目前，该公司已经成为深圳乃至珠三角地区手机行业市场占有率名列前茅的专业数控雕刻机制造企业，产品供不应求，客户需要提前半年订货，产品销往全国各地。由于技术含量较高，国内部分开设数控机床专业的大学也向他订购雕刻机，作为教学和科研设备使用。

◎ **互动交流**

请回答以下问题：

（1）自主创业和技术转让对于江喜允来说，哪种方式更好？

（2）如果你是江喜允，你会寻求怎样的发展之路？

（3）江喜允可以通过哪些优惠政策寻求发展？

◎ **深思勤练**

假如你是一项新技术或新产品的发明人，应该如何利用这项技术或产品成果进行创业。

 **活动亲历**

设 计 商 标

活动人数

人数不限。

活动场地及用具

教室、工作坊等场地，准备白纸、绘画笔或计算机、打印机等设备用具。

活动组织

学生自由结组，每组4~6人为宜。基于本单元有关商标权知识的学习以及生活中对各类商标的认知，针对某种商品或者服务设计商标。设计的商标作品以小组为单位提交。

活动步骤

（1）各组可结合所学专业运用头脑风暴法确定一种商品或者服务并针对其提出商标设计方案。商标需要由文字、图形、字母、数字、立体标志、颜色组合、声音等要素构成，设计风格及表现形式不限，各团队可自由发挥，要求作品创意独特、构思精巧，文化内涵丰富，视觉冲击力强。

（2）提交参赛商标的矢量文件，同时需提交符合商标图样文件格式的jpg图片，图形清晰，图样文件大小小于200 KB，且图形像素介于400×400~1 500×1 500。如果通过扫描获得商标图样，应按24位彩色、RGB格式、300 dpi分辨率扫描符合《商标法》及其实施条例规定的图形（图形清晰，大于5 cm×5 cm且小于10 cm×10 cm）。

（3）在教师指导下，各团队安排三名代表对所有作品进行评审，评出前三名的作品并给予适当奖励。

（4）获奖小组根据商标注册流程，模拟进行商标注册。

活动交流与讨论

（1）商标设计技巧与注意事项有哪些？

（2）商标注册过程中容易忽视的问题有哪些？

活动体验

谈谈你在本次活动中的感悟与收获。

活动点评

通过本次活动，旨在让学生深刻理解商标的意义与重要性，在实践中探索什么样的商标设计才能让消费者更加直观地了解企业的文化内涵、经营理念和产品性能等。

创 业 篇

创业不遥远，人人可成创业者！

创业者素质测评

本测评基于成功创业者（RISKING）素质模型而设计，具体包括资源（Resources）、想法（Ideas）、技能（Skills）、知识（Knowledge）、才智（Intelligence）、关系网络（Network）和目标（Goal）七个方面的相关样题，用来测量创业者是否拥有充足的能力与素质进行创业。只需要根据自己的实际状况，选择最符合自己特征的描述即可。

1. 想法

（1）具有丰富的想象力，并能把这些想法准确而生动地表达出来。　　（　　）

    A. 很不符合　　B. 不太符合　　C. 不确定　　D. 比较符合　　E. 非常符合

（2）我的想法通常比别人的有价值，更具有创造性。　　　　　　　　（　　）

    A. 很不符合　　B. 不太符合　　C. 不确定　　D. 比较符合　　E. 非常符合

（3）我的想法通常并不是天马行空、泛泛而谈，而是切实可行的。　　（　　）

    A. 很不符合　　B. 不太符合　　C. 不确定　　D. 比较符合　　E. 非常符合

2. 才智

（1）每天早晨我都是怀着积极的态度醒来，感觉今天又是崭新的一天。　（　　）

    A. 很不符合　　B. 不太符合　　C. 不确定　　D. 比较符合　　E. 非常符合

（2）我知道如何控制自己的生活、性情和脾气，并做到自律。　　　　（　　）

    A. 很不符合　　B. 不太符合　　C. 不确定　　D. 比较符合　　E. 非常符合

（3）当我开始创业时，我的家人能够理解我的不自由状态并支持和鼓励我。（　　）

    A. 很不符合　　B. 不太符合　　C. 不确定　　D. 比较符合　　E. 非常符合

（4）当我失望时，我能够处理问题而不是逃避放弃，能以积极的状态重新投入到工作中去。　　　　　　　　　　　　　　　　　　　　　　　　　　（　　）

    A. 很不符合　　B. 不太符合　　C. 不确定　　D. 比较符合　　E. 非常符合

（5）我留心观察周围的事物，注意细节性问题，把握身边的契机，并能把不利局面转化为机会。　　　　　　　　　　　　　　　　　　　　　　　　（　　）

    A. 很不符合　　B. 不太符合　　C. 不确定　　D. 比较符合　　E. 非常符合

（6）我更倾向于主动地去把握和解决问题，而不是处于被动局面。　　（　　）

    A. 很不符合　　B. 不太符合　　C. 不确定　　D. 比较符合　　E. 非常符合

（7）我不是一个风险规避者。　　　　　　　　　　　　　　　　　　（　　）

    A. 很不符合　　B. 不太符合　　C. 不确定　　D. 比较符合　　E. 非常符合

3. 知识与技能

（1）对我即将涉及的领域，有很好的专业背景和技术。　　　　　　　（　　）

    A. 很不符合　　B. 不太符合　　C. 不确定　　D. 比较符合　　E. 非常符合

（2）了解该行业目前的市场运作和竞争水平，并熟悉相关的法律政策条文，为创业做

好充分准备。 （ ）

  A. 很不符合 B. 不太符合 C. 不确定 D. 比较符合 E. 非常符合

（3）我曾经有过管理经验，并擅长组织活动。 （ ）

  A. 很不符合 B. 不太符合 C. 不确定 D. 比较符合 E. 非常符合

（4）我眼光长远，更加看重的是一种持续发展而不是短期盈利。 （ ）

  A. 很不符合 B. 不太符合 C. 不确定 D. 比较符合 E. 非常符合

4. 资源

（1）能够挖掘理想的合伙人或专业人士，雇用理想的员工。 （ ）

  A. 很不符合 B. 不太符合 C. 不确定 D. 比较符合 E. 非常符合

（2）有雄厚的资金来源和稳定的财务系统，至少保证第一年的运营。 （ ）

  A. 很不符合 B. 不太符合 C. 不确定 D. 比较符合 E. 非常符合

（3）通过合理的途径，以自己能够接受的成本募集资金。 （ ）

  A. 很不符合 B. 不太符合 C. 不确定 D. 比较符合 E. 非常符合

（4）可以获得对自己有利的物质来源，能够很好地控制成本。 （ ）

  A. 很不符合 B. 不太符合 C. 不确定 D. 比较符合 E. 非常符合

5. 目标

（1）与替人工作相比，我更渴望有一份属于自己的事业。 （ ）

  A. 很不符合 B. 不太符合 C. 不确定 D. 比较符合 E. 非常符合

（2）我有一个很明确的创业目标，并可以为实现这个目标而奋斗。 （ ）

  A. 很不符合 B. 不太符合 C. 不确定 D. 比较符合 E. 非常符合

（3）我有勇气和耐心去实现这个目标，即使需要承担风险。 （ ）

  A. 很不符合 B. 不太符合 C. 不确定 D. 比较符合 E. 非常符合

（4）我有信心最终完成这个目标。 （ ）

  A. 很不符合 B. 不太符合 C. 不确定 D. 比较符合 E. 非常符合

6. 关系网络

（1）我喜欢合作，胜于凭一己之力完成工作。 （ ）

  A. 很不符合 B. 不太符合 C. 不确定 D. 比较符合 E. 非常符合

（2）别人认为我是一个值得信赖的人，并且充满活力、积极向上。 （ ）

  A. 很不符合 B. 不太符合 C. 不确定 D. 比较符合 E. 非常符合

（3）我善于和陌生人打交道，而不是仅局限于熟人圈内。 （ ）

  A. 很不符合 B. 不太符合 C. 不确定 D. 比较符合 E. 非常符合

（4）我具有影响他人的能力，并使人信服。 （ ）

  A. 很不符合 B. 不太符合 C. 不确定 D. 比较符合 E. 非常符合

（5）我善于向媒体公众推销自己的公司，吸引别人的注意力。 （ ）

A.很不符合　　　B.不太符合　　　C.不确定　　　D.比较符合　　　E.非常符合

（6）能够和上下游行业保持紧密的合作关系，合作共赢。　　　　　　（　　）

A.很不符合　　　B.不太符合　　　C.不确定　　　D.比较符合　　　E.非常符合

（7）同利益相关团体，如政府机构、金融机构形成良好的关系。　　　（　　）

A.很不符合　　　B.不太符合　　　C.不确定　　　D.比较符合　　　E.非常符合

（8）同行业内的竞争者更容易实现竞合而非竞争。　　　　　　　　　（　　）

A.很不符合　　　B.不太符合　　　C.不确定　　　D.比较符合　　　E.非常符合

统计方法：

测试完毕后，按照所选答案分别统计出 A、B、C、D、E 选项的数目，其中选项个数最多的那类就是创业者所属的类型。

测评说明：

（1）A——你不适合创业或根本就没想过创业。你规避风险，向往安定的生活，并且不善利用自己的网络去开拓事业。你的生活圈子只局限于你所熟悉的那个圈子，因此你更适合做一个普通的上班族。

（2）B——你有创业的意识但却不愿意创业，在风险和安稳之间你更倾向于后者。

（3）C——你具备一定的创业素质，但是由于缺乏信心的原因致使你未能认清楚自己的这种能力或者创业潜力。或许也可以说，外界的影响力经常会左右你的选择。

（4）D——你适合创业且比较符合创业的要求，你所需要的是一种守业的能力，来保证公司的长期发展和完善。同时，你仍然还需要不断地去完善自己，使别人更加信赖你，强化你个人的魅力。

（5）E——你非常适合创业和守业。如果你能全身心地投入到一项激动人心的创业事业中效果会更好，收益也会更多。但是，并非所有人都适合做企业家，即使你恰好具备这些素质，你仍然不能忽略他人的帮助、忽略团队的力量，应不断拓宽自己的视野、坚持学习、持续提升自己的能力与素质。

【思想领航】

创新是社会进步的灵魂，创业是推动经济社会发展、改善民主的重要途径，青年学生富有想象力和创造力，是创新创业的有生力量，希望广大青年学生在创新创业中展示才华、服务社会。

——习近平

我认为做企业要有这些素质，特别在中国市场上，那就是：诗人的想象力、科学家的敏锐、哲学家的头脑、战略家的本领。

——宗庆后

第五单元　创业者的养成与创业团队的组建

就新创企业而言，创业者是指挥官，创业者的品质素质直接关系到企业文化和企业的灵魂精髓；创业团队则是整个企业的栋梁，创业团队的好坏决定了新创企业的兴衰成败，没有绝对优秀的个人，只有绝对优秀的团队。

一、创业者的养成

（一）创业者概述

"创业者"一词由爱尔兰裔法国经济学家理查德·坎蒂隆（Richard Cantillon）于1755年首次引入经济学。1800年，法国经济学家让·巴蒂斯特·萨伊（Jean-Baptiste Say）首次给出了创业者的定义，他将创业者描述为将经济资源从生产率较低的区域转移到生产率较高区域的人，并认为创业者是经济活动过程中的代理人。著名经济学家熊彼特则认为创业者应为创新者，因此，一个创业者必须具有发现和引入新的、更好的、能盈利的产品、服务和过程的能力。在国外学术界和企业界，创业者被定义为：组织、管理一个生意或企业并承担其风险的人。创业者的对应的英文单词是entrepreneur，它具有两层基本含义：一是指企业家，即在现有企业中负责经营和决策的领导人；二是指创始人，通常理解为即将创办新企业或刚刚创办新企业的领导人。综上所述，创业者是指某一个能够发现某种信息、资源、机会或掌握某种技术，利用或借用相应的平台或载体，将其发现的信息、资源、机会或掌握的技术，以一定的方式，转化、创造成更多的财富、价值，并实现某种追求或目标过程的人。

目前，很多研究者都认为虽然创业者普遍具有较强的性格特点，但创业者是可以培养的，创业思维和能力都可以通过学习获得。但由于创业成功与否除了和创业者本身的内在因素有关外，还受到创业机会和创业资源等因素的限制，因此，创业成功者只是社会中的少部分。但这并不是说就不需要创业教育了，创业教育更注重的是创业能力和创业精神的培养，这种能力和精神无论对于创业者还是非创业者，都是一种重要的面对生活和工作的态度和能力。

> **知识链接**
>
> ### 中国企业家精神
>
> 　　2017年9月8日,《中共中央 国务院关于营造企业家健康成长环境弘扬优秀企业家精神更好发挥企业家作用的意见》（以下简称《意见》）中最重要的一个亮点,就是党中央和国务院第一次以文件形式,提炼、总结出了中国企业家精神,并全面阐述了它无可替代的社会价值。《意见》进一步明确了要弘扬企业家爱国敬业、遵纪守法、艰苦奋斗的精神;弘扬企业家创新发展、专注品质、追求卓越的精神;弘扬企业家履行责任、敢于担当、服务社会的精神。中国企业家精神的确定,对于迈向中华民族伟大复兴道路的当代中国来说,具有划时代的意义。
>
> 　　党的二十大报告提出了"完善中国特色现代企业制度,弘扬企业家精神,加快建设世界一流企业"的新部署和新要求。

（二）创业者应具备的素质

创业素质是指在人的心理素质和社会文化素质基础上,在环境和教育影响下形成和发展起来的,在创业实践活动中较全面稳定地表现出来并发生作用的身心组织要素结构及其技术水平。创业素质是制约创业实践活动最终达到创业目标的不可或缺的主体因素。在创业基础教育中,创业素质综合表现在心理、身体、知识及能力等诸多方面。

1. 心理素质

心理素质主要是指创业者的心理条件,包括自我意识、性格、气质、情感等心理构成要素。成功创业者的自我意识特征应为自信和自主,性格应刚强、坚持、果断和开朗,情感应更富有理性色彩。成功的创业者,多是"不以物喜,不以己悲",其心理素质构成具有以下内容:

（1）成就动机。许多创业心理研究的结果表明,个体成就动机的高低与个体创业行为之间存在着某种程度的关系,个体对成功的渴望越强烈,创业行为也就越可能出现。因此,在高校的创业教育中,应该通过各种途径和方法增加学生的成功体验,激发学生的成就动机,提高学生超越自我的内在动力。

（2）性格特征。通过研究显示,很多创业者具备自信、执着、果断、高情商、胸怀宽广、富于冒险精神等性格特征,这些特质是在多年的生活中沉淀下来的,对创业行为有着深远的影响。微软联合创始人比尔·盖茨（Bill Gates）曾经说过,巨大的成就靠的不是力量而是韧性,社会竞争常常是持久力的竞争,创业的成功也是"大浪淘沙"的结果,唯有有恒心和毅力的创业者才会笑到最后。

（3）个人主动性。有研究表明，个人主动性高者能充分利用挑战和机遇进行创造，更容易在工作中进行创新。美国心理学家库普（Koop）认为，个人主动性与创业成败有着一定的关系。主动性强的人更善于把握外部环境的不确定性，发现不断变化的市场环境中蕴藏的机会，抓住机会并推动变化，从而成就一番事业。

2. 身体素质

成功创业者，多身体健康、体力充沛、精力旺盛、思路敏捷。现代小微企业的创业与经营是艰苦而复杂的，创业者工作繁忙、时间长、压力大，如果身体不好，必然力不从心，难以承受创业重任。近年来，新闻经常报道一些高科技行业的精英英年早逝。例如，2016年10月5日晚，北京春雨天下软件有限公司（春雨医生）创始人兼CEO张锐因为突发心肌梗死，不幸在北京去世，享年44岁。创业者的离去对于创业企业也是一个重创，因此，每一位有志于创业的大学生在年轻时期就要培养某项体育运动爱好，拥有强健的体魄才能拥有创业坚实的基础。

3. 知识素质

创业者的知识素质对创业起着举足轻重的作用。创业者要进行创造性思维，要作出正确决策，必须掌握广博的知识，具有一专多能的知识结构。具体来说，成功的创业者应该具有以下几方面的知识：

（1）行业知识。俗话说，隔行如隔山，若不是一个深入行业的亲历者，拥有一些职能经验，甚至是管理经验，是很难发现其对应市场的痛点、行业机会以及未来的发展趋势的。因此，创业者应对所要进入的行业有相当深入的了解，这是寻找和把握机会的关键。在创业之初要掌握与本行业、本企业相关的科学技术知识，依靠科技进步增强竞争能力，尤其是使用换位思考能够从顾客的角度了解行业知识，熟悉市场调研、产品服务以及技术知识等。

（2）商业知识。创业团队有必要掌握市场经济与企业管理等方面的知识，如财务会计、市场营销、法律、决策科学、商务贸易、商务谈判与礼仪等方面的知识，这是运营企业的必要知识储备。

（3）综合知识。综合知识能够反映一个创业者在人文素养方面知识的积累程度，创业者自身知识面广博，才能在最短的时间内找到与客户沟通的话题，从而逐渐打开突破口，获得有价值的客户。

4. 能力素质

成功创业者一般具有的能力包括：创新能力、学习能力、社交能力、领导能力等。

（1）创新能力。创新能力是创业者必备的素质能力，创业者只有具备了创新能力才能挖掘机会并将机会转变为市场产品。"穷则变，变则通"。守旧失败，创新必胜，这已经成为时代的潮流。任何人、任何企业，如果停滞不前，不思进取，其结果必定是机失财尽，被时代淘汰出局。只有努力发展，寻求新起点，适应时代发展的需要不断创新，才能立于不败之地。

（2）学习能力。创业的道路上充满了未知，没有完全的经验可以照搬，创业者只有从书本、从实践中不断地学习，才能掌握知识的逻辑演绎，并将这些知识灵活创造性地运用到实际，才能应对市场飞速的变化。

（3）社交能力。人际交往能力是创业不可或缺的能力之一。人际交往能力强的人，能够更好地解决别人难以解决的问题，大大提高工作效率，也能与周围伙伴愉快地合作，从而产生强大的凝聚力。创业者需要深刻理解，商业社会人际关系的核心原则是互利共赢，人际关系稳固的根基则是信誉，这是人际关系可持续发展的基本保障。

 知识链接

如何提高社交能力？

相关研究表明，在企业运作过程中，有70%的管理失败都是因为沟通不善造成的，因此，具备高效的沟通能力对于创业者来说尤为重要。可以从以下几方面训练有效沟通，提高社交能力。

多和家人交流

你是不是特别爱玩手机，回到家手机也不离手？当和别人商议事情时，你多是通过聊天工具进行，而不是面对面的方式？如果是的话，那么现在请你回到家，放下手机，从多和家人交流开始训练你的沟通能力。因为在家人面前，我们通常很放松，这是进行沟通训练最好的环境。

多培养一些兴趣，增加自己的知识面

在交流过程中，经常有人感觉没什么好说的，跟对方没有共同话题和爱好，这在一定程度上阻碍了沟通。因此，多培养一些兴趣爱好，可以使双方在沟通的过程中感觉更顺畅。

学会回应

在听别人说话的时候，要在适当的时候给予回应，这样才能给对方说下去的信心，而双方的交流也能更顺畅。同时，回应的过程中要能分辨话题的重点，知道对方要表达的内容。

换位思考

多站在对方的角度去想——怎么表达才能让对方更好地接受我们说的话，换位思考的方法在沟通中尤为重要。

（4）领导能力。领导能力就是一种有关前瞻与规划、沟通与协调、真诚与均衡的艺术，通过对这些艺术的把握，实现组织的目标。提升创业领袖的领导力的途径有：

① 善于接受和应对飞速发展的变化，增强领导者的适应能力。

② 协调好组织内部和外部的发展。

③ 建立起良好的信誉，善于倾听不同利益主体的需要。

④ 丰富自己的创业知识，才能对创业得心应手。

⑤ 加强实践历练，积累创业经验。

📢 案例分享

青年创业者的成功之路

李振江，湖南湘潭人，"中国草根创业典型""青年创业榜样"。2008年8月带领13位同学创立长沙中崛泵业有限公司，不到半年盈利一百万元，两年资产过千万元，四年资产过亿元，成为行业新标杆。2015年荣获全国创新创业最高奖项"中国青年创业奖"；并在全国双创周"中国青年创新创业论坛"上与毛大庆同台演讲；同年8月被评为"中国—东盟青年企业家最佳创业奖"。

2007年，正在湖南生物机电职业技术学院机械及自动化系读大二的李振江在一家水泵小门店打工。专研好学的他针对老水泵的弊端找来同学共同研究改良，几经实验改进，终于研制成功无负压变频供水设备。无需水塔（水箱）即可完成以前老水泵的所有工作，有了新的产品，面对强劲的市场，2008年8月，李振江与打工结识的13位年轻人开始了他们的创业之路。刚刚大学毕业的李振江在长沙城南雨花机电市场里振臂狂呼："今生今世一定要创一家让世界震惊、让中国人感到骄傲的世界500强公司！"在路人的纷纷侧目中，长沙中崛供水设备有限公司注册成立，销售李振江和同学一起在大学期间自主研制、生产出无负压变频供水设备。他们租下一间三层的小门面，一楼生产，二楼办公，三楼做食堂，顶楼四张拼起来的床就是14个人共同的家。白天，他们顶着高温，推着三轮车卖供水设备；晚上，研发产品，改进技术。夏天，顶楼犹如蒸笼，晚上睡觉的时候，靠电风扇根本无法入眠，每晚要淋浴二三次，垫着湿毛巾才能入睡。

就这样，李振江和他的团队度过了六年光阴，从第一个项目5.5万元到2013年年销售过亿元，从租赁小门面到拥有宁乡金洲、南阳卧龙、亳州蒙城三个工厂、23家子公司的大企业，带动了3 057名青年创业就业。他们相继与意大利、德国等国家的企业建立合作关系，产品销往马来西亚、南非等15个国家。目前，公司拥有全国5项专利，成功注册45大类商标，成为国内供水设备领域唯一一家集研发、设计、生产、销售并取得设备进出口权的高新技术企业。

"为什么他这么能创业？就是因为他穷。"中崛公司的员工说。大三时，李振江的家庭无力承担学费，迫使他到三湘机电市场水泵门面打暑假工，白天跑业务卖水泵，晚上在浏阳河黑石渡岸上卖水果、绿豆汁。打工期间，李振江卖出了100万元水泵设备，他也因此对水泵产品和水泵市场有了深刻了解。第二年，李振江就和同学研发了无负压变频供水设备，并召集13个朋友一同白手创业。

"为什么创业能成功？团队的合作和分享最重要。"李振江自己说。

他曾在笔记本上写着："在父母有生之年，能开一辆中档车回家，让妈妈感到儿子没让她失望，已是一个顶天立地的男子汉。"在创业有成之后，李振江为公司优秀员工买了20台车、十余套房子，也兑现了他们承诺——分享财富。

二、创业团队的组建

（一）创业团队概述

1. 创业团队的定义及要素

创业团队是指在创业初期（包括企业成立前和成立早期），由一群才能互补、责任共担、愿为共同的创业目标而奋斗的人所组成的特殊群体。

创业团队需具备五个重要的团队要素，即目标（Purpose）、人（People）、定位（Place）、权限（Power）、计划（Plan），简称5P。

微学堂：创业团队的内涵

（1）目标。创业团队应该有一个既定的共同目标，为团队成员导航，引导创业企业未来的方向。目标是将人们的努力凝聚起来的重要因素，在创业企业的管理中以创业企业的远景、战略的形式体现。从本质上来说，创业团队的根本目标在于创造新价值。

（2）人。任何计划的实施最终还是要落实到人。人作为知识的载体，所拥有的知识对创业团队的贡献程度将决定企业在市场中的命运。人构成创业团队的最核心力量。

（3）定位。创业团队的定位，即团队通过何种方式同现有的组织结构相结合，从而创造出新的组织形式。它包括创业团队在企业所处位置，由谁选择和决定团队成员，创业团队最终应对谁负责，以及团队采取什么方式激励下属等。

（4）权限。创业团队的权限，即团队成员的角色分配，具体是指要明确个人在新创企业中担任的职务、拥有的权力和承担的责任。现代企业中实行民主管理方式较为普遍。

知识链接

企业主要高层职位

首席执行官（Chief Executive Officer，CEO）

首席执行官又称执行总裁，是美国人在20世纪60年代进行公司治理结构改革创新时的产物，它的出现在某种意义上代表着将原来董事会手中的一些决策权过渡到经营层手中。

首席财政官（Chief Financial Officer，CFO）

首席财政官又称财务总监，是现代公司中最重要、最有价值的顶尖管理职位之一，是掌握着企业的神经系统(财务信息)和血液系统(现金资源)的灵魂人物。做一名成功的CFO需要具备丰富的金融理论知识和实务经验。

首席营运官（Chief Operation Officer，COO）

首席营运官的职责主要是负责公司的日常营运，辅助CEO的工作。如果公司未设有总裁职务，则COO还要承担整体业务管理的职能，主管企业营销与综合业务拓展，负责建立公司整个的销售策略与政策，组织生产经营，协助CEO制订公司的业务发展计划，并对公司的经营绩效进行考核。

首席技术官（Chief Technology Officer，CTO）

首席技术官是企业内负责技术的最高负责人。该职位兴起于20世纪80年代的美国，主要责任是将科研成果转化为盈利产品。20世纪90年代，因计算机和软件公司兴盛，很多公司把CTO的名称授予管理计算机系统和软件的负责人。

首席信息官（Chief Information Officer，CIO）

首席信息官是负责一个公司信息技术和系统所有领域的高级官员。CIO原指政府管理部门中的首席信息官，随着信息系统由后方办公室的辅助工具发展到直接参与企业的有力手段，CIO在现代企业中应运而生，成为举足轻重的人物。CIO和CTO从事的工作中，有部分和信息应用相关的内容是重复的，但不同的是CIO主要面对的重点在"人"，包括部门和部门之间的需求沟通；而CTO主要面对的是"技术"，包括各种不同平台技术间的集成与实现。

首席行政官（Chief Administrative Officer，CAO）

首席行政官也称行政总监，它是各大企事业单位的重要管理职位。首席行政官在公司中需要处理企业日常事务，内部和外部的各种人际关系，并通过计划、组织、控制与领导来实现对企业行政事务的管理与监控。由于工作接触面广，对首席行政官的知识面、领导力以及各方面的素质都有着非常高的要求。

（5）计划。创业团队的计划，即制订成员在不同阶段分别要做哪些工作以及怎样做的指导计划。只有在计划的操作下创业团队才会一步步贴近目标，最终实现目标。

2. 创业团队的价值

一般来说，一个好的创业团队能够创造并实现以下价值：

（1）创业团队能提高机会识别、开发和利用能力。

（2）创业团队能提高新企业运作能力，发挥协同效应。

（3）创业团队能为加强组织发展和管理工作提供独特的社会视角。

（4）创业团队有利于营造更轻松、愉快的心理环境。

3. 成功创业团队的特征

一般而言，成功的创业团队具有以下基本特征：

（1）具有凝聚力。

（2）团队利益第一。

（3）坚守基本经营原则。

（4）对企业的长期承诺。

（5）成员愿意牺牲短期利益来换取长期的成功果实。

（6）全心致力于创造新企业的价值。

（7）合理的股权分配。

（8）公平弹性的利益分配机制。

（9）经营成果的合理分享。

（10）专业能力的完美搭配。

（二）创业团队的类型

1. 星状创业团队

星状创业团队（图5-1）一般由一个核心主导人物，充当领军角色。这种团队在形成之前，一般是核心主导人物有了创业的想法，然后根据自己的设想进行创业团队的组织。因此，在团队形成之前，核心主导人物已经就团队组成进行过仔细思考，根据自己的想法选择相应人物加入团队。这些加入创业团队的成员也许是自己以前熟悉的人，也有可能是不熟悉的人，但其他的团队成员在企业中更多时候是支持者角色。例如，美国太阳微系统公司是开放式网络计算的领导者，

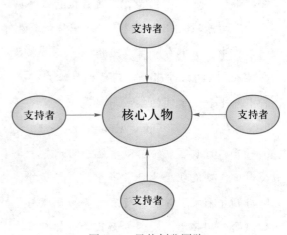

图5-1　星状创业团队

该公司创业之初，由风险投资家维诺德·科尔斯勒（Vinod KhMla）确立了多用途开放工作站的概念，接着他找了两位分别在软件和硬件方面的专家和一位具有实际制造经验和人脉资源的管理者，最终组成了太阳微系统公司的创业团队。这种创业团队就是典型的星状结构。再如，由任正非领军的华为创业团队也是这种创业团队类型的典型代表。

2. 网状创业团队

网状创业团队（图5-2）的成员一般在创业之前都有密切的关系，比如同学、亲友、同事、朋友等。一般都是在交往过程中，共同认可某一创业想法，并就达成创业共识后，开始共同进行创业。在创业团队组成时，没有明确的核心人物，大家根据各自的特点进行自发的组织角色定位。因此，在企业初创时期，各位成员基本上扮演的是合作者或者伙伴角色。比如微软公司的比尔·盖茨和童年玩伴保罗·艾伦（Paul Allen），惠普公司的戴维·帕卡德（David Packard）和他在斯坦福大学的同学比尔·休利特（Bill Hewlett）等，这些知名企业的创建多是合作者间先结识，然后互动激发出创业点子而合伙创业的。再如，有中国第一互联网"创业天团"之称的"携程四君子"团队也是这种创业团队类型的典型代表。

3. 虚拟星状创业团队

虚拟星状创业团队（图5-3）是由网状创业团队演化而来的。基本上是前两种类型的中间形态。在团队中，有一个核心成员，但是该核心成员地位的确立是团队成员协商的结果。因此，核心成员从某种意义上说是整个团队的代言人，而不是主导型人物，其在团队中的行为必须充分考虑其他团队成员的意见，不像星状创业团队中的核心主导人物那样有权威。例如，有"难得的黄金创业团队"之称的"腾讯五虎将"团队就是这种创业团队类型的典型代表。

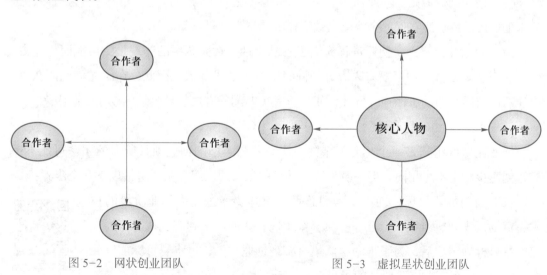

图 5-2　网状创业团队　　　　　　　　图 5-3　虚拟星状创业团队

以上三种创业团队优缺点的比较，见表5-1。

表 5-1 三种创业团队优缺点的比较

类型	优点	缺点
星状创业团队	决策程序简单、效率较高；组织结构紧密；稳定性较好	容易形成权力过分集中 当成员和主导人物冲突无法调和时，往往选择离开
网状创业团队	成员地位较平等，利于沟通 成员关系密切，易达成共识 成员不会轻易离开	结构较松散，易形成多头领导 决策效率相对较低 易导致团队的涣散
虚拟星状创业团队	核心成员具有一定威信 既不过度集权，又不过于分散	核心人物行为必须充分考虑其他成员意见，不如星状结构中核心主导人物有权威

（三）创业团队的组建和发展

1. 创业团队的组建原则

（1）目标明确合理原则。目标的明确性，能使团队成员清楚地认识到共同的奋斗方向；目标的合理性，表明目标是切实可行的，这样才能真正地达到激励的目的。

（2）互补原则。建立优势互补的团队是创业成功的关键。"主内"与"主外"的不同人才，技术与市场两方面的人才都不可或缺，而每个人都是各有所长和所短的，只有当团队成员相互间在知识、技能、经验等方面实现互补时，才有可能通过相互协作发挥出"1+1＞2"的协同效应，还能增强团队成员的交流与合作，增进团队感情。

微学堂：创业团队的组建

（3）精简高效原则。创业初期的企业处于逐渐发展阶段，资金、环境等资源有限，这要求创业团队人员应在保证企业能高效运作的前提下尽量精简。

（4）动态开放原则。创业过程充满了不确定性，在团队中的体现是：可能因为能力、观念、想法等多种原因不断有人离开，同时也有人要求加入。因此，在组建创业团队时，应注意保持团队的动态性和开放性，使真正完美匹配的人员能被吸纳到创业团队中来。

2. 创业团队组建的流程

创业团队的组建是一个相当复杂的过程，不同类型的创业项目所需的团队可能不一样，创建步骤也不尽相同。但一般来讲，常见的创业团队组建主要包括以下几个步骤：

（1）明确创业目标。创业团队的总目标就是要通过完成创业阶段的技术、市场、规划、组织、管理等各项工作实现企业的从无到有、从起步到成熟。总目标确定之后，为了推动团队最终实现创业目标，再将总目标加以分解，设定若干可行的、阶段性的子目标。

微学堂：创业团队画布

（2）制订商业计划。在确定了一个个阶段性子目标以及总目标之后，紧接着就需要制订周密的商业计划来实现这些目标。商业计划是在对创业目标进行细分的基础上，以团队为整体来考虑的计划，商业计划确定了在不同的创业阶段需要完成的阶段性任务，通过逐步实现这些阶段性目标来最终实现创业目标。

（3）招募合适的人员。招募合适的人员也是创业团队组建关键的一步。关于创业团队成员的招募，主要应考虑两个方面。一是考虑互补性，即考虑其能否与其他成员在能力或技术上形成互补。这种互补性形成既有助于强化团队成员间彼此的合作，又能保证整个团队的战斗力，更好地发挥团队的作用。一般而言，创业团队至少需要管理、技术和营销三个方面的人才。只有这三个方面的人才形成良好的沟通协作关系后，创业团队才可能实现稳定高效。二是考虑规模适度，适度的团队规模是保证团队高效运转的重要条件。具体规模应根据战略目标和重点确定。团队成员太少则无法实现团队的功能和优势，而过多又可能会产生交流的障碍，降低效率。人员规模适中有利于股权的分配、内部统一集中管理及高效率地执行任务。

（4）职权划分。为了保证团队成员执行商业计划、顺利开展各项工作，必须预先在团队内部进行职权的划分。创业团队的职权划分就是根据执行商业计划的需要，具体确定每个团队成员所要担负的职责以及相应所享有的权限。团队成员间职权的划分必须明确，既要避免职权的重叠和交叉，也要避免无人承担造成工作上的疏漏。此外，由于还处于创业过程中，面临的创业环境又是动态复杂的，会不断出现新的问题，团队成员可能不断更换，因此创业团队成员的职权也应根据需要不断进行调整。

（5）构建制度体系。创业团队制度体系体现了创业团队对成员的控制和激励能力，主要包括了团队的各种约束制度和各种激励制度。一方面，创业团队通过各种约束制度（主要包括纪律条例、组织条例、财务条例、保密条例等）指导其成员避免做出不利于团队发展的行为，实现对成员的行为进行有效的约束，保证团队的稳定秩序；另一方面，创业团队要实现高效运作需要有效的激励机制（主要包括利益分配方案、奖惩制度、考核标准、激励措施等），才能使团队成员看到随着创业目标的实现，其自身利益将会得到怎样的改变，从而达到充分调动成员的积极性、最大限度发挥团队成员作用的目的。要实现有效的激励，首先就必须把成员的收益模式界定清楚，尤其是关于股权、奖惩等与团队成员利益密切相关的事宜。需要注意的是，创业团队的制度体系应以规范化的书面形式确定下来，以免带来不必要的混乱。

（6）团队的调整融合。完美组合的创业团队并非创业一开始就能建立起来，很多时候是在企业创立一定时间以后随着企业的发展逐步形成的。随着团队的运作，团队组建时在人员匹配、制度设计、职权划分等方面的不合理之处会逐渐暴露出来，这时就需要对团队进行调整融合。由于问题的暴露需要一个过程，因此团队调整融合也应是一个动态持续的过程。在完成了前面的工作步骤之后，团队调整融合工作专门针对运行中出现的问题不断地对前面的步骤进行调整，直至满足实践需要为止。在进行团队调整融合的过程中，最为重要的是要保证团队成员间经常进行有效的沟通与协调，强化团队精神，提升团队士气。

3. 创业团队的发展阶段

创业团队的发展大致要经历形成期、波动期、稳定期、成熟期四个阶段。

（1）形成期。在这一阶段，创业团队的特点是成员间的个性大于共性，具有不同动机和需求，对组织的目标也拥有各自的认识，非正式组织和非正式关系尚未建立，团队的规范不明确，成员间的矛盾多、分歧大、内耗严重。因此，这一阶段的主要任务是：明确创业目标、制订商业计划、确定总目标和阶段性子目标，并获得成员认可；选择合适的组织结构，保证组织正常运营；进行角色分工和搭配，通过分工实现成员间的互补性，使不同的角色在组织中发挥应有的作用，鼓励合作以提高组织绩效；制定组织的制度体系，通过约束体制的建立规范成员行为，维护组织利益，通过激励奖惩体制的确立调动员工的积极性，将团队目标与个人目标结合，维护团队成员利益。

（2）波动期。创业团队初步形成后，成员开始熟悉并逐步适应团队工作方式，明确各自的存在价值。同时，团队隐藏的问题开始暴露，矛盾会层出不穷，这些矛盾主要来源于成员与成员之间、团队成员与环境体制之间及职权划分等各方面。因此，在这一阶段，要让矛盾和分歧充分暴露的同时，将各种冲突公开化，并对创业团队进行必要的调整。团队的调整融合是一个动态循环的过程，团队经过不断调试直到矛盾解决，有利于团队尽快步入下一个阶段。值得注意的是，在这一阶段，需要保证团队成员之间的沟通和交流，确保沟通渠道通畅，加强协调与合作，保证团队的可持续性。

（3）稳定期。在这一阶段，团队管理进入规范阶段，团队成员的任务和角色更明晰，有明确的组织目标，共同的愿景；成员对团队的认同感加深，成员间建立了非正式的合作关系，并开始尊重各自的差异，重视互相之间的这种依赖关系，合作成为团队成员间的基本规范。这个阶段的工作便是继续协调成员之间的竞争关系和矛盾，建立起和谐的合作模式。

（4）成熟期。成熟期又称为高效运作阶段，是团队的收获期，团队成员开始忠实于团队，执行自己相应的角色，减少了对领导的依赖性，能高效地完成工作。团队成员相互鼓励、相互信任，积极提供建议，并作出迅速反馈。

需要注意的是：团队建设的每个阶段都是有机联系的整体，要塑造一个有竞争力的团队，必须充分地设计、规划好每一个阶段，只有在整个过程中抓好每一个环节的工作，才有可能建立起一个好的团队。

4. 组建和发展创业团队应注意的问题

（1）团队功能要求。创业团队有自身的任务和目标，则应具备与任务和目标相关的功能。首先，团队的主要功能应完备，即团队成员职责及特长应能涵盖企业执行的基本方面，包括营销与销售、企业内部管理、技术和产品等。其次，各主要功能应协调，避免"长板特长、短板特短"的情况，任何一方面的功能缺失或弱化，都会不同程度地影响企业的发展，严重的可能直接导致创业失败。

微学堂：
创业团队的
管理

（2）性格和年龄要求。为保证团队的整体协调，团队各成员的性格应能互补，年龄也应当互补。

性格有两种分类方法：一类分为激进、中庸、保守三类；另一类分为力量型、和平型、完美型和活泼型四类。激进者有冲劲、想法多，但持久力稍弱，沟通中易急躁；保守者则更关注风险问题，耐久力强，但不易兴奋，对机会不敏感；中庸者则要扮演两者间的平衡器，调动保守者的激情和参与度，提醒激进者关注风险。团队里力量型者有助于公司冲锋，和平型者有助于团队气氛，完美型者有助于团队严谨地推进计划，活泼型者有助于营造轻松气氛、推广公司形象。

年龄和阅历、经验、行为方式、信任度以及社会资源都有重要的关系。一般而言，年轻者更有冲劲、更具创新性，年长者更稳重、做起事来不折不扣；年轻者容易盲目，年长者容易保守；年长者较年轻者更容易给客户或合作者以信赖感；年长者的社会资源、客户关系资源也相对年轻者要多。

（3）资源要求。所谓的资源主要指客户资源、资金资源，以及政府、行业、新闻等方面的资源。资源方面是创业时必须考虑的重大问题，资源要求多多益善，互补原则在这里不适用，但长短板原则依旧适用。

（4）分配和退出机制的设置。所有权的分配在创业团队中尤其重要，另外在组建团队时也应考虑好成员的退出机制。这样既可以保障团队成员更安心、更积极地为企业工作，又可以更好地保障所创立企业的长治久安，不至于因有关成员退出而元气大伤。国内很多企业的创始人在创业期能共患难，但成功后因分利不均，导致不能同甘而分崩离析，甚至反目成仇。还有很多企业因创业成员离开而蒙受巨大损失等，可能或多或少都与分配和退出机制的不完善有关。

💻 实训案例

难得的创业团队

1998年11月，马化腾与他的同学张志东"合资"注册了深圳腾讯计算机系统有限公司，之后又吸纳了三位股东：曾李青、许晨晔、陈一丹。为避免彼此争夺权力，马化腾在创立腾讯之初就和四个伙伴约定：各展所长、各管一摊。马化腾是CEO（首席执行官），张志东是CTO（首席技术官），曾李青是COO（首席运营官），许晨晔是

CIO（首席信息官），陈一丹是CAO（首席行政官）。都说一山不容二虎，尤其是在企业迅速壮大的过程中，要保持创始人团队的稳定合作尤其不易。在这个背后，工程师出身的马化腾从一开始对于合作框架的理性设计功不可没。

保持稳定的一个关键因素是合理的股权分配制度。五个人一共凑了50万元，其中马化腾出23.75万元，占47.5%的股份；张志东出10万元，占20%；曾李青出6.25万元，占12.5%的股份；其他两人各出5万元，各占10%的股份。虽然马化腾能够出资更多，他却自愿把股份降到一半以下，47.5%。"要他们的总和比我多一点点，不要形成一种垄断、独裁的局面。"马化腾说。而同时，他自己一定要出主要的资金，占大股。马化腾补充道："如果没有一个主心骨，股份大家平分，到时候也肯定会出问题。"

保持稳定的另一个关键因素，就在于搭档之间的"合理组合"。据《沸腾十五年：中国互联网史1995—2009》的作者林军回忆说，"马化腾非常聪明，但非常固执，注重用户体验，愿意从普通用户的角度去看产品。张志东是脑袋非常活跃，对技术很沉迷的一个人。马化腾技术上也非常好，但是他的长处是能够把很多事情简单化，而张志东更多是把一件事情做到完美化。"许晨晔和马化腾、张志东同为深圳大学计算机系的同学，他是一个非常随和而有自己的观点，但又不轻易表达的人，是有名的"好好先生"。陈一丹是马化腾在深圳中学时的同学，后来也就读于深圳大学，他十分严谨，同时又是一个非常张扬的人，能在不同的状态下激起大家的激情。如果说，其他几位合作者都只是"搭档级人物"的话，只有曾李青是腾讯五个创始人中最好玩、最开放、最具激情和感召力的一个，与温和的马化腾、爱好技术的张志东相比，完全是另一个类型。其大开大合的性格，也比马化腾更具备攻击性，更像拿主意的人。不过或许正是这一点，也导致他最早脱离了团队，单独创业。

◎互动交流

请回答以下问题：

（1）马化腾在组建创业团队时的哪些设计保障了项目的成功？

（2）马化腾自愿将自己的股权占比设定在47.5%，用意何在？

◎深思勤练

在一个现代初创企业中，你认为最不可缺少的三个角色是谁？说明理由。

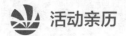

活动亲历

我们的团队有力量

活动人数

以班级为单位开展活动，人数控制在50人以下为宜。

活动场地及用具

教室、工作坊等场地，准备纸、马克笔等用具。

活动组织

通过竞赛形式，优选创业团队。

活动步骤

（1）挑选核心创业者，确定创业目标。

① 确定核心创业者。可以结合专业进行创意设计或产品研发，或者挖掘校园及周边环境的创业机会，设计一些具有创新性、前瞻性、发展性的创业项目，围绕这些创意设计、研发项目开始构建创业团队。团队核心创业者可由项目提出者担当，也可以通过协商或者竞选的形式确定，人数不宜超过5位。

② 确定创业目标。核心创业者以宣讲的形式陈述创业目标，包括与技术、市场、规划、组织、管理等各项工作有关的总目标与分目标。

（2）招募联合创始人。核心创业者通过自我评估，了解自己性格特征、能力特征，按照互补性原则，制订与自己性格互补、能力互补的创业团队招募计划。在确定人才需求时，一般一个创业团队至少要保障拥有管理、技术和营销三方面的人才，规模以4~6人为宜。

（3）职权划分。团队成员确定后，编制各个岗位职责，确定每个团队成员所要担负的职责以及相应所享有的权限。在明确职权划分时，要避免出现职权划分不当或是职权的重叠和交叉。

（4）确定团队的制度体系。制度体系主要包括股权分配制度、激励制度、奖惩制度、绩效考核标准、组织纪律条例等。每个团队要将自己的制度体系以规范化的书面形式确定下来。

（5）确定团队文化。

① 创业团队组建成功后，要确定自己的团队名称、创业目标。

② 绘制团队的标识（LOGO）及海报等。

③ 绘制团队组织结构图。

（6）团队宣讲。召开创业团队成立大会，团队负责人就团队基本情况进行团队宣讲。

（7）招聘员工。创业团队成立后，下一步就该招聘员工了。张贴招聘启事，吸引贤能之士加入（组织学生自愿选择加入）。根据每个团队招聘到的员工人数，可以看出哪个团队建设具有较强的影响力，可以颁发"最有力量奖"。

活动交流与讨论

（1）创业团队中的核心创业者一般应该由什么人来承担？

（2）如果招募不到合适的团队成员，创业团队该如何组建？

（3）如果应聘的团队成员过多，又该如何取舍？

活动体验

谈谈你在本次活动中的感悟与收获。

活动点评

组建创业团队，是创业过程中重要的工作，通过模拟组建团队，清楚了解团队组建的程序步骤，在增强学生对企业的认知基础上，有助于学生树立正确的创业理念和创业动机。同时，创业目标的确定与宣讲、招募创业成员的过程可以提高学生的组织能力、表达能力和沟通协调能力，而职权体系和制度体系的建立则可以训练学生对企业宏观的组织架构能力，提高其自身的领导力。

第六单元　创业机会的识别与评估

创业能否成功很大程度上取决于能否把握时代脉搏，能否抓住创业机会，能否满足市场需求，能否找准发展方向。在茫茫的市场经济大潮中慧眼识珠——寻找到合适的创业机会是最好的创业开端。

一、创业想法与创业机会

（一）创业想法概述

1. 创业想法的内容

发现一个好的创业想法是实现创业愿望和创造商业机会的第一步。创业想法是用简短而精确的语言，对打算创办的企业的基本任务所做的描述。一家成功的企业往往始于一个好的创业想法。在创办一家好的企业之前，创业者需要对期望经营的企业有一个明确的想法—— 一家成功的企业既要满足顾客的需要，又要盈利；既要向人们提供想要的产品，又要为企业主带来利润。创业想法应包括以下内容：

（1）企业将销售什么产品或服务？你的创业想法应该基于你了解的产品或擅长的服务，而且必须是人们愿意付钱购买的产品或服务。分析各种创业想法，将帮助创业者把注意力集中到自己擅长的企业类型上来。

（2）企业将向谁推销产品或服务？谁将购买企业的产品或服务？顾客是每个企业必不可少的组成部分。清楚地了解你的潜在顾客很重要。你是向某一类特定的顾客销售，还是向一个地区销售？除非有足够的人能够并愿意花钱购买企业的产品或服务，否则企业将无利可图。

（3）企业将如何销售产品或服务？假如你打算开一家商店，这个问题并不复杂，但是对于制造商或服务提供商而言，却有很多不同的销售方法。例如，一个制作商可以直接向顾客销售，也可以向零售商销售；可以通过网络直接销售，也可以通过线下专卖店销售等。

（4）企业的产品或服务将满足顾客的哪些需求？创业的想法应该始终关注到顾客以及顾客的需要。当思考创业的想法时，调查未来的顾客想要什么是很重要的。

2. 创业想法的来源

一个新企业的诞生往往是伴随一种灵感、创意或创新而开始的。现代管理学奠基人，被誉为管理学鼻祖的彼得·德鲁克在《创新与企业家精神》（*Innovation and Entrepreneurship*）一书中，将创新定义为赋予资源以新的创造财富能力的行为。他认为，事业的目的就是要创造目标客户，而实现这一目的的主要手段是创新和市场营销，并将创新的来源归纳为以下七个方面：

（1）意外事件。德鲁克认为，没有哪一种来源能比意外成功提供更多创新机遇了。它所提供的创新机遇风险最小，整个过程也最平顺，但是意外成功却几乎完全受到忽视。更糟糕的是，管理者往往主动将它拒之门外。

假如在企业的产品线中，有一种产品的表现要好过其他产品，大大出乎管理层预料，管理者正确的反应应该是什么呢？当万豪还只是一家餐饮连锁企业时，万豪的管理者注意到，他们在华盛顿特区的一家餐馆生意特别好。经过调查，他们了解到是因为这家餐馆对面是一座机场，当时航班不提供餐饮，很多乘客会到餐馆买些快餐带到飞机上。于是，万豪酒店开始联系与航空公司合作——航空餐饮由此诞生。

意外的成功可以提供创新机遇，意外的失败同样是非常重要的创新机遇来源。福特公司的埃德塞尔旅行车经常被商学院的教授们当作新车型的典型失败案例援引，但大多数人并不了解，正是埃德赛尔的失败为福特公司日后的成功奠定了基础。

当此款汽车遭遇失败时，福特当时的管理层并没有把失败归咎于消费者，而是意识到汽车市场正在发生变化，认为市场细分不再是依不同收入人群划分，而是出现新的划分方式，即我们现在所说的"生活方式"。福特在此认知分析调查的基础上，最终推出了"野马"——一款使福特在市场上独树一帜且重新获得行业领先地位的车型。

（2）不协调的事件。不协调是指现状与事实"理应如此"之间，或客观现实与个人主观想象之间的差异，这是创新机遇的一个征兆。这些不协调包括产业的经济现状之间的不协调，产业的现实与假设之间存在的不协调，某个产业所付出的努力与客户的价值和期望之间的不协调，程序的节奏或逻辑的内部不协调等。

集装箱的首次出现也源于行业的假设与现实之间的不协调。20世纪50年代之前，航运业一直致力于降低航运途中的成本效率，争相购买更快的货船，雇佣更好的船员，但成本仍居高不下，导致航运业一度濒临消亡。直到货运集装箱出现，航运总成本下降了60%，航运业才重新起死回生。

集装箱的发明者用简单的创新解决了现实和假设之间的不协调。航运业当时的重要假定是：效率来自更快的船和更努力的船员，而事实上，主要成本来自轮船在海港闲置、等待卸货再装货的过程中。当方向错了时，越努力就越失败——船开得越快，货装得越多，到港后要等待的时间就越长。

关于不协调的事件，德鲁克给出了四种情况：经济现状的不协调；现实和假设的不协调；所认定的客户的价值和客户实际的价值(追求的东西)之间的不协调；程序的节奏或逻辑的内部不协调。集装箱的例子就属于第二种情况。

（3）程序需要。实质上，流程需求这方面的创新是寻找现有流程中薄弱或缺失的环节。这种需要既不含糊也不笼统，而是非常具体的，因为肯定有"更好的方法"会受到使用者的欢迎。

基于程序的创新是从工作或任务出发的，而基于不协调的创新往往是因为形势所迫。尽管在不协调的四种现象中，有一种也是与程序有关的，但德鲁克单独把程序需要作为一个来源提出来，是因为它与不协调是基于两种不同的感知(发现)途径，需要创新者对一项具体工作或任务进行研究，而不是对行业所在环境进行研究。

（4）行业与市场变化。行业和市场结构会发生变化，这通常是由于客户的偏好、口味和价值在改变。另外，特定行业的快速增长也是行业结构变化的可靠指标。

在过去的十几年里，影像行业出现了革命性的技术创新和市场转向，柯达作为曾经全球最大的影像公司，未能赶上潮流，一步步陷入生死存亡的绝境。而事实上，早在1975年，柯达就发明了第一台数码相机，管理层们知道胶卷总有一天会消失，但是不知道什么时候会发生。结果，当市场结构真正变化时，一切都来不及了。这家百年企业的市值蒸发超过90%，不得不于2012年在美国申请破产保护。

历史悠久的公司往往会保护自己已经拥有的，且不会对新手的挑战进行反击。当市场或行业结构发生变化，传统的行业领先企业会一次又一次地忽略快速增长的细分市场。就好像历史上所有的古代帝国、公司和个人，一旦创造出一件美好的事物，机制或身体内部就会产生一种免疫功能，自动保护它免遭破坏。但与此同时，新的创新机遇也隐藏在其中，尽管其很少符合传统的市场方式、界定方式和服务方式。

（5）人口结构的变化。在创新机遇的外部来源中，人口结构，通常被定义为人口数量、人口规模、年龄结构、人口组合、就业情况、受教育状况以及收入情况。相比于其他来源，人口结构的变化是最可靠的一个来源。

有关人口预测结果显示：到2040年，我国60岁以上的中国人将达到4.37亿人，约占总人口的1/3。生于20世纪80年代且育有子女的超过9 000万人，这是一个庞大的细分市场。应用德鲁克的创新机遇分析，我们会发现，从老年群体到年轻一代以及他们的孩子，我国有好几个细分市场可以为消费者产品和服务提供机会。

（6）认知上的变化。意料之外的成功和失败都可能意味着认知和观念的转变。认知的改变并不能改变现实，但是它能够改变事实的意义，而且非常迅速。从把计算机看作是一种威胁或者只有大企业才会使用的工具，转变为看作是可以用来计算所得税的工具，这个变化只花费了两年的时间。

美国汽车工业时代，亨利·福特根据消费者的反馈，制造出了至今仍占据汽车销量排行榜首位的福特T型车。但很可惜，他的后人慢慢忘记了谁是消费者。一直到20世纪90年代中期丰田猛攻美国市场的时候，底特律还天真地以为买车的都是男人，他们更喜欢马达轰鸣的声音。而丰田早已根据消费者的观念转变，生产乘坐舒适度更高，噪声更小的家用轿车了。

（7）新知识。在德鲁克看来，在所有创新的来源中，新知识的利用所需要时间最长。而且，新技术变成进入市场的产品也需要很长的时间。

新知识创新从来不是基于一个因素，而是几种不同知识的汇合。一个典型的案例是喷气式发动机，这一发明早在1930年就取得了专利，但直到1941年才进行首次军事试验，而首架商业喷气式飞机直到1952年才诞生。波音公司最终研发出波音707客机是在1958年，也就是喷气发动机取得专利的28年之后。因为新飞机的研发不仅在于发动机，还需要空气动力学、新材料以及航空燃料等多方面技术的汇合。

💻 **实训案例**

站在用户角度：转换角色，建立同理心

关于创业，有人成功，有人失败，原因何在？

我们通过对一些成功的创业者深入了解后不难发现，其思维方式往往有别于常人，这种思维就是创业成功所必需的创业思维，而用户思维则是挖掘创业想法、把握创业机会的第一要素。

用户思维就是让创业者开展用户洞察、揣摩用户的想法，"知己知彼方可百战不殆"，把用户需求研究明白就会拥有广阔市场。一位成功的创业者要在价值链的每一个环节都把用户考虑进去。创业者要深入到用户心中，站在用户的角度考虑问题，刻画出用户画像，定位精准的客户人群，这样才能知道用户心里想什么，最终按照这个作出自己的判断并按照客户所想推出产品，才会满足客户的需求，这样才更有市场，才会有好的市场表现。

同理心、场景感、共情力是构筑用户思维的重要因素。同理心，即能够换位思考，转换为用户视角，能以用户的利益立场看待问题；场景感，即能够想象出用户在使用产品场景下的画面感，并可以根据时间进行推演（向前向后）；共情力，即能够体会用户在不同场景下使用产品的感受，并对其感同身受。这三者之间，从"同理心—场景感—共情力"，层层包含，依次递进。

例如，在一家医院里，有个住6人间病房的老人总抱怨说病房里太吵，来探视的家属太多，让他没法休息。初听很容易觉得他的需求就是要安静，但如果真能从老人的角度去看这个问题就会发现，其实不然。

其他病人的亲朋来探视，他觉得吵，但如果是他自己的亲朋来探视呢？他表面是抱怨病房太吵，实则是为没有人来探视自己而发泄。站在用户的角度来看问题，绝不只是形式上听听老人的抱怨，然后将其反馈给客户，这不是用户研究。

如果没有这样的洞察，医院可能只是让护士去安慰一下他的情绪，或者限制其他病人的家属来探访。这样的方式难以取得理想的效果。说不定还会引起更多的冲突。而一旦理解了对方的真实需求是关爱，则有很多更好的方式可以来解决这个问题。如入院时看到老人可以多问几句他的个人状况，然后在后期护理的过程中给予针对性的照顾。

再如，2019年2月28日，今日头条在其发布的《短视频美好生活内容生态报告》中指出，近年来，短视频类产品的日活跃用户增长迅速，用户使用习惯快速成型。且经武汉大学心理系的研究显示，观看短视频和拍摄短视频与幸福感（快乐）存在正相关，观看抖音短视频能促进个体幸福感的提升。

如果从问题的表面来看：人们越来越习惯和适应互联网时代（数字时代）的美好生活。然而，我们从人们的想法、目的和方式来分析，真问题其实是——为什么观看抖音短视频能缓解压力？结果我们会发现真正的原因以及用户的真正需求——现代人的生活和工作节奏越来越快，压力随之增大，短视频的出现及快速发展，在一定程度上佐证了人们确信其是一种有效缓解压力的方式，但是当人们发现别的选择时，人们也是不会拒绝的。

因此说，如果只看表象不做深入洞察研究，往往会给创业者带来错误的认知，引发错误的创业想法，导致创业失败。进行用户研究的一个重要意义就在于可以帮助我们转换角度，从用户的立场出发看问题。

有价值的用户洞察能够使创业者判断自己的创业想法能否落地，创业项目能否打入期望的消费细分市场、符合市场消费者人群画像，是否与消费者消费行为有所偏差，从而进行策略调整；也可以通过提前了解消费者的需求和欲望，对新商机进行预测，进而抢先获得市场。

◎**互动交流**

请回答以下问题：

（1）同理心、场景感、共情力对发掘创业机会有何重要意义？

（2）激发创意、设计产品，为什么要站在用户的角度思考问题？

（3）在生活中，你认为创业机会可以从哪些方面获取？

（4）你是否已有好的创业想法，你将在哪些方面加以完善？

◎**深思勤练**

（1）如果在1999年推行智能出行打车服务，你认为会取得成功吗？原因何在？

（2）有人说"元宇宙是一场全新的'商业机会版图'"，谈谈你对这句话的理解。

（3）了解"双碳"行动计划，思考"双碳"时代下会涌现哪些创业新机会。

3. 挖掘创业想法

创业想法的来源很多，但作为创业者必须结合自己的实际情况，主动出击，才能挖掘到属于自己的创业想法。具体的做法如下：

（1）结合个人爱好、兴趣、经验与技能挖掘企业想法。一方面有利于发挥个人专业技术特长，提高创业的技术含量和成长性；另一方面与爱好、兴趣结合，使创业者更加专注、敬业、乐业。

（2）通过市场调查挖掘企业想法。商机都在市场中，可以通过访谈法、问卷法、观察法，浏览大众传媒信息、参加展销会等多种方法增进对市场的了解，捕捉可能的创业灵感。

（3）在抱怨和负面情绪中寻找创业灵感。抱怨意味着大家有"苦恼的事"和"困扰的事"。因为是苦恼，是困扰，人们总是迫切地希望解决，如果能提供解决的办法，实际上就找到了创业的想法。比如，家中没有老人的双职工家庭，平时小孩要上学，中午赶不及接送和做饭，于是就有了课后校内托管服务；每天没有时间买菜，或者希望足不出户，新鲜的菜在短时间内可以送上门来，于是诞生了"盒马"、叮咚买菜等生鲜电商 App。

（4）在变化中搜寻创业灵感。变化就意味着机会。环境的变化，会给各行各业带来机会，人们通过这些变化，就会发现新的前景。如珠三角地区正发生的产业结构的梯次转移——传统制造业向内地及东南亚转移的过程中就孕育着大量的机会；技术的革新、物联网技术的发展等带来新的产业机会；居民收入水平提高，使私人轿车的拥有量不断增加，派生出汽车销售、修理、配件、清洁、装潢、二手车交易、代驾等诸多市场机会；政府对特定行业管制的放宽，必然为民营经济的发展带来新的机遇；人口因素的变化带来了广阔的市场想象空间等。

（5）在整合、创新中获得创业灵感。具体方法包括：

① 对应法。当互联网出现时，每个人都在琢磨"能用网络做些什么？"有人看到现实生活中有人卖书，于是，也开始在网上卖书，获得了巨大的成功。对应法还可以在不同的国家展开，很多中国互联网的早期创业者就是采用与国外互联网企业的对应法，看看国外有什么成功的互联网模式，然后进行本地化创新，比如搜狐对应雅虎、百度对应谷歌等。

② 分类法。当东西多到一定程度就要分类。创业者应习惯把顾客分类，如公司白领、大学教师、杂志编辑、单身女性、大学生、退休职工等，认真研究不同类型群体的需求特点，也会产生创业灵感。

③ 横向思维法。分析现有网站的生存模式，从中了解现在人的心态，把这个生存模式应用到其他对象中去。比如说，很多以提供内容为主的中文网站之所以能生存，是因为很多作家愿意提供免费稿件。既然作家愿意提供免费稿件，有没有摄影家愿意提供免费摄影作品呢？或者画家免费提供美术作品呢？这样就可以建一个照片网或绘画网。

④ 纵向思维法。比如说把现有成功网站中最受人欢迎的功能做得更强。雅虎是搜索引擎行业的开拓者，为什么会被谷歌取代呢？谷歌的思路很简单，把现有成功的网站的功能做分解，看哪些功能是用户最需要的，把这个功能做得更强，而不去管其余的功能。

⑤ 整体大于部分之和原理。连锁店就是根据这个原理建立起来的成功商业模式。当一个企业大到一定程度，他们就有更大的定价权，可以以更低价格购进原材料，从而在竞争中占据优势。而且，它们可以产生自动的广告效应，大的知名企业通常会得到媒体的免费报道。即使花钱做广告，效果也会比小企业做广告好得多。

⑥ 结构性头脑风暴法。除了一般头脑风暴法可以尽可能地激活创新思维外，结构性的头脑风暴法并不是从一个问题或难题开始，而是从一个特定的产品开始，然后尽力想出所有相关的企业，并按照一定的结构分列出来，包括与销售相关企业的销售线，与制造相关企业的制造线，间接相关企业（副产品）的副产品线，与服务相关企业的服务线。

（二）创业机会概述

1. 创业机会的定义及特征

创业机会主要是指具有较强吸引力的、较为持久的、有利于创业的商业机会，创业者据此可以为客户提供有价值的产品或服务，并同时使创业者自身获益。

有的创业者认为自己有很好的想法和点子，对创业充满信心。有想法、有点子固然重要，但是并不是每个大胆的想法和新奇的点子都能转化为创业机会。创业者因为仅仅凭想法去创业而失败的案例不胜枚举。那么如何判断一个好的商业机会呢？

《21世纪创业》（*New Venture Creation：Entrepreneurship for the 21ˢᵗ Century*）的作者，美国著名的创业学家杰弗里·蒂蒙斯（Jeffry A. Timmons）教授就提出，好的商业机会有以下四个特征：第一，它很能吸引顾客；第二，它能在你的商业环境中行得通；第三，它必须在机会之窗存在的期间被实施（机会之窗是指商业想法推广到市场上去所花的时间，若竞争者已经有了同样的思想，并已把产品推向市场，那么就表明机会之窗已经关闭）；第四，你必须有资源（人、财、物、信息、时间）和技能才能创立业务。

2. 创业机会的分类

创业机会可以分为模仿型机会、识别型机会和创新型机会三类：

（1）模仿型机会。这是指通过模仿别人的技术并结合自身特点，进行资源优化配置，降低成本形成竞争力。如百度模仿谷歌，但百度更适合中国人。

（2）识别型机会。这是指基于市场发展，对顾客的潜在需求进行预测而产生的机会。例如，百合网利用中国的庞大人口和当今找伴侣难的契机，结合科学心理分析，将生活背景，兴趣爱好，性格气质，学历知识水平，世界观、价值观接近的人搭配在一起，提高配对率。

（3）创新型机会。这是指将新技术应用到不同领域，与其他行业融合，为顾客创造新价值的机会。例如，阿里巴巴将网络和商业买卖融合到一起，旗下淘宝的免费模式，至少产生了三个方面的创新：第一，在丰富了商品品类的同时，自然形成了竞价搜索模式；第二，为了方便买卖双方交易，淘宝推出支付宝模式，在解决了信用问题的同时带来了新的商业价值；第三，为了尽可能促成交易，淘宝不仅不收买家和卖家的交易费，还创新出阿里旺旺（IM工具），方便买卖双方进行交流。

3. 创业机会的来源

对于创业者来说，拥有一个良好的创业机会，就相当于一艘在大海中航行的船只找到了正确的航线。如果说，船只寻找航线还可以依赖于指南针、灯塔等明确的标志，那么创业者又应该怎样去寻觅合适的创业机会呢？

简单总结起来，创业机会一般来源于以下四个方面：

（1）没有得到满足的需求。创业的根本目的在于满足需求。若存在某一种需求没有得到满足，那么它就是一个潜在的创业机会。由此可见，寻找创业机会的一种重要途径就是善于去体会和发现自己或他人在生活中是否存在某一些需求未被满足。

📢 **案例分享**

如何满足顾客需求

淘宝网是阿里巴巴集团旗下的网络购物网站，创立于2003年5月10日，是面向中国和马来西亚等地消费者的C2C购物网站（B2C模式网站——天猫已拆离），个人或企业均可在淘宝网开设自己的网络店铺，此外，淘宝网上还拥有拍卖平台。2011年6月16日，网站分拆为淘宝网、天猫、一淘网。

淘宝网的创立就是源自消费者对于网上购物的需求，以及商家在网络上售卖产品的需要。也正是因为它同时满足了消费者以及商家的需求，所以淘宝网才能够得到如此迅速的发展，并通过满足消费者购物时的折扣需求，打造了"双十一"这一现象级的电子商务盛况，也成了当代阿里巴巴最负盛名的成就之一。

（2）市场环境的变化。创业的机会大都产生于不断变化的市场环境，市场环境一旦发生改变，市场需求、市场结构必然会随之变化。市场的变化主要来自产业结构、人口思想观念、政府政策、人口结构、国际市场形势的变化等诸多方面。变化即意味着机会，尤其在当今市场风云莫测的大环境中，无处不隐藏着各种良机。

例如，"'双碳'目标""三孩政策""人口老龄化""北京2022年冬奥会"等，必然会提供许多新的市场机会。再如，人们对于饮食需求认知的改变，造就了美食市场、健康食品市场等新兴行业。

（3）技术和创新变革。技术和创新变革不仅创造出具有超额价值的新产品、新服务，更好地满足了顾客需求，同时也产生了大量的基于新的科技突破和社会科技进步的创业机会。近年来移动互联网迅猛发展，对传统商业市场造成巨大冲击的同时，基于互联网发展的创业机会也如雨后春笋般出现，创业逐渐成为中国经济发展和促进就业的新增长点。

📢 案例分享

以技术创新为核心

高德地图是国内一流的免费地图导航产品，也是基于位置的生活服务功能最全面、信息最丰富的手机地图。其针对用户最常用的躲避拥堵功能，将交通拥堵算法和避堵策略进行了全面升级和优化。前者从个性化、场景化、车道级三个维度升级算法，使拥堵计算、拥堵预测、到达时间预测准确率大幅提升。后者则发挥了深度学习能力，更加人性化、实时化地避堵。借助技术上的革新，高德地图App斩获2018数博会领先科技成果"新技术"奖。

（4）市场竞争。在市场竞争的过程中，如果能够合理分析自己与竞争对手之间的优劣，并针对对方的短处，将自己的优势充分发挥出来；或者采取差异化策略，为顾客提供更满意的产品和服务，更好地满足顾客需求，那么你就找到了竞争环境中的独特创业机会。

📢 案例分享

微信的创新之路

从产品创新看，微信是2011年1月发布的。在1.0版本中，只有导入通讯录、发送信息、发送图片以及设置头像和微信名四项功能。现在你用的大多数微信功能，是微信在后来的发展过程中迭代出来的。更重要的是，微信发布后的三年内都没有做基于PC（个人计算机）的版本，直到2014年2月，才推出基于QQ浏览器的网页版微信，而当时微信月活跃用户已经接近4亿人。也就是说，微信花了3年时间，把4亿用户使用即时通信工具的习惯从PC迁移到了手机上，跨越了产品创新的断层。

从组织创新看，微信的开发不是在深圳腾讯总部里完成的，而是在广州研究部由张小龙（现任腾讯副总裁）带领的团队完成的。2010年11月，微信项目启动时，最初的人员基本都来自广州研究部的QQ邮箱团队，开发人员的人数仅有10位左右，都没有做手机客户端的经验。后来，广州研究部总经理助理回忆自己当时的想法时说："开始的时候大家都认为不太可能成功，我也觉得有很大可能这个项目会'挂掉'，只有小龙认为会成功……但我愿意尝试，做失败了没什么，我认为更多的是承担一种义务以阻击腾讯潜在的对手。"的确，微信团队就是抱着阻击小米的通信产品米聊的心态开始的。但最终，这个独立于腾讯总部的小团队，跨越了组织创新的断层，建立了腾讯在移动互联网时代的霸主地位。

从市场创新看，1999年开始运营的QQ赶上的是PC互联网的风口，而2011年开始运营的微信搭上的是移动互联网这艘大船。这两个产品让腾讯抓住了PC互联网和移动互联网这两个互联网技术大趋势。如果没有移动互联网，如果微信出自竞争对手之手，腾讯的QQ肯定无法保持现在的状态。正是因为微信和QQ这两个支柱，支撑起了腾讯庞大的生态体系，让腾讯拥有了巨大的想象空间，从而进入中国高市值企业之列。

知识链接

走廊原理

走廊原理是指创业者一旦创建企业，他就开始了一段旅程，在这段旅程中，通向创业机会的"走廊"会变得清晰可见。这一原理提供的见解是：某个人一旦投身于某产业创业，将比那些从产业外观察的人更容易看到产业内的新机会。走廊原理表明，随着每一次风险的释放，新的或意外的机会也会出现。其强调经验和知识对于个体发现和把握创业机会的重要性，个体在特定领域的经验和知识存量越高，就越容易看到并把握该领域内的创业机会，从而实施创业活动。

二、创业机会的识别

（一）创业机会识别的过程

创业过程开始于创业者对创业机会的把握。创业者从成千上万繁杂的创意中选择了心目中的创业机会，随之不断持续开发这一机会，使之成为真正的企业，直至最终收获成功。在这一过程中，机会的潜在预期价值及创业者的自身能力得到反复权衡，创业者对创业机会的战略定位也越来越明确，这一过程称为机会的识别过程，这一识别过程是广义的，具体可分为三个阶段。

1. 搜寻

这一阶段创业者对整个经济系统中可能的创意展开搜索，如果创业者意识到某一创意可能是潜在的商业机会，具有潜在的发展价值，就将进入机会识别的下一阶段。

2. 识别

相对整体意义上的机会识别过程，这里的机会识别应当是狭义上的识别，即从创意中筛选合适的机会。这一过程包括两个步骤：第一步是通过对整体的市场环境，以及一般的行业分析来判断该机会是否在广泛意义上属于有利的商业机会，称之为机会的标准化识别阶段；第二步是考察对于特定的创业者和投资者来说，这一机会是否有价值，也就是个性化的机会识别阶段。

3. 考察

这里的机会考察是一个相对正式的步骤，考察的内容主要是各项财务指标、创业团队的构成等，通过机会的考察，创业者决定是否正式组建企业、吸引投资。

（二）创业机会识别的方法

创业机会的识别有两种方法，即解决问题和观察趋势。在此将这两种方法与中国互联网领域相联系来进行解释。

微学堂：
创业机会的
识别方法

1. 解决问题，满足需求

马斯洛需求层次理论告诉我们一个重要而有价值的道理，即人类需求是有层次的，同时人的需求是由低级向高级不断发展的。运用这一方法论，有助于我们理解在互联网产业发展过程中，用户需求的不断进化和升级。

互联网的每一次革命，都解决了网民对信息获取的难题。例如，最开始的邮件解决了网民的远程信件传递问题；而用户对信息的渴求，使得满足用户内容需求的门户网站应运而生；用户在实际"触网"之后，又萌发了除"被动"阅读之外的主动性需求，而这就直接导致了网络游戏、即时通信、搜索引擎、电子商务等新型互联网事物的诞生。

由此可见，用户在接触一个新事物时，会经历初识、适应、实践以及思考等多个阶段，随着阶段的深入，用户对该事物的认知也逐渐加深，进而爆发出除基本需求之外的进一步的"主动性"需求，而这些需求相比最初的基本需求也更加专业化、细分化和多元化。

2. 观察趋势，创造需求

（1）从国内电子商务的发展趋势来识别创业机会。有关调查显示，中国网民在相当长的一段时期内只有15%~20%的人使用电子商务，这和过去大多数网民对电子商务、网络支付等不熟悉、不信任有关。而随着网民的网龄增加和电子商务大环境的改善，无论是使用电子商务的人数还是电子商务的交易额都有了明显的上升趋势。近年来，我国的电子商务领域更是保持着高速成长的态势。

另外，智能手机的普及、移动支付的便捷化也为移动电子商务创造出新机遇，社交电商的兴起也蕴藏了社交网络与电商结合的大量创业机会。

（2）从移动网络终端的发展趋势来识别创业机会。当前，移动网络终端正处于高速普及阶段，无论是运营商、终端商还是内容提供商，都纷纷开始布局移动互联网市场。手机搜索、游戏、阅读、音乐、互动社区、支付、应用程序商店等移动互联网服务百花齐放，展现出了旺盛的发展活力。未来的移动互联网必将创造一个更大的经济市场。

第十八届"中国青年五四奖章"获得者、"90后"创业明星郭鑫认为："创业最大的吸引力不是创造了多少财富、多少金钱，而在于你每天都在做新的事情，更关键的是你每天都活得和别人不一样。"他还认为社会上的痛点是：有问题而且很难解决，要么是解决方法有瓶颈，要么是解决方法不够先进，需要革命。

💻 实训案例

邵阳"80后"IT男的"互联网+"生活

冬有乌镇，春有岳麓。2019年4月，"2019互联网岳麓峰会"在湖南举办。近年来，移动互联网产业逐渐成为湖南新名片，改变着人们的生活。而在湖南众多的互联网企业中，不得不提的就是湖南创研科技有限公司（以下简称创研科技）。

2003年，来自邵阳农村的刘谋清，进入长沙民政职业技术学院软件学院学习计算机专业。那个时候他唯一的梦想，就是"留在长沙"。

大学时期的兼职，给予了他更多的机遇和机会。制作网站、维护网站，甚至通过互联网认识新的朋友，这些经历都为他之后创业打下了坚实基础。

2006年，腾讯的QQ游戏大厅火了好一阵子，同时，身边有人做起了淘宝生意。而这个时候，刘谋清做程序员已经有两年的时间，站在技术前沿的他，接近互联网创业的核心点，他非常清楚，此时互联网需要什么，所以决定开一家属于自己的公司。

于是，一年之后，在长沙城南一间又旧又小的民房内，刘谋清和他的三位同学，仅带着几台电脑，在那里开始了自己的创业之路，那个时候的刘谋清，刚刚24岁。

创研科技成立一年后，整体运营情况还不错，刘谋清带着团队迁移到了新办公地点，将原来80 m²的办公面积扩充到了300 m²，团队人数也由10人增加到了30人。但是，2008年金融危机席卷全球，作为刚刚起步的互联网行业，创研科技也面临着重重困难，而这个时候，一份北京2008年奥运会技术提供商的合作协议扭转了公司的运营局面。

2010年，创研科技获得了品牌资质，做到了真正意义上的落地；2011年，其成为湖南重点软件外包企业，同时获得了湖南新秀企业称号。因为一套T2W系统，刘谋清获得了年度互联网十大行业专家的称号。到2012年，创研科技已成为湖南互联网圈的一个响亮的招牌。2014年，创研科技六家子公司全线布局全国，同时在这一年，刘谋清成立了湖南搜农电子商务有限公司，将视线放到了农产品当中来。

吃饭网上点单、购物扫码支付、出行网约汽车……移动互联网时代，"互联网+"正逐步深刻影响你我的生活。全国首家体验式特色农产品购物平台——搜农坊正是在这种新浪潮中应运而生。

刘谋清说，建立搜农坊这个农业电商平台，他的想法很简单，就是让消费者能吃到安全、放心的水果，让农民的水果可以直达每个小区、每个家庭。

不过，作为既有供应链，也有运营、仓库、配送这么长产业链条的平台，搜农坊操作起来比创研显得更难。虽然刘谋清和他的团队在农业电商的运营方面拥有不少的优势，但为了解决配送这个难点，2018年，刘谋清决定转型，做社区电商。

从刚开始创业，到发展成为中国领先、湖南最大的网络营销公司，刘谋清带着创研科技花了将近13年的时间，从线上营销基地葡萄到打通产、销、送整条产业链，刘谋清带着搜农坊走了近5年。

搜农坊建立之后的一年时间，刘谋清又把视线转到了新媒体广告交易平台。

现在，用户只需要用手机在搜农坊上下单想买的优质蔬菜、水果、肉禽等商品，第二天上午就能在家附近的社区便利店取货。对于我们来说早已经习以为常的购买行为背后，是刘谋清和他所带领的团队的努力。

从B2B2C模式为主，深耕农产品供应链，签约了全国600多家直供基地，到2018年5月转型社区团购业务，到现在，搜农坊已经覆盖长沙上千个小区。

近年来，搜农坊结合了湖南农副产品资源丰富等优势，利用以微商城为主的移动互联网端开展网上预售、分销、团购等营销形式扩大销售渠道，集中解决了农副产品流通的销售难、配送难的问题。实现了打造"特色农产品""乡村质造"和"助农扶贫"三大板块，形成了独有的"互联网+农业+精准扶贫"三维立体的运营模式。提到这些，刘谋清充满骄傲和自豪。

当我们打开微信朋友圈的时候，经常会看到不同内容广告的定向推送，而这个，也是2015年刘谋清关注的重要领域。

从网站平台建设、到网络数字营销、再到新媒体广告投放、电商运营，其实刘谋清和他的团队所涉及的产业链条，看似区隔却都是一体。根据自己多年的实战经验，2013

年，刘谋清撰写并出版了《狼客网络营销成功法则》一书，更是一跃而上，居年度热销书榜前三。

2016年的3月8日，长沙高新区企业湖南创研科技股份有限公司（以下简称创研股份）在全国中小企业股份转让系统（新三板）举行挂牌敲钟仪式。这标志着创研股份以全新姿态进军资本市场，迈开在"互联网＋"时代快速发展的步伐。2020年，创研股份营业收入已达2.1亿元。

刘谋清说，如果没有当初的坚守与倔强，就不会有今天。如果因为满足于小有的成功，没有做大做强的发展意识，创研科技也不会走到今天。

刘谋清带领的一群奋斗中的年轻人，让我们明白了什么叫作青春。他们努力抓住机会，就算再小，也努力创造属于自己的天地。他们也会遇到挫折，但是他们始终坚持。

◎ **互动交流**

请回答以下问题：

（1）刘谋清的成功是因为他抓住了什么机会？

（2）刘谋清的成功给我们怎样的启示？

◎ **深思勤练**

了解雷军创办小米手机的创业故事，思考影响创业机会识别的主要因素。

三、创业机会的评估

（一）创业机会的评估准则

所有的创业行为都来自绝佳的创业机会，创业团队与投资者都对创业前景寄予极高的期待，创业者更是对创业机会在未来所能带来的丰厚利润满怀信心。但是，创业失败的教训也会时常发生。为了尽可能地避免这样的情况，创业者应该先以比较客观的方式进行评估，主要评估准则包括以下两类。

微学堂：
创业机会的
评估方法

1. 市场评估准则

市场评估准则具体包括：市场定位、市场结构、市场规模、市场渗透力、市场占有率、产品的成本结构。

2. 效益评估准则

效益评估准则具体包括：合理的税后净利、达到损益平衡所需的时间、投资回报率、资本需求、毛利率、策略性价值、资本市场活力、退出机制与策略。

（二）创业机会的评价方法

1. 蒂蒙斯创业机会评价框架

成功识别创业机会，即对创业机会进行科学、理性、系统的评价，是创业活动成功的起点和基础。蒂蒙斯创业机会评价框架，能够科学深入地评价创业项目的可行性及其价值性，从提出至今已经帮助众多创业导师和创业者筛选了许多优质的创业机会。

蒂蒙斯创业机会评价框架，涉及行业和市场、经济因素、收获条件、竞争优势、管理团队、致命缺陷、个人标准、理想与现实的战略差异八个方面的53项指标。通过定性或量化的方式，创业者可以利用这个体系模型对行业和市场问题、竞争优势、财务指标、管理团队和致命缺陷等作出判断，来评价一个创业项目或创业企业的投资价值和机会。蒂蒙斯创业机会评价框架如表6-1所示。

表6-1　蒂蒙斯创业机会评价框架

评价项目	评价指标
行业与市场	1. 市场容易识别，可以带来持续收入 2. 顾客可以接受产品或服务，愿意为此付费 3. 产品的附加价值高 4. 产品对市场的影响力高 5. 将要开发的产品生命长久 6. 项目所在的行业是新兴行业，竞争不完善 7. 市场规模大，销售潜力达到1 000万~10亿元 8. 市场成长率在30%~50%，甚至更高 9. 现有厂商的生产能力几乎完全饱和 10. 在5年内能占据市场的领导地位，达到20%以上 11. 拥有低成本的供货商，具有成本优势
经济因素	1. 达到盈亏平衡点所需要的时间在1.5~2年 2. 盈亏平衡点不会逐渐提高 3. 投资回报率在25%以上 4. 项目对资金的要求不是很大，能够获得融资 5. 销售额的年增长率高于15% 6. 有良好的现金流量，能占到销售额的20%~30% 7. 能获得持久的毛利，毛利率要达到40%以上 8. 能获得持久的税后利润，税后利润率要超过10% 9. 资产集中程度低 10. 运营资金不多，需求量是逐渐增加的 11. 研究开发工作对资金的要求不高
收获条件	1. 项目带来的附加价值具有较高的战略意义 2. 存在现有的或可预料的退出方式 3. 资本市场环境有利，可以实现资本的流动

续表

评价项目	评价指标
竞争优势	1. 固定成本和可变成本低 2. 对成本、价格和销售的控制较高 3. 已经获得或可以获得对专利所有权的保护 4. 竞争对手尚未觉醒，竞争较弱 5. 拥有专利或具有某种独占性 6. 拥有发展良好的网络关系，容易获得合同 7. 拥有杰出的关键人员和管理团队
管理团队	1. 创业者团队是一个优秀管理者的组合 2. 行业和技术经验达到了本行业内的最高水平 3. 管理团队的正直廉洁程度能达到最高水平 4. 管理团队知道自己缺乏哪方面的知识
致命缺陷	不存在任何致命缺陷
个人标准	1. 个人目标与创业活动相符合 2. 创业家可以做到在有限的风险下实现成功 3. 创业家能接受薪水减少等损失 4. 创业家渴望进行创业这种生活方式，而不只是为了赚钱 5. 创业家可以承受适当的风险 6. 创业家在压力下状态依然良好
理想与现实的 战略差异	1. 理想与现实情况相吻合 2. 管理团队已经是最好的 3. 在客户服务管理方面有很好的服务理念 4. 所创办的企业顺应时代潮流 5. 所采取的技术具有突破性，不存在许多替代品或竞争对手 6. 具备灵活的适应能力，能快速进行取舍 7. 始终在寻找新的机会 8. 定价与市场领先者几乎持平 9. 能够获得销售渠道，或已经拥有现成的渠道网络 10. 能够允许失败

（1）创业机会评价框架说明。

① 该评价框架主要适用于具有行业经验的投资人或资深创业者对创业企业进行整体评价。

② 该评价框架必须运用创业机会评价的定性与定量方法才能得出创业机会的可行性及不同创业机会间的优劣排序。

③ 由于该评价框架涉及的项目比较多，在实际运用过程中可作为参考选项库，结合使用对象、创业机会所属行业特征及机会自身属性等进行重新分类、梳理简化，以提高使用效能。

④ 该评价框架及其项目内容比较专业，在运用时一方面要多了解创业行业、企业管

理和资源团队等方面的经验信息，一方面要掌握这53项指标内容的具体含义及评估技术。

（2）创业机会评价的两种简便方法。蒂蒙斯创业机会评价指标体系只是一套评价标准，在进行创业机会评价实践时，还需要科学的步骤和专业的评价方法才能操作。下面介绍两种常用且易操作的评价方法。

① 标准矩阵打分法。这是指将创业机会评价框架的每个指标设定为三个打分标准，如最好3分、好2分、一般1分，形成打分矩阵表。在打分后，求出每个指标的加权平均分。

这种方法简单易懂，易操作。该方法主要用于不同创业机会的对比评价，其量化结果可直接用于机会的优劣排序。只用于一个创业机会的评价时，则可采用多人打分后进行加权平均。其加权平均分越高，说明该创业机会越可能成功。一般来说，高于100分的创业机会可进一步规划，低于100分的创业机会，则需要考虑淘汰。

② 贝蒂（Betti）选择因素法。该法可以看作是标准矩阵打分法的简化版。评价者通过对创业机会的认识和把握，按照蒂蒙斯创业机会评价框架的各项标准，看机会是否符合这些指标要求。如果统计符合指标数少于30个，说明该创业机会存在很大问题与风险；如果统计结果高于30个，则说明该创业机会比较有潜力，值得探索与尝试。

应用该方法时需要注意一点，如果机会存在"致命缺陷"，需要一票否决。致命缺陷通常是指法律法规禁止、需要的关键技术不具备、创业者不具备匹配该创业机会的基本资源等方面的系统风险。该方法比较适合于创业者对创业机会进行自评。

（3）创业机会评价框架的局限性。

① 评价主体要求比较高。该创业机会评价框架是到目前为止最全面的评价指标体系，其主要是基于风险投资商的风险投资标准建立的，与创业者的标准还存在一定的差异。虽然这些评价标准经常被风险投资家使用，但是创业者可以通过关注这些问题而受益。

运用该评价框架，要求使用者具备敏锐的创业嗅觉、清晰的商业认知、丰富的管理经验和系统的行业信息，要求比较高。如果直接给初次创业者或大学生创业者来做创业机会自评，效果不会太好。即使如此，仍然不影响该评价框架作为创业者选择与评价项目的参考标准。

② 评价框架维度有交叉重复问题。该评价框架的各维度划分不尽合理，存在交叉重叠现象，且维度划分标准不够统一。例如，在竞争优势、管理团队、创业家的个人标准、理想与现实的战略性差异这四个维度中，都存在"管理团队"的评价项目。再如，"行业与市场"维度中的第11项"拥有低成本的供货商，具有成本优势"，与"竞争优势"维度中的第1项"固定成本和可变成本低"存在包含关系与重叠问题。这会直接影响使用者的评价难度和考量权重，在一定程度上影响了机会评价指标的有效性。

③ 评价框架缺乏主次，定性定量混合，影响效果。该评价框架另外一个比较明显的缺点为指标多而全，但主次不够清晰。其指标内容既有定性评价项目，又有定量评价项目，而且这些项目中有交叉现象。一方面，评价指标太多，使用不够简便；另一方面，在

运用其对创业机会进行评价时，实际上难以做到对每个方面的指标进行准确量化并设置科学的权重，实践效果不够理想。

2. 刘常勇创业机会评价框架

刘常勇创业机会评价框架包括市场评价、回报评价两个方面的14项指标，具体参见表6-2。与蒂蒙斯创业机会评价框架相比，该框架更加简单，易于操作，并且更加符合中国企业的特点。具体评价方法参照标准矩阵打分法和贝蒂选择因素法。

表6-2　刘常勇创业机会评价框架

评价项目	评价指标
市场评价	1. 是否具有市场定位，专注于具体顾客需求，能为顾客带来新的价值 2. 依据波特的五力模型进行创业机会的市场结构评价 3. 分析创业机会所面临的市场规模大小 4. 评价创业机会的市场渗透力 5. 预测可能取得的市场占有率 6. 分析产品成本结构
回报评价	1. 税后利润率至少高于5% 2. 达到盈亏平衡的时间应该不超过2年 3. 投资回报率应高于25% 4. 资本需求量较小 5. 毛利率应该高于40% 6. 能否创造新企业在市场上的战略价值 7. 资本市场的活跃程度 8. 退出和收获回报的难易程度

3. 哈曼（Haman）的Potentionmeter法评估工具

哈曼（Haman）的Potentionmeter法可以通过让创业者填写针对不同因素、不同情况所预先设定好权值的选项式问卷的方式，快捷地得到特定创业机会的成功潜力指标。对于每个因素来说，不同选项的得分范围为–2~2分，通过对所有因素得分的加总得到最后的得分。总分越高，说明特定创业机会成功的潜力越大，只有那些最后得分高于15分的创业机会才值得创业者进行下一步策划，低于15分的都应被淘汰。

（三）创业机会评估中的一些特殊问题

1. 正确看待灰色地带

灰色产业（Grey Industry）一般是触及法律边缘的产业，不够光明正大，却又不违反法律，不合理但又客观存在。就当代世界法律制度来看，灰色产业往往对社会存在一定的隐患，但是又缺乏确切的法律依据，无法对其进行约束管理。

互联网产生于20世纪70年代，是20世纪末蓬勃发展起来的新生事物，表现出勃勃生机，极大地推动了信息的传播，促进了生产力的发展。然而，"科技是把双刃剑"的箴言也在互联网上面体现得淋漓尽致。借助互联网，衍生出了形形色色的灰色产业，充斥着互联网的各个层面，严重地影响了互联网的正常健康发展。例如，2018年中央电视台揭秘了"网络水军"灰色产业链的"生意经"。以炮制虚假信息牟利的"网络水军"正从个人经营加快向专业化、协同化、产业化方向演变。再如，在互联网上看到的新闻，特别是论坛里的很多能调动人气的热点帖、热点话题，以及"网红"事件等，有很多都是不真实的，只是公关公司策划和操纵出来的所谓的"热点"而已。

作为创业者，在选择创业项目时，应该避开灰色产业。尽管这些行业大多能带来不错的收入，但是其存在违法、潜在违法风险或政策不明朗的问题。换言之，灰色产业就是明天可能会覆灭的行业，考虑创业成本以及发展的可持续性，创业者也应该规避灰色产业，主动承担社会责任，确保每个行业的健康发展。

2. 警惕大型互联网公司抢占市场

很多人说中国互联网行业是个险象环生的"江湖"，当国内的互联网巨头们试验了一段时间产品和市场，觉得时机成熟时就会开始进行大面积推广，这时的推广力度之大、资金投入之巨，往往令创业公司只能望其项背。

面对大型互联网公司抢占市场，创业公司在创业初期就得提前准备。创业前期应该避开在巨头产品网格的中心进行正面竞争，建议选择在巨头核心业务的周边，或者选择能够破坏对方商业模式的产品。具有破坏性的产品即使被巨头关注，也很难被模仿或者打压，因为这种模仿将对巨头已经形成的商业模式造成破坏。例如，360杀毒软件，采取了免费的模式，即使其他当时规模大得多的杀毒厂商看到也无法跟进，因为这将破坏自己的商业模式。

3. 提防其他公司复制产品

当产品被其他创业公司盯上，或者被巨头公司看上时，它们可能以相同的定位，复制并推出产品。这时应该如何应对挑战呢？

（1）不要怕被抄袭。一款好的产品有自己的形、神、髓，大部分的抄袭只能抄到第一层，也就是"形"，非常厉害的团队可以抄到"神"，即产品的用户体验和数据分析，而没有人能够抄走产品的"髓"，即这支产品团队的人所拥有并赋予产品的文化、精神内涵。

（2）正确判断产品价值和竞争优势。例如，相对IM（即时通信）这样的产品，具体如何判断自己产品黏性的强弱？产品黏性分四个层次，从下往上越来越深入，分别为：是否大众和高频；是否存在有价值的账号和数据；是否形成了"人–人""人–机"之间的网格和口碑；能否跟实际生活形成强交互，能够从优势转换为壁垒。

（3）不要害怕产品竞争。在网络游戏中，跟"关主"过招之前是要先练级的，在商业竞争中也是同样的道理。所以，作为创业公司不仅不要逃避竞争，而且要有意识地选择对手，要跟小型、中型甚至大型的对手不断过招，磨炼团队、磨炼产品。经过多次竞争的产品团队，拥有更大的勇气、更强的信心，反而是那种没有经过真正竞争的团队，本来还不错，变大了之后一旦面对压力，内部管理就一下功亏一篑。

4. 应对激烈的产品竞争

面对国内兴起的创业热潮，同质化现象已非常严重，竞争异常激烈，怎样应对激烈的产品竞争呢？

（1）要提高自己的经济效益。

① 依靠科技进步，采用先进技术，用现代科学技术武装企业，提高企业职工的科学文化水平和劳动技能，使企业的经济增长方式由粗放型向集约型转变。

② 采用现代管理方法，提高企业经营管理水平，提高劳动生产率，以最少的消耗生产出最多的适应市场需要的产品。

③ 企业的兼并或破产是优化企业结构、发展社会主义市场经济的有力杠杆。

（2）完善经营者自身的素质。

① 具备较高的思想政治素质，有良好的职业道德，还必须具备良好的业务素质。

② 充分发挥党组织的政治核心作用，坚持和完善经理负责制，全心全意依靠职工群众办企业。

（3）树立良好的社会信誉和企业形象。企业的信誉和形象是企业的产品、服务在社会上留下的印象以及所受到的评价和认同。企业良好的信誉和形象是企业基业长青、立于不败之地的重要保障。它有利于企业吸引大量的优质劳动力资源，研发具有竞争力的产品，在差异化竞争中取得优势，从根本上增强企业的核心竞争力，进而使企业在激烈的市场经济竞争体制中不断胜出。

 活动亲历

抓 手 指

活动人数

以班级为单位开展活动，人数控制在 50 人以下为宜。

活动场地及用具

教室、工作坊等场地，无需任何用具。

活动组织

教师组织，将全班学生随机分成 2~4 个小组。活动中手指被抓的同学要表演节目。

活动步骤

（1）每个小组的学生围成一圈。

（2）每位同学同时伸出自己的左手（掌心朝下）和右手的食指（指尖向上），将右手

食指的指尖顶到右侧同学左手掌心之下（指尖必须紧挨着邻近同学的掌心）。

（3）教师数"一、二、三"，等数完"三"时，所有同学的右手食指迅速撤离，同时用自己的左手努力抓住左方同学的手指。连续进行三次，分别统计每次手指被抓的同学。

活动交流与讨论

（1）自我评价在活动中的表现。

（2）"有变化就会有机会"，你对这句话作何理解？

活动体验

谈谈你在本次活动中的感悟与收获。

活动点评

通过开展"抓手指"活动，一方面有助于提升学生注意力，另一方面可以让学生在活动中有所感悟：

（1）抓住的不仅仅是手指，还有机会。进而加深其对机会识别的理解——事件对于我们是不是机会，首先我们要有能力进行识别，发掘该事件较其他事件能带给你的不同意义。

（2）"抓机会"要讲求时机——太早或太晚行动，都会使良机错失。

（3）每个人缺少的不是机会，而是捕捉机会出现规律的慧眼。盲目的冒进可能会使我们蒙受损失，而一再犹豫又会丧失唾手可得的机会，只有细致地分析每一次机会出现的共同规律（包括识别、分析、利用机会的时机和手段等），掌握了机会出现的脉搏才有可能抓住机会，甚至走在机会的前面。

第七单元　创业资源的获取与整合

创业资源的获取和整合伴随于整个创业过程之中，创业者需要有效识别各种创业资源，并且积极借助企业内外部的力量对创业资源进行组织和整合，方可构建企业的核心竞争力，促进创业成长。

一、创业资源的识别

（一）创业资源的内涵

理解"资源"的概念，是理解"创业资源"内涵的基石。资源是指任何主体在向社会提供产品或服务的过程中，所拥有或者所支配的能够实现公司战略目标的各种要素以及要素组合。而创业资源是指新创企业在创造价值的过程中需要的特定的资产，它是新创企业创立和运营的必要条件。创业活动本身就是一种创业资源的重新整合，创业机会的存在本质上是部分创业者能够发现其他人未能发现的特定资源价值的现象。丰富的创业资源又是企业战略制定和实施的基础和保障，同时，充分的创业资源还可以适当校正企业的战略方向，帮助新创企业选择正确的创业战略。

创业资源是企业创立以及成长过程中所需要的各种生产要素和支撑条件。创业资源对于创业者来说，如果获取不到创业所需的各类资源，那就如同"无源之水，无本之木"，即使拥有再好的创业机会、再优秀的创业团队，对于创业者也毫无价值和意义。

在创业过程中，创业者必须要把创业资源时刻放在反复估量权衡的重要位置上，将新创企业所需的各种要素有效组合，形成新的产品或服务，才能创造出新的价值。

（二）创业资源的种类

根据资源基础理论，常见的创业资源可以根据来源、存在形式、性质、重要性和参与程度予以不同分类。

1. 创业资源按其来源分类

创业资源按其来源可以分为自有资源和外部资源。

（1）自有资源。这类资源是指创业者或创业团队自身所拥有的可用于创业的资源，如创业者自身拥有的可用于创业的自有资金、技术，自己建立的营销网络等，创业者所发现的创业机会就是其所拥有的唯一创业资源。

（2）外部资源。这类资源是指创业者从外部获取的各种资源，包括从亲戚朋友、商务伙伴或其他投资者筹集到的资金、经营场所、设备或其他原材料等。在企业创立和早期成长阶段运用外部资源，对创业者来说，是一种非常重要的方法，关键在于控制资源或影响资源部署。

"打铁还需自身硬"，创业者还应致力于扩大、提升自有资源，特别是技术和人力资源的拥有状况，这些都会影响外部资源的获得和运用。

2. 创业资源按其存在形式分类

创业资源按其存在形式可以分为有形资源和无形资源。

（1）有形资源。这类资源是可见的、具有物质形态的、价值可用货币度量的资源，如厂房、机器设备、原材料、产品、资金等。

（2）无形资源。这类资源是具有非物质形态的、价值难以用货币精确度量的资源，如信息资源、人力资源、政策资源、企业的声誉、技术、专利等。

无形资源往往是撬动有形资源的重要手段。

3. 创业资源按其性质分类

根据资源的性质，可将创业资源分为六种资源，即人力资源、社会资源、财务资源、物质资源、技术资源和组织资源。

（1）人力资源。这类资源在整个企业的创办过程中起着至关重要的作用，是创业资源核心资源之一，风险投资家在进行项目选择时，尤其是天使投资人重点看的就是项目里的"人"。创业者、创业团队及其组织成员的洞察力、知识、技能、经验、视野、愿景以及社会关系影响到整个创业过程的开始与成功。高素质人才的获取和开发是现代企业可持续发展的关键。创业者自身素质与能力对创业企业的成长有非常重要的作用。创业者的个性，对机遇的识别和把握，对其他资源的整合能力，对创业的成败有直接影响。合适的员工也是创业人力资源的重要组成部分。

（2）社会资源。这类资源的范畴很大，这里所说的社会资源主要指由人际和社会关系网络而形成的关系资源，也就是我们常说的"人脉"。在创业过程中，拥有丰富社会资源的创业者更容易整合更充裕的社会资源，获取别人难以接触或者先于别人获取的有价值的资源，从而为创业服务。所以创业者应该注重利用社会关系网络撬动更高的社会资源，为创业获取资源和信息支持。

（3）财务资源。这类资源主要指以货币形态存在的资源，包括资金、资产、股票等。充足的资金有助于新创企业的持续发展，对创业者来说，财务资源主要来源于个人、家庭成员和朋友。但是由于新创企业创业初期往往缺乏抵押能力，很难从银行获得足够的资金，因此如何有效地筹集资金，成为创业成功与否的关键问题之一。

（4）物质资源。这类资源指企业在创业过程和经营活动中所需要的有形资源，如房屋及建筑物、机器设备、生产材料等，也包括一些自然资源，如矿山、森林等。

（5）技术资源。这类资源属于创业资源的另一核心资源，在创业初期，技术资源是最关键的创业资源之一，如关键技术、工艺流程、专业生产设备等。创业技术决定着创业产品的市场竞争力以及创业企业的获利能力；创业企业如果拥有创业技术的所有权，决定着可以降低创业企业的初创成本。

（6）组织资源。这类资源包括组织结构、制度化和正规化企业管理、企业诊断、市场营销策划等，有时候组织资源还包括创业者的个人魅力。一般来说，人力资源需要组织资源的支持，才能更好地发挥作用；企业文化、品牌也需要在良好的组织环境下培养。组织资源是创业者及其创业团队对创新企业的最初设计和不断调整，从而让创业企业内部能有效地按照最初设想运转起来。

4. 创业资源按其对生产过程的作用分类

创业资源还可以按照其对生产过程的作用分为生产性资源和工具性资源。

（1）生产性资源。这类资源是直接用于生产过程或用于开发其他资源，如物质资源，像机器设备、厂房、运输设备等，被认为直接用于生产产品或提供服务。

（2）工具性资源。这类资源则被专门用于获得其他资源，如财务资源，借助财务资源可以获得人力资源、技术资源、物质资源等。对于新企业来说，个人的声誉资源和社会网络也属于工具性资源。

5. 创业资源按其在创业过程中的作用分类

按照在创业过程中的作用通常可将创业资源分为运营性资源和战略性资源两类。

（1）运营性资源。这类资源包括人力资源、技术资源、物质资源、组织资源等。

（2）战略性资源。这类资源对新创企业生存和发展具有关键作用，能够为企业建立竞争优势。如优越的地理位置、卓越的领导者、行业的准入限制以及对于物质资源控制，能够实现价值创造等。同时，战略性资源还应具有难以模仿性、不可替代性，这是企业能够拥有持久竞争力的必要条件。

（三）创业资源与创业过程的关系

1. 创业资源在创业过程中的地位

创业资源的重要性可以从创业资源与创业过程的关系中去认识。机会识别与创业资源密不可分。机会识别的实质是创业者判断是否能够获取足够的资源来支持可能的创业活动。如果从资源角度来看，创业机会识别的落脚点在创业资源的获取上，而获取创业资源需要特定的技术和思维分析方式。创业资源对创业成长具有重要的支持作用，在创业过程中，创业者应把焦点放在如何有效地攫取更多的创业资源并进一步整合成企业的竞争优势上。对于任何一个企业来说，如果战略定位不清晰、核心资源不明确都会成为企业发展的主要障碍，所以有效的资源整合，能够帮助创业者重新认识企业的竞争优势，制定切实可行的创业战略，为新创企业的成长打下良好的基础。

2. 创业资源在创业中的作用

（1）社会资本是基础资源。资本可以是实物的，也可以是抽象的，创业离不开资本的支持。比较有代表性的社会资本指的是个人通过社会关系获取稀缺资源并由此获益的能力。也就是基于人际和社会关系网络形成的资源。因此，社会资本同人力、物力、财力以及自然资源一样，是新创企业的基础资源。要求创业者具有前瞻性和动态调整性，通过社会网络挖掘别人看不到的资源，才能提升企业的竞争力。

（2）资金是重要资源。新创企业的人才招募、场地租赁、设备购买、材料采购与运输等企业的一切活动均需要资金的支持，所以各项环节能顺利高效开展，都受到资金所有量的制约。因此，新创企业的财务管理，特别是融资与投资决策的制定，格外重要。

（3）技术是核心资源。技术是创业企业成功的"法宝"。它决定着创业企业资本的大小、创业市场的竞争力和获利能力。

> **📖 知识链接**
>
> ### 民族品牌的骄子
>
> 作为国内食用油领域的"隐形王者"，鲁花集团连续30多年实现持续增长。2021年，鲁花集团销售收入突破430亿元。外界好奇，是什么让鲁花集团保持了连年稳增长的局面。这里不得不提到鲁花集团创始人——孙孟全。1986年，他亲自带队死磕"研发"，甚至不惜将之前所有卖花生米的钱全部投入到研发项目上。鲁花团队于1992年成功开创鲁花独特的5S纯物理压榨工艺。5S纯物理压榨工艺的突破奠定了该工艺在其他品类延展应用的基础，也奠定了鲁花集团的发展基调。

（4）人才是关键资源。人才是创业过程中的第一资源，是获取、转化、利用其他资源的基础，也是最为关键的资源。有了人才，新创企业的发展才能起到事半功倍的效果，甚至"以一敌十"。因此，创业者为自己公司招募人才是头等大事，绝不可掉以轻心。

> **🔊 案例分享**
>
> ### 创业最重要的是先找人
>
> 42岁的雷军，再次创业做的小米科技，2009年他开始做筹备工作，他认为最重要的是要有合适的人才，开发智能手机必须要聚集一批行业内顶尖人才，才能让自己在互联网手机时代风生水起。
>
> 他先找到谷歌中国研究院副院长林斌，又相继结识了微软工程总监黄江吉、摩托

罗拉总部核心设计组专家周光平、谷歌第一产品经理洪峰，以及行业内精英刘德和其金山时期的好友黎万强，为了拉拢人才，雷军可谓煞费苦心，花半年的时间，组成了一支庞大的业内精英队伍。

2010年3月，小米科技公司在北京成立，仅仅花了一个月时间做出了小米手机，推出市场后受到广泛好评。

雷军曾说："人才是创新之源。提升技术实力的第一步，就是聚拢最顶尖的人才。"

二、创业资源的获取

（一）创业资源获取的影响因素

创业资源获取是新创企业的关键活动，获取资源是创业者在确认并识别资源的基础上，得到所需的资源并使之为创业服务的过程。但是对于新创企业来说，存在各种资源匮乏的先天不足，即便初创企业依靠创业者的初始资源获得初步发展，但是如果不继续获取或积累新的资源，企业不会得到进一步发展。这就要求新创企业在确定资源需求以后利用自身已具备的资源再不断攫取资源，这就是资源获取。

只有清楚影响资源获取的因素有哪些，才能帮助创业者更好地获取资源。通常创业资源获取的影响因素包括内部影响因素和外部影响因素两类。

1. 内部影响因素

内部影响因素包括企业文化、企业战略、创业者及其创业团队等因素。

（1）企业文化对企业获取创业资源产生着深远的影响，它决定着企业长远的发展方向，决定了企业获取资源的目的和步骤。同时也决定着企业的行事风格和行为准则，进而会影响企业获取资源的途径和方式。

（2）企业战略是企业未来发展的规划，企业战略决定着获取创业的方向和速度。战略目标不同，企业在不同阶段所需的创业资源也不同。

（3）创业者及其创业团队的创业经验和行业经验、组织与领导等都决定企业获取资源的效率与效益。创业者先前的创业经验可以帮助创业企业更容易获得特定机会，从更多的途径获取创业资源。此外，还可以帮助创业者克服新创企业面临的新的不利因素的影响。而先前行业经验可以强化创业者发现创业机会、获取资源的能力。同时，先前行业的管理经验能够帮助创业者解决创建和管理创业团队过程中遇到的诸多困难。此外，拥有先前行业经验的创业者往往享有更强的社会网络，其在先前行业中获得的公正声誉和处理利益相关者之间关系的技能有利于新创企业获得合法性认可。创业者的管理能力是企业软实力的主要表现，管理能力越高，获取资源的可能性越大。创业者的管理能力可以从其沟通能力、激励能力、行政管理能力、学习能力和外部协调能力等多方面予以衡量。

2. 外部影响因素

外部影响因素主要包括行业环境和社会环境两方面因素。

（1）行业环境包含着各种因素，如竞争者因素、替代品因素，供应商、客户方因素等，每一种因素都会直接或间接影响资源的获取，譬如供应商、客户方因素（如能否赊账）决定着企业获得物质资源、财务资源的难易程度。

（2）社会环境包括影响企业发展的政治因素、经济因素、文化因素、技术因素等，这些因素都决定着企业可否顺利获得相应的创业资源。

（二）创业资源获取的途径

不同类型创业活动对于资源的需求亦不相同。影响其获取的因素不同，获取的途径也就不同。对于以技术驱动创业的创业者最先拥有技术资源，所以技术资源较为充足，那么创业者应重点关注人力资源等其他资源获取；如果创业者以拥有的团队为基础进行创业，那么应通过发挥团队特长或根据机会开发的需要来获取、整合和利用资源；如果创业者最先拥有资金或者初创资金较为充裕，那么应以资金带动其他资源向企业聚集资源。综上所述，企业资源获取的主要途径有外部获得和内部积累。

1. 外部获得

外部获得途径包括购买、联盟、并购、外部吸引等。

（1）购买。购买是指利用财务资源通过市场购买的方式获取外部资源。主要包括购买厂房、机器设备、材料等物质资源，购买专利和技术，聘请有经验的员工等。对创业者来说，购买资源可能是其最常用的资源获取方式，大部分资源，尤其是技术资源、物质资源、人力资源等都可以通过市场购买的方式得到。

（2）联盟。联盟是指对于一些难以或者无法自己开发的资源，可以联合其他组织共同开发。前提是联盟双方在资源和能力上互补且有共同的利益，而且能够对资源的价值及其使用达成共识。这种方式是获取技术资源常采用的方式。譬如高科技企业与高校科研机构联盟研发，可以借助高校设备，利用企业自身的技术优势，使企业保持可持续发展的后劲。

（3）并购。资源并购是通过股权收购或资产收购，将企业外部资源内部化的一种交易方式。并购是一种资本经营方式，通过并购可以帮助创业者缩短进入一个新领域的时间，从而及时把握商机，实现创业目标。

（4）外部吸引。外部吸引是通过自身资源来撬动和获取其他资源，这种获取资源的方式对于初创企业来说，是非常困难的。新创企业只有利用商业计划、产品雏形，通过对企业前景的描述，或者利用创业团队的声誉来吸引或者获取资源拥有者的好感，从而吸引其将资源投入到新创企业中。

2. 内部积累

内部积累是另外一种重要的资源获取途径，主要是利用企业现有资源通过内部培育形成自己所需的资源。譬如通过培训来提高员工技能和知识；企业自己开发新的技术；通过自我积累获取资金等。对于企业来说，内部积累是必要的资源获取方式。可以将内部积累获取人力资源作为企业的激励方式，激发企业成员提高工作积极性；通过资源积累的方式获取技术资源，则可以在获得核心技术优势的同时，保护好商业机密。

> 📢 案例分享
>
> ### 真正的"中国芯"
>
> 2016年11月24日，在工业和信息化部软件与集成电路促进中心组织主办的"2016中国芯"颁奖典礼上，海信集团自主研发的Hi-ViewPro超高清画质引擎芯片一举夺得2016中国芯"最具创新应用产品"大奖。
>
> 海信集团董事长周厚健表示："做电视与手机，没有自己的芯片，永远都是二流企业。"芯片恰恰是互联网核心技术，没有自己的芯片设计能力，只能生产千人一面的大路货。对于"十年磨一剑"的海信芯片来说，这是自主芯片产业化的历史性一步。
>
> 通过企业不断实现自身内部积累，开发独一无二的技术资源，使得海信公司除了与联想集团合作外，还与多家国内外知名电视整机企业合作，使"中国电视第一芯片"在这一波应用升级中获得更大的产业空间和话语权。
>
> 2020年，在工业和信息化部中国电子信息产业发展研究院主办的第十五届"中国芯"集成电路产业促进大会上，海信万级分区画质芯片荣获"优秀技术创新产品"大奖，海信是中国电视行业唯一获得"中国芯"大奖的企业。

（三）创业资源获取的技巧

创业资源获取主要原则是灵活、用好、用足企业现有资源，四两拨千斤，以有限内部资源，撬动最大化的外部资源，具体获取技巧包括以下四个方面。

1. 充分重视人力资源的获取

高素质人才的获取和开发，是现代企业可持续发展的关键。对于高科技企业来说，因为其更大的知识比重，人才资源则更为重要。

2. 以适用够用为原则

创业者获取的资源首先应"适用"，凡是新创企业发展需要的资源，才是资源获取的目标。而任何资源的获取也都是有代价的，所以获取资源还要遵循"够用"原则，"多多益善"的思路并不能给企业带来有效的利益。

3. 尽可能筹集多用途资源和杠杆资源

新创企业初期，各类资源短缺，企业应尽可能筹集多用途资源和杠杆资源，以此为杠杆撬动外界资源。比如，创业者可利用个人魅力和现有社会资源，吸引外部投资者入股；编制推陈出新的创业计划书，打动外部投资者以为企业筹集资金。

4. 善用合作换取各类资源

新创企业初期资源紧缺，可以通过广泛合作，通过对未来的利益预期换取合作，获取资源。例如，通过连锁加盟，获得品牌知名度，从而缩短市场客户对产品和企业的认知期，降低经营风险，帮企业度过初创期。

三、创业资源的整合

1. 内部资源整合的方法

内部创业资源基本上可以概括为人力资源、财务资源、物质资源和技术资源四个主要方面，整合的最根本目标是更有效地优化配置和使用内部资源，所以把内部创业资源整合形象地比喻为"内部挖潜"。按照创业资源整合的一般流程，先发掘、列清单、资源识别，最后进行资源的开发、配置与应用这四个步骤。对于内部资源整合清单列示如表7-1所示。

表7-1　内部资源清单

资源名称	对资源的认知
创业者	素质、能力、社会关系网络、需求特征
创业企业员工	素质、能力、社会关系网络、需求特征
创业企业的流动资产	成本、有效配置
创业企业的固定资产	使用周期、成本、有效配置
创业企业的无形资源	后续研发、拓展应用

（1）对人力资源的整合。初创企业，财与物都较为匮乏，甚至可能没有，唯一的资源就是创业者自身。人作为创业活动以及新创企业管理活动的主体，对人进行整合就必须充分调动人的积极性，建立激励机制，实现人力资源的最佳配置和利用，才能充分发挥出人的积极性与创造性，确保最初的创业目标得以实现。为此，充分利用现有的人力资源，内部挖潜，合理整合，大力开展多层次、全方位的教育培训，积极营造和谐的内部企业环境，为人才竞争搭建平台，力求人尽其才，才尽其用，较好地激发员工潜在的积极因素，使员工综合素质得到全面的提升，实现人力资源的最大化利用。

（2）对资产资源的整合。资产资源的整合是指对创业企业内部的固定资产、流动资产的整合。由于资产性资源具有很强的可度量性，因此，强化初创企业的财务管理是实现对资产性资源有效整合的重要工具。这样要求创业者建立完善的财务管理和决策相关体系和制度，对资产性资源的配置和使用做好财务核算，以经济效益作为选择整合手段和方法的重要标准。另外，在整合内部资产资源的同时，创业者还要考虑企业外的资本会给企业带来什么其他的资源。

（3）对无形资源的整合。企业内部的无形资源包括：技术、品牌、企业文化、专利、商标等。在技术开发上，企业应当建立技术研发部门，加大对研发团队和技术创新的投入。大力推进产品创新、服务创新、知识创新、管理创新、技术工艺创新、生产方式和流程创新，不断提高产品质量，开发出新的产品、提供新的服务，创造出新的市场价值。对于品牌资源的建立，需要长期的建设过程，要求创业者始终把产品、服务的品质和质量放在首位，把诚信放在首位，并努力在产品或服务的品质、样式、商标、工艺等方面独树一帜。

对那些不能以技术驱动创业的企业来说，要想创业产品在市场上具有竞争力和获利能力，必须将资源整合重点放在寻找成功的创业技术上。开发技术资源时，一定要注意以市场需求、顾客满意为导向，同时可以考虑整合企业外的技术资源。技术资源的主要来源是人才资源，重视技术资源整合时要注重人才资源的整合。

2. 外部资源整合的方法

与内部资源相比，外部资源的整合就要复杂许多。首先，外部资源都是相对独立的利益主体；其次，外部资源与创业者或者创业企业的关系也更加复杂，创业者或者创业企业对这些资源的开发、配置和使用的难度更大；再次，很多外部资源不是直接摆在创业者和创业企业面前的，而是需要去寻找、发掘或选择，因此具有相当的不确定性。为此，首先需要厘清外部资源有哪些，其次才是如何拓展外部资源（表7-2）。

表7-2　外部资源清单

资源名称	对资源的认知
相关政府机构	工商行政管理部门、税务管理部门等相对规范的外部资源
商业化的服务组织	银行、技术市场、管理咨询公司、会计师事务所、律师事务所、投资机构、广告公司
非营利性的服务组织	慈善基金会、公益组织
产业链相关组织	原材料供应商、机器设备供应商、潜在顾客、批发商、零售商、代理商
可能的合作伙伴	高校、科研院所等研究机构
竞争者	有竞争关系的公司
创业团队的个人社会网络	与创业者存在人际关联的人

对于大部分创业者来说，由于创业者没有创业经验、缺乏历史业绩、没有有效的资产做抵押，更谈不上应对创业的措施与防范，以及创业未来收益的不确定性，造成在吸引外部资源时，难度加大，能够获得外部资源可能性降低。

因此，对创业者而言，难以整合充足的外部资源并不意味着不能创业成功，如果对自身资源再创造，就有可能在有限的资源情况下，充分发挥资源整合效应，实现创业成功。

💻 **实训案例**

小米的技术架构和资源整合

小米公司首创了用互联网模式开发手机操作系统、"发烧友"参与开发改进的模式。而究其成功的真正原因则在于：小米手机的核心技术——整合资源的能力和技术架构创新的优势。

近年来，小米通过不断对研发体系进行的梳理进化，推进整合构建出更具一体性的集团整体技术架构。

（1）感知层：光学技术体系、声学识别、毫米波雷达技术和各类传感器技术等。

（2）通信层：5G/6G通信技术、Wi-Fi 6、Mesh蓝牙、NFC等及基于以上通信技术的互联互通通信协议。

（3）AI层：小米大脑，形成统一的AI能力架构，为各业务在各场景下的AI算法、算力需求提供支撑。

（4）系统层：手机、IoT设备、智能座舱与智能家庭的系统融合及与云技术的紧密融合。

（5）计算层：芯片集群，包括我们的合作伙伴提供的芯片和自研芯片的技术能力。

（6）输出层：屏幕显示技术、声学技术、机械臂等自动控制技术。

通过构建这一体系架构，小米把原先散布在全集团各业务板块中的研发项目和研发资源整合在了统一的框架下，形成了一个完整而有持续协同演进能力的整体，并能为全集团业务在全场景中的需求所调用，大大提升了研发效率。比如，人形机器人上的光学感知技术可以复用到相机抓拍功能和汽车业务的场景感知，四足机器人（CyberDog）中的机械臂技术也可以用在扫地机上。而这一切不断进化的技术能力，都可以被我们科技生态中的合作伙伴和用户共享。

更重要的是，基于此，小米还将推动小米科技生态的升级进化，不再只是实现"万物互联"，而是推动"以人为中心，实现人与万物的连接"。科技的终极形态是形成一个完整的、懂人性的技术拟生命体，而基于我们今天正在推动构建的技术框架，就是它的骨架轮廓。在这个科技生态框架中，小米的用户可以用任一交互方式，通过任一终端入口，与它进行沟通，接受它调用所有能力提供的服务。这也就要求小米未来的技术研发框架，要为未来科技生活的场景而思考，为潜在的新兴细节体验而思考，为"连接人与万物"实现的长期演进而思考。

　　2014年，小米的手机硬件利润只有5%，但通过资源整合和技术架构创新的能力，硬是在智能手机时代以同样配置、小米的性价比杀出一条血路。2021年，小米宣布和比亚迪合作造车，同时还投资入股了一家自动驾驶企业。为了造车，小米再一次开启资源整合模式……

◎互动交流

请回答以下问题：

（1）小米的成功在于构建了什么核心竞争力？

（2）为什么说整合资源的能力对于推动小米科技生态进化是非常重要的？

◎深思勤练

　　试着找出当代大学生在校园生活中遇到的热门痛点，并根据这些痛点提出你的解决方案。

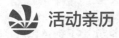 活动亲历

盘点你的创业资源

活动人数

全体学生。

活动场地及用具

活动场地为教室或工作坊，准备A4纸、便笺纸若干张。

活动组织

　　根据班级授课人数，将学生分成若干组（每组4~6人为宜）。以小组为单位进行讨论，全面了解自己的创业资源，建立自己的创业资源库；另外，明晰从外部可以获得哪些资源，如何去整合这些资源，为创业做好前期准备。

活动步骤

（1）分组。每个小组推举小组负责人。

（2）开展头脑风暴。

①小组的每位同学描述并记录自己已拥有或可获取的全部内外部创业资源。

②组长根据每位同学的记录，负责整理汇总。

（3）盘点内部资源。每位同学将已拥有的内部资源填于表7–3。

表7-3 内部资源盘点表

资源种类	具体分类	具体描述
大学生拥有的内部资源	资金（现金、银行存款及现金等价物）	
	房产	
	交通工具	
	技术专长	
	信用资源	
	经验	
	社会资源（人脉）	
	个人能力	

（4）盘点外部资源。每位同学将可获取的外部资源填于表7-4。

表7-4 外部资源盘点表

资源种类	具体分类	具体描述
大学生获取的外部资源	政府资源（财政扶持政策、税收政策、政府采购政策等）	
	人脉资源（同学、同乡、朋友等）	
	人际资源	
	人才资源	
	信息资源	
	技术资源	
	资产资源	
	行业资源	

（5）建立创业资源库。

将盘点的内部资源表7-3和外部资源表7-4，合并成创业资源库（表7-5），并进行分类整理，做好创业准备，以便高效使用。

表7-5 创业资源库

资源种类	具体分类	具体描述
大学生拥有的内部资源	资金（现金、银行存款及现金等价物）	
	房产	
	交通工具	
	技术专长	
	信用资源	

续表

资源种类	具体分类	具体描述
大学生拥有的内部资源	经验	
	社会资源（人脉）	
	个人能力	
大学生获取的外部资源	政府资源（财政扶持政策、税收政策、政府采购政策等）	
	人脉资源（同学、同乡、朋友等）	
	人际资源	
	人才资源	
	信息资源	
	技术资源	
	资产资源	
	行业资源	

活动交流与讨论

（1）在获取创业资源时有哪些便利条件?

（2）如何进一步挖掘自己的创业资源?

（3）针对自己的资源优势与劣势该如何加以整合?

活动体验

谈谈你在本次活动中的感悟与收获。

活动点评

该实训项目通过实战演练，旨在让学生了解自身创业资源，建立自我创业资源库，利用所学知识有效整合、管理和评估自己的创业资源。

每组学生利用提供的盘点表，结合自身情况，描述出自身的内、外部创业资源，实现一个组内成员之间的相互评价。各组组长对于大家集思广益的结果进行汇总，形成小组创业资源库，各组展开分享，完成组与组评价。教师结合学生们实训项目的分享及完成情况，进行教师评价。

第八单元 创业计划书的撰写

创业计划书是将有关创业的诸多想法，借由白纸黑字最后落实的载体。当你选定了创业目标并确定了创业的动机之后，在资金、人脉、市场等各方面的条件都已经准备妥当或已经累积了相当实力时，就必须提出一份完整的创业计划书。创业计划书是整个创业过程的灵魂。创业计划的制订会帮助创业者和潜在投资者描绘一幅完整的企业蓝图，使投资者能够对新的风险企业有所了解，同时也能够帮助创业者深化对企业的经营和思考，做到有的放矢。

一、创业计划书的概念与意义

（一）创业计划书的概念

创业计划又称商业计划，是对于构建一个企业的基本思想及企业创建有关的各种事项（包括企业产品/服务、市场定位、营销策略、组织管理、财务计划、风险把控等）进行总体安排的书面文件。

创业计划书是描述创办一个新企业时所有相关的外部要素及内部要素的书面材料，是创办企业的目的、方向及各项职能的计划。包括商业前景展望，人员、资金、物质等各种资源的整合，以及经营的思想、战略确定等，是为创业项目制订的一份完整、具体、深入的行动方案。

创业计划的基本目标在于：分析商机，说明创业者的基本思想和期望目标；描述创业者抓住机会的战略；分析说明影响创业成败的关键因素；分析并确定筹措创业资金的办法。

（二）制定创业计划书的意义

1. 帮助创业者理清思路，准确定位

著名投资家尤金·克雷那（Eugene Kleiner）说："如果你想踏踏实实地做一份工作的话，写一份创业计划，它能迫使你进行系统的思考。有些创意可能听起来很棒，但是当你把所有细节和数据写下来的时候，它自己就崩溃了。"可能许多创业者在刚开始投入一项事业中去的时候凭借的仅仅是一腔热情，然而当真正着手去做一些事情的时候，才会发现需要考虑的地方何止是一两处。也许一些创业者只是在自己的脑海里形成了一幅蓝图，但是如果未雨绸缪，就需要制定一份创业计划书，这样更不容易偏离自己预定的方向。

在创业融资之前，创业计划书应该首先是给创业者自己看的。办企业不是"过家家"，

创业者应该以认真的态度对自己所有的资源、已知的市场情况和初步的竞争策略做尽可能详尽的分析，并提出一个初步的行动计划，通过创业计划书使自己心中有数。

另外，创业计划书还是创业资金准备和风险分析的必要手段。对初创的风险企业来说，创业计划书的作用尤为重要。一个酝酿中的项目往往很模糊，通过制定创业计划书，把正反理由都书写下来，然后再逐步推敲，创业者就能对这一项目有更加清晰的认识。可以这样说，创业计划书首先是把计划中要创立的企业推销给创业者自己。

2. 帮助创业者获得创业融资

国外的一位著名风险投资家曾经说过："风险企业邀人投资或加盟，就像向离过婚的女士求婚一样，而不是像和女孩子初恋。双方各有打算，仅靠空口许诺是无济于事的。"对于正在寻求资金的创业者来说，创业计划书的好坏往往决定了融资的成败。

除了使创业者更加了解自己要做的事情外，创业计划书是要给别人看的，尤其是要给那些能向创业者提供资金帮助的人审阅。所以，创业计划书的另外一个重要作用就是帮助创业者把计划中的企业推销给风险投资家。因此，创业计划书还要说明创办企业的目的、创办企业所需资金、为什么投资人值得为此注入资金等一些问题。

此外，对于已建立的创业企业来说，创业计划书还可以为企业的发展定下比较具体的方向和重点，从而使员工了解企业的经营目标，并激励他们为共同的目标而努力。更重要的是，它可以使企业的出资者以及供应商、销售商等了解企业的经营状况和经营目标，说服出资者（原有的或新来的）为企业进一步发展提供资金。

> **知识链接**
>
> ### 商业计划书的重要性
>
> 有关统计表明：在经过常规程序的评估后，100个商业创意中只有3%左右被认为有商业投资价值，条件合适时可能付诸商业投资行为；而这3%的商业投资项目，企业在创办后头三年内有80%多会失败、倒闭、破产或因经营不善而转手。历史的统计数据告诉我们任何商业创意在付诸实践之前都应经过严格的评审程序，制作商业计划书就是完成这一评审过程。
>
> 商业计划书是创业融资的"敲门砖"。作为企业进行融资的必备文件，其作用就如同预上市公司的招股说明书，是一份对项目进行陈述和剖析，便于投资商对投资对象进行全面了解和初步考察的文本文件。近年来，融资的程序日益规范，作为投资公司进行项目审批的正式文件之一，制定商业计划书已经成为越来越多企业的"必修课程"。作为一份标准性的文件，商业计划书有着大同小异的架构。但是，有的商业计划书却能迅速抓住投资人目光，而有的计划书却只能以进入"回收站"作为使命的终结。

二、创业计划书的基本格式

创业计划书通常包括封面、保密要求、目录、摘要、正文（综述）、附录几部分。

（一）封面（标题页）

标题页可以放一张企业的项目或产品彩图，但要留出足够的版面排列以下内容：创业计划书编号、公司名称、项目名称、项目单位、地址、电话、传真、电子邮件、联系人、公司主页、日期等。

（二）保密要求

保密要求可放在标题页，也可放在次页，主要是要求投资方项目经理妥善保管创业计划书，未经融资企业同意，不得向第三方公开创业计划书涉及的商业秘密。

（三）目录

目录标明各部分内容及页码，要注意确认目录、页码同内容的一致性。

（四）摘要

摘要是对整个创业计划书的概括，目的在于用最简练的语言将计划书的核心、要点、特色展现出来，吸引阅读者仔细读完全部文本，因而一定要简练，一般要求在两页纸内完成。摘要十分重要，它是出资者首先要看的内容，因而必须能让读者有兴趣并渴望得到更多的信息，这将给读者留下长久的印象。

摘要应从正文中摘录出投资者最关心的问题，包括对公司内部的基本情况、公司的能力和局限性、公司的竞争对手、营销和财务战略、公司的管理队伍等情况的简明而生动的概括。如果公司是一本书，摘要就像这本书的封面，做得好才能把投资者吸引住。

（五）正文

正文是创业计划书的主体部分，要分别从公司基本情况、经营管理团队、产品/服务、技术研究与开发、行业及市场预测、营销策略、产品制造、经营管理、融资计划、财务预测、风险控制等方面对投资者关心的问题进行介绍，要求既有丰富的数据资料，使人信服，又要突出重点，实事求是。

（六）附录

附录是对正文中涉及的相关数据、资料的补充，作为备查。

三、创业计划书的框架

创业计划书一般包括：项目企业摘要、业务描述、产品与服务、市场营销、创业团队、财务预测、资本结构、投资者退出方式、风险分析和其他说明十个方面。

（一）项目企业摘要

创业计划书中"项目企业摘要"部分，是创业计划书的精华浓缩、核心所在，是对风险投资的一个简要概述。主要包括以下几个方面内容：

（1）创业项目概念与概貌。

（2）市场机遇与市场谋略。

（3）目标市场及发展前景。

（4）创业项目的竞争优势。

（5）创业项目营收与盈利。

（6）创业项目的核心团队。

（7）创业项目股权与融资。

（8）其他需要着重说明的情况或数据（可以与下文重复，本概要将作为项目摘要由投资人浏览）。

（二）业务描述

创业计划书中"业务描述"部分是针对企业宗旨和目标、发展规划和策略等方面作出的简要介绍，并对商业机会及所处行业加以客观分析。主要包括以下几方面内容：

（1）企业的宗旨（200字左右为宜，说明"我们是做什么的"）。

（2）商机分析（通过实例与数字论证）。

（3）行业分析（说明"我们可能达到什么，又不可能达到什么"）。

①该行业发展程度如何？

②现在发展动态如何？

③该行业的总销售额有多少？总收入是多少？发展趋势怎样？

④经济发展对该行业的影响程度如何？

⑤政府是如何影响该行业的？

⑥是什么因素决定它的发展？

⑦主要业务与阶段战略是什么？

（三）产品与服务

创业计划书中"产品与服务"部分旨在传达产品与服务的用途、特色、竞争优势等内容，具体可围绕以下几方面展开：

（1）产品与服务概况。

①产品技术概况介绍。

②产品技术优势分析（国外研究情况、国内研究情况）。

③产品的名称、特征及性能用途（介绍企业的产品或服务及对客户的价值）。

④产品的开发过程（同样的产品是否尚未在市场上出现及原因所在）。

⑤产品处于生命周期的哪个阶段。

⑥产品的市场前景和竞争力如何。

⑦产品的技术改进和更新换代计划及成本，以及利润的来源及持续盈利的商业模式。

（2）生产经营计划。

① 新产品的生产经营计划（生产产品的原料如何采购、供应商的有关情况，劳动力和雇员的情况，生产资金的安排以及厂房、土地等）。

② 公司的生产技术能力。

③ 品质控制和质量改进能力。

④ 将要购置的生产设备。

⑤ 生产工艺流程。

⑥ 生产产品的经济分析及生产过程。

（四）市场营销

创业计划书中"市场营销"部分主要介绍企业的目标市场、营销战略、竞争环境、竞争优势与不足包括对产品的销售金额、增长率的预期和产品或服务所拥有的核心技术、拟投资的核心产品的总需求等。

（1）目标市场。

① 你的细分市场是什么？

② 你的目标顾客群是什么？

③ 你拥有多大的市场？你的目标市场份额为多大？

（2）竞争分析。

① 你的主要竞争对手是谁？

② 你的竞争对手所占的市场份额和市场策略？

③ 可能出现什么样的新发展？

④ 你的策略是什么？

⑤ 在竞争中，你的发展市场和地理位置的优势所在？

⑥ 你能否承受竞争所带来的压力？

⑦ 产品的价格、性能、质量在市场竞争中所具备的优势？

（3）营销策略。

① 营销机构和营销队伍。

② 营销渠道的选择和营销网络的建设。

③ 广告策略和促销策略。

④ 价格策略。

⑤ 市场渗透与开拓计划。

⑥ 市场营销中意外情况的应急对策。

（五）创业团队

创业计划中"创业团队"部分也是投资者重点关注的内容。"人是最宝贵的资源"，创业者和创业团队素质的高低、组织构架的合理性，以及规章制度健全与否是决定创业能否成功的重要保证。可围绕以下几方面进行介绍：

（1）全面介绍公司管理团队情况。

① 公司的管理机构（主要股东、董事、关键的雇员、薪金、股票期权、劳工协议、奖惩制度及各部门的构成等情况都要以明晰的形式展示出来）。

② 公司管理团队的战斗力和独特性及与众不同的凝聚力和团结战斗精神。

（2）列出企业的关键人物（含创建者、董事、经理和主要雇员等）。可采用表8-1的形式呈现。

表8-1　关键人物简历

姓名	
角色	
专业职称	
任务	
专长	

主要经历			
时间	单位	职务	业绩

所受教育			
时间	学校	专业	学历

（3）说明企业共有多少全职员工（填数字）。

（4）说明企业共有多少兼职员工（填数字）。

（5）说明尚未有合适人选的关键职位。

（6）说明管理团队优势与不足之处。

（7）说明人才战略与激励制度。

（8）说明外部支持（公司聘请的法律顾问、投资顾问、投发顾问、会计师事务所等中介机构名称及个人姓名）。

（六）财务预测

创业计划书中"财务预测"部分是一个创业计划能否得到投资方认可的关键，一般包括以下几方面内容：

（1）财务分析。

① 过去三年的历史数据，今后三年的发展预测。主要提供过去三年现金流量表、资产负债表、损益表及年度的财务总结报告书。

② 投资计划。主要提供预计的风险投资数额，风险企业未来的筹资资本结构如何安排，获取风险投资的抵押、担保条件，投资收益和再投资的安排，风险投资者投资后双方股权的比例安排，投资资金的收支安排及财务报告编制，投资者介入公司经营管理的程度。

③ 融资需求。一是提供创业所需要的资金额，团队出资情况，资金需求计划，为实现公司发展计划所需要的资金额，资金需求的时间性，资金用途（详细说明资金用途，并列表说明）；二是提供融资方案，即公司所希望的投资人及所占股份的说明，资金其他来源，如银行贷款等。

（2）完成研发所需投入。

（3）达到盈亏平衡所需投入。

（4）达到盈亏平衡的时间（填写项目实施的计划进度及相应的资金配置、进度表等）。

（5）投资与收益（填写表8-2）。

表 8-2　投资收益表　　　　　　　　　　　　　　　　单位：万元

项目	第一年	第二年	第三年	第四年	第五年
年收入					
销售成本					
运营成本					
净收入					
实际投资					
资本支出					
年终现金余额					

（6）本期风险投资的数额、退出策略、预计回报数额和时间表。

（七）资本结构

创业计划书中"资本结构"部分主要介绍目前企业的资本状况及融资前后的资本结构等内容。

（1）说明企业目前的资本状况。

① 迄今为止，有多少资金投入企业？

② 企业目前正在筹集多少资金？

③ 假如筹集成功，企业可持续经营多久？

④ 下一轮投资企业打算筹集多少？

⑤ 企业可以向投资人提供的权益有哪些？如股权、可转换债、普通债权等。

（2）填写目前企业资本结构表（表8-3）。

表8-3　目前资本结构表

股东成分	已投入资金	股权比例

（3）填写本期资金到位后的资本结构表（表8-4）。

表8-4　本期资金到位后资本结构表

股东成分	投入资金	股权比例

（4）说明你们希望寻求什么样的投资者，包括投资者对行业的了解程度，资金、管理上的支持力度等内容。

（八）投资者退出方式

任何新创企业发展到一定阶段，都存在投资者退出问题。创业计划书中"投资者退出方式"部分需要描述投资者退出的方式及策略，即他们如何收获资助新创企业所带来的利益。这部分可以围绕以下几方面进行描述：

（1）股票上市。依照本创业计划的分析，对公司上市的可能性作出分析，对上市的前提条件作出说明。

（2）股权转让。投资者可以通过股权转让的方式收回投资。

（3）股权回购。依照本创业计划的分析，公司对实施股权回购计划应向投资者说明。

（4）利润分红。投资商可以通过公司利润分红达到收回投资的目的，按照本创业计划的分析，公司对实施股权利润分红计划应向投资者说明。

（九）风险分析

风险分析是创业计划书的必要构成部分，因为任何投资都存在风险，作为投资者应尽可能地明晰可能面临的风险所在，以及企业应对风险的能力和策略。

企业面临的风险及对策。详细说明项目实施过程中可能遇到的风险，提出有效的风险控制和防范手段，包括技术风险、市场风险、管理风险、财务风险及其他不可预见的风险。

（十）其他说明

（1）您认为企业成功的关键因素是什么？

（2）说明为什么投资人应该投资贵企业而不是别的企业？

（3）关于项目承担团队的主要负责人或公司总经理详细的个人简历及证明人。

（4）媒介关于产品的报道；公司产品的样品、图片及说明；有关公司及产品的其他资料。

（5）创业计划书内容真实性承诺。

四、如何提高创业计划书的编写质量

（一）创业计划书的撰写原则

1. 开门见山，突出主题

撰写创业计划书的目的是获取资源，创业者应该避免与主题无关的内容，要开门见山直入主题，展示市场调查和市场容量，不要浪费时间和精力来写一些与主题无关、对读者来说毫无意义的内容。此外，编制创业计划书还要考虑阅读对象的因素，了解顾客的需要并引导顾客。目标读者不同，对创业计划书的要求和兴趣不一样，创业计划书的内容和侧重点也不同。

2. 简明扼要，通俗易懂

创业者必须认识到，创业计划书应该清楚、简洁。创业计划书不是文学作品，也不是学生论文。飞扬的文采、深奥的专业术语不仅不能打动目标读者，反而不利于他们阅读和理解计划书。因此，创业计划书的语言应简单明了，尽量避免专业术语，只要能够表达清楚自己的观点即可，不要过分渲染。

3. 结构完整，内容规范

创业计划书是一种正式的规范文件，在结构和内容上都有要求。创业者在撰写创业计划书时，最好有一份优秀的创业计划书作为模板进行参考。一方面，创业计划书在结构上必须完整，各个部分都应该论述到；另一方面，在内容的表述上要做到规范化、科学化，财务分析最好采用图表描述，形象直观。此外，创业计划书还应该注意格式和排版，避免拼写错误。

4. 观点客观，预测合理

创业计划书中的所有内容都应该实事求是，力求通过科学的分析和实地调查来表达观点和看法，尤其是市场分析、财务分析等部分不应夸大吹嘘。对于市场占有率、销售收入、利润率等指标的预测要科学、合理，数字尽量准确，最好不要做粗略估计。

5. 展现优势，注意保密

为了获得读者的支持，创业计划书还应该尽量展现自身优势，解释为什么你最合适做这件事，如先进的技术、良好的商业模式、高素质的创业团队等。但是，创业者还要注意保护自己，在头脑中要有一个投资退出策略，同时对于一些技术和商业机密进行保护是合理且必要的。在实际操作中，通常会在创业计划书中加一条保密条款来保护自己的利益。

（二）创业计划书的撰写步骤

1. 明确创业计划书的形式

不同的阅读者对创业计划书有不同的兴趣和侧重。因此，创业者撰写创业计划书的第一步就是确定读者是谁，了解他们想要的是什么，哪些问题必须有针对性地呈现给他们，进而明确创业计划书的形式。

2. 确定创业计划书大纲

在对创业计划书的形式明确之后，接下来创业者就需要制定创业计划书的大纲。大纲应该确定创业计划的目标和战略，制定创业计划书的编写计划，确定创业计划书的总体框架和主要内容。

3. 收集创业计划书所需要的信息

根据创业计划书大纲，创业者需要收集撰写计划书要使用而目前尚不清楚的信息。创业计划书的内容涉及面很广，因此收集的信息也非常多。具体来说，创业者需要收集行业信息、生产与技术信息、市场信息、财务信息等。信息的收集是一个十分重要的过程，其质量直接关系到创业计划书的质量。创业者可以通过现有资料的检索、实地调查、互联网查找等方式来收集信息。

4. 起草创业计划书

收集到足够的信息后，创业者就应该草拟创业计划书了。这一部分的主要工作是全面地撰写创业计划书的各个部分：执行总结，产业背景和项目概述，市场调查和分析，项目战略，总体进度安排，关键的风险、问题和假定，管理团队，资金管理，财务预测，假定项目能够提供的利益十个方面。通过这一步骤，可以形成比较完整的创业计划书初稿。

5. 修改并完善创业计划书

创业计划书的初稿完成以后，创业者必须从目标读者的角度来检查创业计划书的客观性、实践性、条理性和创新性，看其是否能打动目标读者。这一阶段，创业者应该根据客观实际情况，充分征求各方意见，对创业计划书进行补充、修改和完善，力求最终定稿的创业计划书能够打动读者，支持创业项目。

（三）创业计划书中常见的错误

创业者撰写创业计划书常见的错误如表8-5所示。

表8-5　创业计划书中常见错误

序号	常见错误
1	过分乐观，低估竞争，高估市场与回报
2	不陈述预测报表的建立依据，拿出一些与产业标准相去甚远的数据
3	混淆了利润和现金流
4	不陈述最好、最坏和最可能发生的状况
5	不陈述产品或服务对客户带来的影响（如提高客户收益、降低客户成本、减少客户的流动资本和成本支出），未能加以量化
6	仅分析整体市场，忽略了细分，忽视竞争威胁
7	不讨论战略伙伴
8	不理解市场进入壁垒和夺取客户所需要的成本
9	对产品和服务、渠道选择、销售人员和销售模式的定位不清晰
10	不讨论运营资本，不分析产能，可能进入一个拥挤的市场

📢 案例分享

把家乡特色文化推向全世界

"我的家乡，大山与村落、古茶与房舍、森林与人相依相映，古茶园里茶树与原始森林交错丛生。"在张扎发的描述下，记者仿佛看到了那宁静古朴的美好画面。这位来自云南普洱市澜沧拉祜族自治县的"95后"小伙，大学时就立志要让更多人知道自己家乡，让拉祜族特色文化走向世界。

出发：走上创业之路

1995年，张扎发出生在云南普洱市澜沧拉祜族自治县，一个盛产茶叶的地方。8岁那年，他的父母因车祸去世，亲戚都没有接济能力，便把他送到当地福利儿童院生活学习。受生活环境的影响，他便比一般年纪大小的孩子懂事独立。读高中时，看见家乡茶园多，他便和同学一起在县城里走街串巷向游客们兜售普洱茶饼，给自己挣生活费。虽然这样兜售茶饼利润比较小，但是这个经历却在张扎发的心里种下了创业的种子。

2015年，张扎发受益于国家孤残儿童高等助学工程，在爱心人士的帮助下，他奋发图强，以优异的成绩考上了长沙民政职业技术学院，就读于婚庆服务与管理专业。原计划成为一名婚礼主持策划的他，却在一次与室友们茶叙中改变了人生规划。

进入大学后，张扎发参加了学院就业与创业社团，对创业产生了浓厚的兴趣。有一次，他将自己从家乡带来的普洱茶饼冲泡后请室友们品尝时，室友们纷纷赞赏道："这个茶入口回甘，有股淡淡的清香，和我们平常喝的有所不同，口感更好。"室友们的肯定，让他隐约感到，自己可以为家乡做些什么。

张扎发的家乡是普洱茶的产地之一，但是由于地方偏远，交通不便，很多特色产品不被外界所知。一次放假，回到家乡的他看到茶农们纷纷为茶叶销路发愁，他便想："能不能利用自己的力量，让更多人知道自己家乡的茶叶。"

回到学校后，他开始筹划创建茶叶经营工作室。可是，创业资金从哪里来呢？学校得知此事后，帮他申请了2万元特殊关爱学生创业奖学金。在学校的帮助下，张扎发成立了"景迈茶叶经营工作室"，办理了个体工商户营业执照，同时入驻校创新创业孵化基地。"学校创新创业孵化基地给我提供了非常大的支持，不仅为我们提供免费的办公场地，还给予资金上的支持。"张扎发说。

短短一年内，他的工作室收入达1万多元，但利润却被他拿去做了公益事业，资助身边需要帮助的贫困同学，去养老院慰问老人，去福利院看望孤儿……"我就是被爱心包围长大的，现在我有一点能力了，要用爱心去回报这个社会。"张扎发说。

曲折：梅花香自苦寒来

在学校的创新创业孵化基地，张扎发结识了几名同样有创业想法的同学——传播与策划专业的杜佩负责微信平台的推广，软件开发专业的陈帅则负责公司网站的开发。2017年，他们创业团队共同创办成立了长沙拉祜野阔茶叶有限公司。

创业初期，因为没有客户源，只能靠张扎发自己一个一个去跑。在推销茶叶的那段日子，他吃尽了苦头。"客户看我是小孩，即使交易成功，很多也一直拖着不给钱。"张扎发告诉记者，自己记忆最深刻的是第一次在客户面前哭，"有个客户一直拖欠款项，还很凶，我不敢跟他说话只能跟着他，跟了好几天，后来实在觉得委屈就哭了起来。他可能看到一个男孩子都哭了，最终还是把钱给我了。"

"普洱茶这个行业竞争非常激烈，刚开始，老师会帮我推荐给朋友，我自己也会去湖南高桥茶叶城与茶商沟通。"可张扎发在湖南高桥茶叶城与茶商沟通，却在开始时屡屡碰壁。"谈100家，能有几家同意代售就不错了。"他课余的绝大部分时间都在和商户谈合作，一天跑遍长沙东南西北也是常事，日常的营销管理更是常常要忙到深夜。

起初的两三个月，因为产品是采用零散、无包装销售，卖得并不顺利。"一般零售商都有固定的供货源，他们看到我这个产品什么包装都没有，没有什么卖点，也没有知名度，都不愿意销售我的产品。"张扎发说。

为了提高品牌知名度，张扎发带领团队人员参加各类大赛。2017年，他们参加"建行杯"互联网＋创新创业大赛和湖南黄炎培职业教育奖创业规划大赛。"为了准备这两场比赛，团队几个小伙伴经常熬到凌晨一两点甚至三四点。"

付出终会有回报，比赛当天，当他们路演完后，现场响起了阵阵掌声，"这大概就是观众给我们最好的反馈了吧！"张扎发动情地说。最终，他们参赛的项目分别获得了一等奖和二等奖的好成绩。2018年，他们带着"会说话的'拉祜野阔'"项目，参加"建行杯"第四届湖南省"互联网＋"大学生创新创业大赛，获"青年红色筑梦之旅"组一等奖。

梦想：让家乡文化走向世界

"我们澜沧拉祜族自治县不仅有古树普洱茶，还有着独特的民族风情和丰富的民族文化资源，我想把家乡文化带出大山，推向全世界。"张扎发在一次创业活动的活动报名表中写下了自己的梦想。

公司名中的"拉祜野阔"源于拉祜族语言，意为拉祜深山，公司提倡简约、自然、拉祜族原生态式的生活美学，开发融汇当地最纯粹、质朴、神秘民族文化的产品，打造源自拉祜族文化的民族品牌。公司采取"农户＋合作社＋公司"的形式，由农户采摘，合作社加工，公司监制品牌化销售。张扎发的拉祜野阔茶叶公司成立不到半年，实际销售额达73万元，为家乡47户农户带来23万余元的增收。

目前，张扎发的"拉祜野阔"体验馆已经入驻长沙市梅溪湖街道阳明山庄社区。体验馆的开设为其产品提供体验和销售场所，同时也可以让消费者体验云南澜沧八种世居少数民族的茶文化、养生文化等。据悉，该体验馆还解决了三名社区就业困难人员的就业。

下一步，张扎发和他的创业团队，还将引进拉祜族特色工艺品，线上线下同时销售。"马上，我们就会开通'普澜汇'线上民族购物商城。"他介绍道，云南正在推广"绿三角旅游圈"，"绿三角"是指澜沧拉祜族自治县、西盟佤族自治县、孟连傣族拉祜族佤族自治县三个县。这个线上商城可以为这三个县的农户提供一个线上销售平台，解决他们的民族特色工艺品销售难问题。

2018年中秋前夕，张扎发的普洱茶还推出了"峥嵘岁月"定制新品，"除了越陈越香，寓意很好，也是晚辈送给长辈的佳礼。"张扎发就是用自己独到的创意将家乡文化传播开来。

从张扎发的创业故事不难看出，合理的创业计划是创业成功的重要前提和保障。

📺 实训案例

创业者如何"拨云见日"？

张华毕业于国内某"双高"高职校。他在工作之余经过多年的研究，在室内环境污染治理方面取得了一项重要的突破，这项成果如果得到实际应用，前景非常广阔。于是张华辞去原来的工作，准备自己创业。但由于多年的积蓄都用在了室内环境污染治理的研究上，在七拼八凑地注册了一家公司后，已经无力再招聘员工、购置试验材料了。无奈之下，张华想到了风险投资，希望通过引入合作伙伴的方式解决困境。为此，他多次与一些风投机构或者个人接洽商谈。虽然张华反复强调他的技术多么先进，应用前景多好，并拍着胸脯保证他的公司回报绝对低不了，但总是难以令对方相信。而且他对别人问到的多项数据也没有办法提供，如市场需求量具体多少？一年可以有多大的销售量？第三年的回报率有多高？

这时，曾经在张华注册公司时帮助过他的一位做管理咨询的朋友一句话点醒了他："你的那些技术有几个投资者搞得懂？你连一份像样的创业计划书都没有，怎么让别人相信你？投资者凭什么相信你？"于是，在向相关专家请教咨询后，张华又查阅了大量的资料，然后静下心来，从公司的经营宗旨、战略目标出发，对公司的技术、产品、市场销售、资金需求、财务指标、投资收益、投资者的退出等方面进行了分析和论证。当然这个过程中，他还得不时搞一些市场方面的调查。

一个月后他拿出了一份创业计划书初稿，经过几位相关专家的指点，又再次进行了修改和完善。凭着这份创业计划书，张华不久就与一家风险投资公司签订了投资协议。有了风险投资的支持，员工招聘问题也迎刃而解。

现在，张华的公司经营得红红火火，年销售利润已达到500万元。回想往事，张华感慨地说："创业计划书的编制与我做的环境污染治理材料要求差不多，绝不是随便写一篇文章的事。编制计划书的过程就是我不断理清自己思路的过程。只有自己思路清楚了，才有可能让投资人、员工相信你。"

◎**互动交流**

请回答以下问题：

（1）为什么张华开始时拍着胸脯的保证无法令投资者相信？

（2）创业计划书对张华的创业成功起到了什么作用？

◎**深思勤练**

针对拟创业的公司及选定的项目，撰写一份创业计划书。

五、如何提高创业计划路演的效果

路演（Roadshow）又叫路演推介，是指在公共场所对自己的企业、产品、团队、经营理念等进行演说、展示和推介。

创业计划路演是指创业代表在讲台上向投资方讲解项目属性、发展计划和融资计划等，一般分为线上路演和线下路演。路演可以让投资者在相对安静的环境里，在创业者声情并茂的展示下读懂创业项目，从而作出更为准确的判断。特别是针对一些技术性较强的项目，更能减轻投资者对项目看不懂和不理解的弊端。企业可以通过自己的精辟讲解以及与投资者之间的互动交流，快速对接项目，减少融资的障碍。创业计划路演能否成功，以下五个方面起到关键作用。

（一）找准平台，事半功倍

创业者应当结合项目发展的不同阶段，有针对性地选择合适的路演平台。时至今日，尚无成型的产品或打样的市场、基本业务数据匮乏、没有清晰的盈利模式，这样的项目完全会被投资者拒之门外。此外，如果在某些平台上遇到了对项目感兴趣的投资者，切记不要再到其他类似的平台上频繁露面，否则极易被贴上"不专注业主"的标签。

（二）筹备材料，理清思路

路演资料一般包括路演PPT，以及创业计划书的纸质版（内附名片）和PDF版。撰写高质量创业计划书的要领在前文已经提到，此处不再赘述。二维码资源"项目路演PPT设计技巧"则可以帮助你理清思路，设计、制作出优质的演示文稿。

微学堂：
项目路演PPT
设计技巧

（三）有备无患，加强演练

要对投资者事先做足功课，初创企业的创业者经常犯的一个错误就是缺乏前期的调查研究。作为公司创始人，去了解一个投资者所属的风投基金曾经投过什么样的产品是必做的动作。如果路演经验匮乏，则要加强演练，以提高路演的流畅性、技巧性和节奏感。此外，可以请专业的财务顾问、投资人或孵化器人士对创业项目介绍的内容加以指导，为内容框架和信息重点把关。

（四）亲自挂帅，展示风采

创业项目主讲人最好是企业创始人或联合创始人，在某种程度上，投资就是"投人"，投资者真正希望看到的是以企业创始人为核心的运营团队的真实表现。

（五）巧化异议，转危为机

"嫌货才是买货人"，不要将投资者的质问视为挑战，产生焦虑、紧张甚至抵触情绪，投资者发问或质疑恰恰说明其对这一部分内容不是很了解，但很想了解，侧面表明他对这个创业项目是感兴趣的。项目主讲人应该充分利用此时的信息不对称和误解，通过释疑解惑，拉近与投资人的距离，促进双方的深度了解和进一步合作。千万记住，对任何问题的回答都应该以理智作为前提，盲目自信与答非所问都是不可取的。此外，一定要在与投资者交谈的过程当中，谈到未来的发展问题，这是每位投资者都极其关注的。

 活动亲历

单 腿 站 立

活动人数

以班级为单位开展活动，人数控制在50人以下为宜。

活动场地及用具

教室、工作坊等地，无需任何用具。

活动组织

通过开展"单腿站立"游戏引发学生对计划的重要性的深刻理解。在活动中，学生身体不要触碰任何可以倚靠的物体，当抬起的脚碰到地面时个人的游戏结束。

活动步骤

（1）全班同学起立，闭上双眼，教师发完口令后，抬起任意一条腿。

（2）教师开始一分钟倒计时，统计一分钟后依然保持单腿站立的学生人数。

（3）全班同学睁开双眼，再次完成该活动并统计坚持到最后的学生人数。

活动交流与讨论

（1）自我评价在活动的表现。

（2）针对两次活动的结果你有何看法？

活动体验

谈谈你在本次活动中的感悟与收获。

活动点评

活动结果显示，睁眼时坚持到最后的学生人数远比闭眼时的人数多。这说明：当目标明确时，人们的注意力更专一，更能坚持；当将目标分阶段实施时，人们取得成功的可能性更大；当身边有好的榜样或标杆时，人们更容易坚持到底。

因此，要想取得人生事业的成功，需要同学们：早定目标，并将其分解；同时寻找有效的参照对象；最后就是要努力专注于自己的目标。

第九单元　新企业创办

企业一般是指以营利为目的，依法创立，运用各种生产要素（土地、劳动力、资本、技术和企业家才能等），向市场提供商品或服务，实行自主经营、自负盈亏、独立核算的法人或其他社会经济组织。

"凡事预则立，不预则废"。对于创业者而言，在创办新企业之前，了解并掌握有关基本知识、各项流程等是第一课。这对于进入实质性推进阶段意义重大。

一、新创企业的融资

融资作为决定初创企业成败的关键因素之一，"要不要融资？""从哪里融资？""如何融资？"是每一个新创企业都必须面对的课题。

（一）融资的概念

融资是一个企业的资金筹集的行为与过程。也就是公司根据自身的生产经营状况、资金拥有状况，以及公司未来经营发展的需要，通过科学的预测和决策，采用一定的方式，从一定的渠道向公司的投资者和债权人去筹集资金，组织资金的供应，以保证公司正常生产需要、经营管理活动需要的理财行为。

（二）新创企业融资的重要性

除家族型新创企业和财团投资型新创企业外，大多数新创企业在技术性因素基础上，最难、最急、最苦的就是融资问题。没有初创资金的支持，产品开发、市场开拓、企业开办等都无从谈起，更谈不上企业发展的蓝图。因此，资金是新创企业经济活动的第一推动力、持续推动力。

（三）新创企业融资类型

（1）按照资金权益的不同，分为自有资金和借入资金。

（2）按照资金产生的办法不同，分为内部融资和外部融资。

（3）按照金融机构介入的方式不同，分为直接融资和间接融资。

（四）新创企业融资的渠道及优劣分析

1. 债务性融资

债务性融资包括银行贷款、民间借贷、发行债券等形式。债务性融资有资金成本较低、保留企业所有权、资金到位的速度较快等有利方面。但是也

微学堂：
新创企业的
融资途径

存在财务风险较高、借款限制条款较多、筹资数额受社会环境因素的控制等不利方面。

2. 股权性融资

股权性融资包括私募融资、上市融资（中小板、逆向收购、境外上市），一般是新创企业发展到成熟时才采用的融资方式。股权性融资有无固定的还本付息期限、可以提高企业的市场声誉、资金运转灵活等有利方面。也有资金成本管理较高、使企业的控股权分散等不利方面。

3. 内源性融资

主要是自有和内部产生的资金，如资产管理融资、留存收益融资等。该方式资金调度自由，在使用的过程中没有还款付息方面的压力，不会破坏和稀释企业的控股权。但有资金来源渠道有限、企业发展资金不足等不利方面。

（五）大学生新创企业的融资方式

近年来，随着大学生创新创业教育的大力开展，大学生的科技开发能力和自主创业能力逐步增强，通过国家有关部门的引导和高校的自我努力，社会投资主体将投资目光聚焦高校大学生创新型创业群体，为大学生的创业提供了广阔的渠道。但大学生新创企业也不能"任人唯亲"，要根据自身的科技水平、产品的市场前景和社会的开拓能力自主选择合适的融资方式。下面介绍常用的几种融资方式：

（1）以小博大。这是用很少的钱贷到更多的钱的一种筹资方法。

 案例分享

巧破"无米之炊"

陈想想创办一家蜂蜜加工厂，但30万元的投资对他来说是个难题。出身贫寒的他有一股子韧劲加巧劲。他先向亲朋借了1万元搞蜂箱养殖，通过蜂蜜销售赚到了3万元，以3万元资产抵押从银行贷到6万元，再将这笔款到另外一家银行作抵押贷到了12万元。用这种"滚雪球"的方式，陈想凑够了资金，办起了蜂蜜口服液加工厂，最终成功地创办了自己的企业。

（2）暗度陈仓。这是指用最初贴近实际的创业行动的积累去圆自己更大的创业梦想。

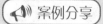 案例分享

曲线成功的智慧

"超级课堂"的联合创始人杨明平毕业于中欧国际工商学院，在线教育是其最初

的创业梦想。但在线教育涉及的经费和技术他还无法达到，他先从开餐馆做起，上大三的他接手了学校边上的一家川菜馆，最后发展到拥有400多平方米、一年200多万元营业额规模的火锅店。通过开餐馆的积累，他成功地进入在线教育领域，创建"超级课堂"教学平台。

（3）最佳拍档。这是指联合其他创业者合作创办企业，最适合创业资金需求少、技术成分高的新创企业。

📢 案例分享

优质合伙人

蒋磊是"铁血军事网"的创始人，其很看好网络综合服务平台的发展，为此他和另一个创始人欧阳凑了十多万元，于2004年注册了北京铁血科技股份公司。这家以兄弟情谊和信任为基础的公司经过十多年的努力，目前成为拥有员工400余人，能够提供社区、电子商务、在线阅读、游戏等产品的综合平台。

（4）天使投资。这是指富有的个人直接对有发展前途的新创企业（特别是小企业）进行早期直接权益性资本投资的一种民间投资方式，投资人可在体验创业乐趣的同时获得投资增值。

📢 案例分享

借"天使的翅膀"来创业

"兼职猫"是一款于2013年开始红遍广州大学城的手机App，可供大学生在上面搜寻各种安全可靠的兼职信息。随着多元化服务的不断推出，截至2021年，"兼职猫"用户已经超过3 300万，发布超过147万家企业的招聘信息，成为灵活就业领域市场占有率第一的平台。虽然创办者王锐旭当时还是名大四的学生，但"兼职猫"刚起步就已经和广州地区10个兼职网站达成合作，共享流量。而"兼职猫"在2014年4月获得的百万元天使投资，更是大大推动了其持续发展。

（5）风险投资。这一般是指对以高新技术为基础，生产经营技术密集型产品的企业的投资，科技创新型的新创企业比较适合本类投资。风险投资看重的是企业的技术前景和市场潜力，对顺应市场需求的科技含量高的企业有投资的倾向。

新能源汽车因何"疯狂"

近年来，我国新能源汽车行业取得了突飞猛进的发展，这与国家的"双碳"政策支持密不可分。

要实现"双碳"目标的方式主要是"一加一减"："加"方面，是以光伏、风电为代表的新能源发电端和以电动车为代表的用电端来增加无二氧化碳排放的清洁环节；"减"方面，即减少化工、钢铁、火电等领域的二氧化碳排放。随着推进"双碳"的步伐不断加快，未来新能源汽车极有可能取代传统汽车，因此，这个行业拥有巨大的市场空间，同时也备受资本市场青睐。

（6）政府扶持。这是国家各级政府对大学生自主创业的资金支持，一般通过相关的部门（劳动人事、团组织等）开通支持渠道给予大学生创业者帮扶。

各级政府为大学生创业保驾护航

李小同是湖南省某职业院校的学生，其在校期间与同学们联合开发了一种新型的防水材料并取得专利权，他们雄心勃勃地制定了创业计划。但10万元的启动资金却困住了几个来自山区家庭的学生。他们虽多方筹措，但因为项目规模小、市场领域窄而不受青睐。他们听说湖南省有专门针对大学生的创业扶持资金，就试着提出了申请，没想到专项资金管理机构经过对他们的项目考察，认为具有市场开发价值，批准了15万元创业资金，推动了他们的创业项目。现在其公司的业务已拓展至全省。

职场分享　引领就业

2019年上线的"课聘学院"是一个做校园招聘的内容性平台，由湖南商学院大三学生郑峻枫创立。比起市面上现有的招聘公司，课聘学院的特点在于，聚焦财会专业，建立会计知识交流社区，让企业与学生提前一到两年相互了解，让会计学生获得更强的专业实践的经验，更多的财务工作实习经历，同时也让企业对学生有着更加动态细致的了解，并根据其个性特点相适应的就业岗位。打通大学生就业最后一公里，实现就业前的专业实操能力"镀金""找工作"与"招员工"的高效匹配。上线不久，该创业项目便获得百万元风险投资。

项目创始人郑峻枫，是湖南工商大学贸易经济专业一名普通的大三学生。"课聘学院"创办之始启动基金仅有500元，带着11人的创业团队，仅用半年就实现先后两次融资，与长沙8所高校建立了不同程度的合作。

◎ **互动交流**

请回答以下问题：

（1）"课聘学院"凭借什么获得融资？

（2）任何新创企业都能获得风险投资吗？

◎ **深思勤练**

请同学们选择一个创业项目，模拟向投资方陈述投资你的理由。

二、新企业创办的一般流程

一般而言，创业企业设立流程包括：第一步，组织形式选择，即选择合适的企业组织形式；第二步，名称设计，即设计新创企业和企业产品的名称；第三步，企业选址；第四步，登记注册（具体包括企业名称登记、工商注册、税务登记和其他登记备案事项）。

（一）企业组织形式选择

"我想创业，我注册一家什么样的公司合适？"或者"我想创业，我采取一种什么样的组织形式合适？"这些问题是创业者创业时首先遇到的问题。

创业过程，就是一个建立组织和组织逐渐成长、发育的过程。创业第一步，除了资金上的准备、资源上的准备、心理上的准备等之外，极为重要的一件事就是针对自身情况，选择一个合适的创业组织形式。每种创业组织形式均各有其利弊，选择合适，便可趋利避害，选择不恰当，就会为将来的运作带来巨大的隐患。

一般来说，企业选择的法律组织形式有个人独资企业、合伙企业和公司制企业三种，在我国实践中还存在个体工商户、中外合资经营企业、中外合作经营企业等形式。

新创企业成立前，创业者应该首先拟定创办企业的法律组织形式。新创企业可采用不同的组织形式，如创业者个人独立创办的独资企业，或者由创业者团队创办的合伙制企业，或者成立以法人为主体的有限责任公司和股份有限公司。对于创业者而言，各种法律组织形式的选择需要充分结合自身的实际情况，进而对企业选择不同组织形式的优势或劣势进行研究。但是无论

微学堂：新创企业的法律组织形式

其选择的组织形式是哪种，都需要依据国家的具体的法律环境背景和企业实际情况，全面地分析平衡利弊进而确定创业企业的组织形式。

1999年8月30日中华人民共和国第九届全国人民代表大会常务委员会第十一次会议通过《中华人民共和国个人独资企业法》之后，2005年10月27日第十届全国人民代表大会常务委员会第十八次会议和2006年8月27日第十届全国人民代表大会常务委员会第二十三次会议分别通过了新修订的《中华人民共和国公司法》和《中华人民共和国合伙企业法》。到这一阶段，我国的企业法律基本实现了与国际的接轨。

1. 独资企业

独资企业是最古老、最简单也是最常见的企业法律组织形式。独资企业又称个人业主制企业，是指依法设立，由一个自然人投资并承担无限连带责任，财产为投资者个人所有的经营实体。当个人独资企业财产不足以清偿债务时，选择这种企业形式的创业者须依法以其个人其他财产予以清偿。在各类企业当中，个人独资企业的创设条件最简单。根据《中华人民共和国个人独资企业法》，个人独资企业主要有如下特点：

（1）个人独资企业的出资人为一个自然人。

（2）个人独资企业的财产归投资人个人所有。该企业财产不仅包括企业成立时投资人投入的初始资产，还包括企业存续期间积累的资产。投资人是个人独资企业财产的唯一合法所有者。

（3）个人独资企业不具有法人资格，投资以其个人财产对企业债务承担无限责任。这是个人独资企业的重要特征。也就是，当投资人申报登记的出资不足以清偿个人独资企业经营所负的债务时，投资人就必须以其个人财产乃至家庭财产来清偿债务。

2. 合伙企业

如果两个或两个以上的人共同进行创业，那么可以选择合伙制作为新企业的法律组织形式。根据《中华人民共和国合伙企业法》，"合伙企业"是指在中国境内设立的各合伙人订立合伙协议，共同出资、共同经营、共享收益、共担风险，并对合伙企业债务承担无限连带责任的营利性组织。总体而言，合伙企业主要具有如下特点：

（1）合伙协议是合伙企业成立时的基础。合伙人之间是平等的，合伙企业的利润和亏损，由合伙人依照合伙协议约定的比例分配和分担。合伙协议未约定利润分配和亏损分担比例的，由各合伙人平均分配和分担。

（2）合伙企业不具有法人资格。合伙企业的合伙人对企业债务承担无限连带责任。所谓无限连带责任，主要指合伙企业财产不足以抵偿企业债务时，合伙人应以其个人乃至家庭财产清偿债务，而且债权人可以就合伙企业财产不足清偿的那部分债务，向任何一个合伙人要求全部偿还。

（3）合伙企业包括普通合伙企业和有限合伙企业两种形式。

两者最大的区别在于有限合伙企业有两种不同的所有者：普通合伙人和有限合伙人。其中，普通合伙人对合伙企业的债务和义务负责，而有限合伙人仅以投资额为限承担有限责任，但后者一般不享有对组织的控制权。另外，普通合伙企业合伙人可以用货币、实物、知识、产权、土地使用权或者其他财产权利出资，也可以用劳务出资。但有限合伙企业有限合伙人不得以劳务出资。普通合伙企业除了要有合伙企业的名称、经营场所以及从事合伙经营的必要条件外，设立合伙企业还需要具备以下条件：

① 合伙企业必须有两个以上合伙人，合伙人应当具备完全民事行为能力，且能够依法承担无限责任者。

② 合伙人应当遵循自愿、平等、公平、诚实信用原则订立合伙协议，合伙协议应载明合伙企业的名称、地点、经费范围、合伙人出资额和权责情况等基本事项。

③ 合伙人应当按照合伙协议约定的出资方式、数额和缴付出资的期限，履行出资义务。合伙人出资可以用货币、实物、土地使用权、知识产权或者其他财产权利；上述出资应当是合伙人的合法财产及财产权利。合伙人以劳务出资的，其评估办法由全体合伙人协商决定。

3. 公司制企业

公司是现代社会中最主要的企业形式。它是以营利为目的，由股东出资形成，拥有独立的财产，享有法人财产权，独立从事生产经营活动，依法享有民事权利，承担民事责任，并以其全部财产对公司的债务承担责任的企业法人。所有权与经营权分离，是公司制的重要产权基础。与传统"两权合一"的业主制、合伙制相比，创业者选择公司制作为企业组织形式的重要特点就是仅以其所持股份或出资额为限对公司承担有限责任；另一个特点是存在双重纳税问题，即公司盈利要上缴公司所得税，创业者作为股东还要上缴企业投资所得税或个人所得税。根据《中华人民共和国公司法》，我国的公司分有限责任公司（包括一人有限责任公司）和股份有限公司两种类型。

（1）有限责任公司的股东以其认缴的出资额对公司承担责任，公司以其全部资产对公司的债务承担责任。创业者设立有限责任公司，除了要有固定的生产经营场所和必要的生产经营条件之外，还应当具备以下条件：

① 股东符合法定人数。根据《中华人民共和国公司法》第二十四条规定：有限责任公司由五十个以下股东出资设立。需要注意的是，我国一人有限责任公司是在2005年10月27日第十届全国人民代表大会常务委员会第十八次会议通过的新修订《中华人民共和国公司法》中加入的。

② 股东出资达到法定资本最低限额。有限责任公司的注册资本为在公司登记机关登记的全体股东认缴的出资额。法律、行政法规以及国务院决定对有限责任公司注册资本实缴、注册资本最低限额另有规定的，从其规定。股东可以用货币出资，也可以用实物、知

识产权、土地使用权等可以用货币估价并可以依法转让的非货币财产作价出资；但是，法律、行政法规规定不得作为出资的财产除外。

③ 股东共同制定公司章程。法律对有限责任公司章程有明确的要求，要求应当载明的事项包括：公司名称和住所，公司经营范围，公司注册资本，股东的姓名或者名称，股东的权利和义务，股东的出资方式和出资额，股东转让出资的条件，公司的机构及其产生办法、职权、议事规则，公司的法定代表人，公司的解散事由与清算办法，股东认为需要规定的其他事项。

④ 有公司名称，建立符合有限责任公司要求的组织机构。

（2）股份有限公司，其全部资本分为等额股份，股东以其认购的股份为限对公司承担责任，公司以其全部资产对公司的债务承担责任。设立股份有限公司要有公司名称，要建立符合股份有限公司要求的组织机构，要有固定的生产经营场所和必要的生产经营条件，股份发行、筹办事项要符合法律规定。

除此之外，根据《中华人民共和国公司法》规定，设立股份有限公司，还应具备下列条件：

① 发起人符合法定人数。设立股份有限公司，应当有二人以上二百人以下为发起人，其中须有半数以上的发起人在中国境内有住所。

② 股东出资的规定，股份有限公司采取发起设立的，注册资本在公司登记机关登记的全体发起人认购的股本总额。在发起人认购的股份缴足前不得向他人募集股份。股份有限公司采取募集方式设立的，注册资本为在公司登记机关登记的实收股本总额。法律、行政法规以及国务院决定对股份有限公司注册资本实缴、注册资本最低限额另有规定的，从其规定。

③ 股份发行、筹办事项符合法律规定。

④ 发起人制定公司章程，采用募集方式设立的经创立大会通过。

知识链接

有限责任公司与股份有限公司的区别

两种公司在成立条件和募集资金方面有所不同

有限责任公司的成立条件比较宽松一点，股份有限公司的成立条件比较严格；有限责任公司只能由发起人集资，不能向社会公开募集资金，股份有限公司可以向社会公开募集资金；有限责任公司的股东人数，有最高和最低的要求，股份有限公司的股东人数，只有最低要求，没有最高要求。

两种公司的股份转让难易程度不同

在有限责任公司中，股东转让自己的出资有严格的要求，受到的限制较多，比较困难；在股份有限公司中，股东转让自己的股份比较自由，不像有限责任公司那样困难。

两种公司的股权证明形式不同

在有限责任公司中，股东的股权证明是出资证明书，出资证明书不能转让、流通；在股份有限公司中，股东的股权证明是股票，即股东所持有的股份是以股票的形式来体现，股票是公司签发的证明股东所持股份的凭证，股票可以转让、流通。

两种公司的股东会、董事会权限大小和两权分离程度不同

在有限责任公司中，由于股东人数有上限，人数相对来讲比较少，召开股东会等也比较方便，因此股东会的权限较大，董事经常是由股东自己兼任的，在所有权和经营权的分离上，程度较低；在股份有限公司中，由于股东人数没有上限，人数较多且分散，召开股东会比较困难，股东会的议事程序也比较复杂，所以股东会的权限有所限制，董事会的权限较大，在所有权和经营权的分离上，程度也比较高。

（二）企业名称设计

1. 企业名称要素

企业名称，通常是该类产品某一企业的专有名称，是用文字形式表示一个企业区别于其他企业或组织的特定标志。

企业名称一般由以下四部分依次组成：企业所在地行政区划名称、字号（商号）、行业（或经营）特点、组织形式。

（1）行政区划。企业名称中的行政区划是本企业所在地县级以上行政区划的名称或地名。具备下列条件的企业法人，可以将名称中的行政区划放在字号之后、组织形式之前：

① 使用控股企业名称中的字号。

② 该控股企业的名称不含行政区划。

③ 使用外国（地区）出资企业字号的外商独资企业，可以在名称中间使用"中国"字样。

（2）字号。企业名称中的字号应当由两个及以上汉字组成，行政区划不得用作字号，但县以上行政区划地名具有其他含义的除外。企业名称可以使用自然人投资人的姓名作字号。

（3）行业。企业名称中的行业表述应当是反映企业经济活动性质、所属国民经济行业或者企业经营特点的用语。企业名称中行业用语表述的内容应当与企业经营范围一致。企业经济活动性质分别属于国民经济行业不同大类的，应当选择主要经济活动性质所属国民经济行业类别用语表述企业名称中的行业。

企业名称中不使用国民经济行业类别用语表述企业所从事行业的，应当符合以下条件：

① 企业经济活动性质分别属于国民经济行业五个以上大类。

② 公司注册资本（或注册资金）1亿元人民币以上或者是企业集团的母公司。

③ 与同一市场监督管理局核准或者登记注册的企业名称中字号不相同。

企业为反映其经营特点，可以在名称中的字号之后使用国家（地区）名称或者县级以上行政区划的地名。上述地名不视为企业名称中的行政区划。如北京×××四川火锅有限公司、北京×××韩国烧烤有限公司。"四川火锅""韩国烧烤"均视为企业的经营特点。

企业名称不应当或者暗示有超越其经营范围的业务。

（4）组织形式。依据《中华人民共和国公司法》《中华人民共和国外商投资法》《中华人民共和国中外合作经营企业法》《中华人民共和国外资企业法》申请登记的企业名称，其组织形式为有限公司（有限责任公司）或者股份有限公司；依据其他法律、法规申请登记的企业名称，组织形式不得申请为"有限公司（有限责任公司）"或"股份有限公司"，非公司制企业可以申请用"厂""店""部""中心"等作为企业名称的组织形式，例如"北京××食品厂""南京××商店""杭州×××技术开发中心"等。

企业只准使用一个名字，在某一个市场监督管理局辖区内，冠以同一行政区划名称的企业不得与登记注册的同行业企业名称相同或近似。

企业名称的确立在不同国家和不同年代有不同的色彩，它与一个国家的政治制度、经济制度、思想文化的发展有很大关系。

在生产资料私有制条件下，企业名称的确立一般是以企业创始人的名字或吉祥、响亮、含蓄、趣味等方面的因素来确定。

我国计划经济时期，企业名称的构成绝大多数为"三段式"（地名+经营业务名称+企业组织形式，如上海汽水厂）或"四段式"（在"三段式"上再加上财产责任形式，如国营南京无线电厂）。用这两种方法命名企业，一方面可以看出企业的所有制性质，另一方面可以看出企业的所在地及本企业生产什么产品，但根本看不出企业产品的知名度与竞争力。

市场经济的发展，使企业名称及其构成发生了重大变化，这就是在企业名称中出现了字号。如北京四通集团，其中"四通"是企业字号。而且作为区别不同企业的企业名称，基本构成变成"两段式"，或是"地名+字号"，如"西安杨森"；或是字号+经营业务名称，如"春兰空调"；或是字号+企业组织形式，如"海尔集团"。而无论哪种"两段式"，字号都是必不可少的。

字号虽然只是几个汉字的组合，但表现的绝不仅是几个汉字所固有的含义。作为企业标识，它储存着企业资信及其产品的市场竞争力等信息，这就使其成为商誉的载体而具有财产价值。如家喻户晓的"可口可乐"，2022年其商誉为193.63亿美元。早在1967年，可口可乐公司就宣称，即使公司一夜之间化为灰烬，照样可以起死回生，因为凭商誉，立即就有大型银行找上门来贷款，这就是著名字号所独有的魅力。

2. 命名要求

企业及企业产品的名称对消费者的选择是有直接影响的，所以每一位企业家，无一例外都会精心设计企业的名称，并深深认识到它在竞争中所起的作用。索尼公司创始人盛田昭夫曾经说过："取一个响亮的名字，以便引起顾客美好的联想，提高产品的知名度与竞争力。"

具有高度概括力和强烈吸引力的企业名称，对大众的视觉刺激和心理等各方面都会产生影响。一个设计独特、易读易记，并富有艺术和形象性的企业名称，能迅速抓住大众的视线，诱发其浓厚的兴趣和丰富的想象，能使之留下深刻的印象。因此，新创业企业在设计企业名称时，应该注意以下几个方面：

（1）注重人和，起名时致力挖掘企业名称的文化底蕴。

（2）注重地利，起名时致力拓展企业名称的历史潜能。

（3）注重天时，起名时致力开发企业名称的时代内涵。

（4）应强化标志性和识别功能，避免雷同。

（5）应加强企业命名与品牌、商标的统一性。

（6）应避免无特征的企业名称，要突显名称的个性。

3. 注意事项

给企业命名的注意事项如下：

（1）字音念起来会不会很顺口，容易记得？如一家公司叫"飞龙"，另一家叫"鼎毓"，比较容易记得哪个？

（2）和别的公司名称有没有类似？会不会混淆？如同一条街上有"富林""永林""青林"等公司，那岂不混乱？

（3）字义的意境优美，符合公司形象。如"香奈儿公司"的意境是否很适合其华丽的公司形象呢？

（4）外国人容易发音，容易以英文表达。如"维那公司"可翻译成"Vena Company"。

（5）名称和所从事行业形象会不会让人感觉矛盾。如公司名"圣文"，卖的产品却是健身器材，就给人感觉很矛盾。

（6）一秒钟之内，马上让人知道在卖什么商品或提供什么服务。如"领航""导航"，很容易让人联想到培训机构。

🔊 **案例分享**

小米为什么叫小米?

雷军称:"小米公司在成立之初,创始团队也讨论过公司该叫什么名字的问题,像'红星''红辣椒''黑米'这些名字也都考虑过,但是因为各种原因,这些名字都没有被采用。"

在后来的讨论中,雷军突然想到自己最喜欢的一句话——"佛观一粒米,大如须弥山"。

当有人提议把公司叫作"大米"时,投资人刘芹说:"互联网回避大而全,我们不取大,取小,我们就叫小米吧。"这个名字立刻得到了所有人的认同,并且开始使用。

此外,雷军还表达了名字对公司影响力的看法。一个听起来高端的名字就能带动公司的崛起吗?答案是否定的。一个公司若缺了核心科技、少了好产品、不关注用户体验,叫破天也没用;相反,公司名字虽然简单平实,但上下齐心通过技术立业、苦练内功,最终都能得到奖赏并开始引领潮流。所以,事在人为,名字很重要,但品牌价值绝不仅仅是靠名字带来的。

(三)企业选址

新创企业对于其运营场所的选择科学与否以及其经营状况的好坏具有一定的相关性,创业者应该对其经营场所的选定做比较全面和科学的系统评估。影响企业选址的主要因素包括政治、经济、社会、文化、科学技术、行业状况以及企业本身等,其中经济环境和科技要素对新创企业选址决策具有较强的影响,但是需要企业本身结合其实际情况来权衡利弊,进而作出科学合理的选址决策。传统行业领域不同类型企业的选址依据,如表9-1所示。

表 9-1　传统行业领域不同类型企业的选址依据

企业类型	企业选址依据
制造企业	接近原材料供应点 水电供应状况较好 运输便捷,成本相对较低
零售企业	接近目标消费群体 周边人口相对较多 行人交通相对便捷

续表

企业类型	企业选址依据
服务企业	附近有与之相容的较大企业，如百货公司周边附近有餐饮、美容等店铺 地段相对繁华，人员密集程度和流动程度较高
农林牧渔企业	农林牧渔的生产实地作业区域 靠近农贸市场等，交通相对便利 劳动力相对丰富

新创企业选址主要包括以下三个步骤：

（1）明确选址的总体目标。

（2）收集、汇总并整理各类影响因素，进而对这些影响因素进行分析，并逐一按照顺序排列，根据总体目标来对目标进行权衡取舍，确定多个目标进行评估，拟定其他的候选地区作为备选方案。

（3）以企业的经济效益、社会效益以及长远效益为出发点，采取科学的分析办法，对备选地区方案进行系统评估，进而从中得出最佳方案。

（四）登记注册

新创企业确定了企业法律组织形式及企业名称和地址后，要从事经营活动，必须到市场监督管理局办理登记注册手续、领取营业执照，如果从事特定行业的经营活动，还须事先取得相关主管部门的批准文件。

1. 材料准备

（1）公司法定代表人签署的《公司设立登记申请书》。

（2）全体股东签署的公司章程。

（3）法人股东资格证明或者自然人股东身份证及其复印件。

（4）董事、监事和经理的任职文件及身份证复印件。

（5）指定代表或委托代理人证明。

（6）代理人身份证及其复印件。

（7）住所使用证明。

知识链接

住所使用证明材料的准备

（1）若是自己房产，需要房产证复印件，自己的身份证复印件。

（2）若是租房，需要房东签字的房产证复印件，房东的身份证复印件，双方签字盖章的租赁合同，和租金发票。

（3）若是租的某个公司名下的写字楼，需要该公司加盖公章的房产证复印件，该公司营业执照复印件，双方签字盖章的租赁合同，还有租金发票。

2. 基本流程

（1）核准名称。确定公司类型、名字、注册资本、股东及出资比例后，可以去市场监督管理局现场或线上提交核名申请，若核名失败则需重新核准。核名时间为1—3个工作日。

（2）提交材料。核名通过后，确认地址信息、高管信息、经营范围，在线提交预申请。在线预审通过之后，按照预约时间去市场监督局递交申请材料，办结后会收到准予设立登记通知书。时间为5—15个工作日。

（3）领取执照。携带准予设立登记通知书、办理人身份证原件，到市场监督局领取营业执照正、副本（预约当日即可领取）。

知识链接

"五证合一""一照一码"登记模式

从2016年10月1日起，全国范围内实施"五证合一""一照一码"登记，各地将在原有的工商营业执照、组织机构代码证、税务登记证"三证合一"改革基础上，整合社会保险登记证和统计登记证，推进"五证合一"改革。首先，办证人持工商网上申报系统申请审核通过后打印的"新设企业五证合一登记申请表"，携带其他纸质资料，前往大厅多证合一窗口办理。接着，窗口核对信息、资料无误后，将信息导入工商准入系统，生成工商注册号，并在"五证合一"打证平台生成各部门号码，补录相关信息，同时，窗口专人将企业材料扫描，与"工商企业注册登记联办流转申请表"传递至质监、国税、地税、社保、统计五部门，由五部门分别完成后台信息录入。最后，打印出载有一个证号的营业执照。

办证模式的创新，大幅度缩短了办证时限，企业只需等待两个工作日即可办理以往至少15个工作日才能够办结的所有证件，办事效率得到极大提高。

（4）刻章。凭营业执照，到公安局指定刻章点办理公司公章、财务章、合同章、法人代表章、发票章，时间为1~2个工作日。

（5）银行开户。选择就近的银行拿着已经办理的全部资料，以及企业的章到就近的银行开设企业的基本账户，当天办理完之后需要等待5~7个工作日领取开户许可证。目前，我国人民银行附加企业的机构信用代码证也是企业的另一个重要证件。

（6）税务报到。领取营业执照后，30日内到当地税务局报到。报到后，持扣税协议找税务专管员办理网上扣税，办理后核定缴纳哪些税种（一般是营业税和附加税），然后会给公司一个用户名和密码。和税务局签订的网上扣税，如果有国税，则国税地税都要办理；若无国税，则只需要办理地税即可。此外，还要领购发票。

 知识链接

各类企业登记注册操作实务

独资企业的注册

申请设立个人独资企业，可以由投资人或者其委托的代理人向个人独资企业所在地的登记机关提交设立申请书、投资人身份证明、生产经营场所使用证明等文件。委托代理人申请设立登记时，应当出具投资人的委托书和代理的合法证明，国家市场监督管理总局规定提交的其他文件。

合伙企业的注册

设立合伙企业，应当由全体合伙人指定的代表或者共同委托的代理人向企业登记机关提交登记申请书、合伙协议书、合伙人身份证明、验资报告、出资权属证明等文件（法律、行政法规规定须报经有关部门审批的，应当在申请设立登记时提交批准文件）。

合伙企业确定执行合伙企业事务的合伙人或者设立分支机构的，登记事项还应当包括执行合伙企业事务的合伙人或者分支机构的情况。合伙企业设立分支机构，应当向分支机构所在地的企业登记机关申请登记，领取营业执照。

合伙企业的营业执照签发之日，为合伙企业的成立日期。合伙企业领取营业执照前，合伙人不得以合伙企业名义从事经营活动。

有限责任公司的注册

设立有限责任公司，应提交下列文件：

（1）公司董事长签署的公司设立登记申请书。

（2）全体股东指定代表或共同委托代理人的证明。

（3）公司章程。

（4）具有法定资格的验资机构出具的验资证明。

（5）股东的法人资格证明或自然人证明。

（6）载明公司董事、监事、经理的姓名、住所的文件以及有关委派、选举或聘用的证明。

（7）公司法定代表人任职文件和身份证明。

（8）企业名称预先核准通知书。

（9）公司住所证明。

（10）公司申请登记的经营范围中有法律、行政法规规定必须报经审批的项目的，应当在申请登记前报经国家有关部门审批，并向公司登记机关提交批准文件。

除上述必备文件外，还应提交打印的股东名录和董事、经理、监事名录各一份。根据规定的程序，提交申请材料，领取受理通知书，缴纳登记费并领取执照。

股份有限公司的注册

申请设立股份有限公司，应当提交下列文件：

（1）公司董事长签署的设立登记申请书。

（2）创立大会的会议记录。

（3）公司章程。

（4）筹办公司的财务审计报告。

（5）具有法定资格的验资机构出具的验资证明。

（6）发起人的法人资格证明或者自然人身份证明。

（7）载明公司董事、监事、经理的姓名、住所的文件以及有关委派、选举或聘用的证明。

（8）公司法定代表人任职文件和身份证明。

（9）企业名称预先核准通知书。

（10）公司住所证明。

另外，公司申请登记的经营范围中有法律、行政法规规定必须报经审批项目的，应当在申请登记前报经国家有关部门审批，并向公司登记机关提交批准文件。

领取了工商执照就标志着新企业已经诞生了。但新创企业要真正开始经营，还需要办理相关手续。

 实训案例

胡强的防盗系统公司

胡强准备与他的三个朋友一起创办一家开发防盗系统的公司，他们一共凑齐了50万元，随后就开始张罗着选址、注册公司，并给公司起名字。四个从来没有创办

企业经历的年轻人从公司注册这一步就开始"晕菜"了。虽然在产品的设计开发中他们个个都是好手，但是在准备创办企业这件事上，他们甚至连市场监督管理部门的大门朝哪边儿开都不清楚，这让他们心里没了底。为了了解注册程序，他们先到市场监督管理部门拿了一套注册公司的程序介绍。几个人回来研究了一番，却发现越研究越不明白。像他们这样开发防盗系统的公司究竟应该注册成什么类型的企业？应该提供哪些资料？具体的费用是多少？究竟该怎么给自己的公司起名？几个人商讨了好几个晚上还是没有个结果。烦琐的注册程序，使几个人同时产生了畏难情绪。

◎互动交流

讨论：在你所在省份注册一家公司应如何操作？

◎深思勤练

请思考：

（1）胡强准备创业开公司，那么第一步应该做什么？

（2）胡强的公司采用什么样的组织形式比较合适？

（3）你能帮胡强的公司起个好名字吗？

三、新创企业的市场策略

市场策略一般指市场营销策略，是企业在复杂的市场环境中，为达到一定的营销目标，对市场上可能发生的情况与问题所做的全局性策划。对于新创企业来说，一般要从细分客户、找到客户真正的需求、低成本快速验证、客户引流、创业营销和商业模式设计六个方面进行规划。

（一）如何细分客户

细分客户的过程是找到一群有共同特征，在某个点上有明确需求的人，细分客户能够使你更有效地满足客户需求，通过差异化服务提升竞争力。从产品服务方面，理解客户的偏好，有针对性地提供价值；从推广方面，更好地理解客户对市场活动的反应和接受程度，有针对性地制定推广策略；从渠道方面，理解客户对购买和服务的要求，有针对性地设计产品的展示场地和送达的方式；从价格制定方面，更准确地理解客户的价格敏感度，有针对性地确定计价方式和价格高低。

客户细分过去主要是根据人口特征、行为特征、居住地特征等。但今天的人们的生活形态越来越多元化，也越来越跨界和跨年龄。划分人群的标志中，价值观成为越来越强的影响因素。过去的时代，商业是以"物以类聚"为标志，例如百货公司、商业中心把商品和商店分门别类地陈列摆放：一楼化妆品、二楼女装、三楼男装、四楼美食……消费者会跟着分类去消费。而今天和未来的商业标志是"人以群分"，商家先通过各种有明确价值偏好的信息内容传播汇集一批人，例如，特别关心食品安全的人群，你既可以卖相关书籍给他们，还可以同时卖产品，以及相应的服务给他们。

如果你的客户对象是在校大学生，那他们可以细分为哪些类型？比如按照性别特征，分为男生和女生。按照年级分，分为新生，老生，即将毕业的学生等。按照不同的兴趣分，又可以分为爱打游戏的学生、爱打篮球的学生、爱跳街舞的学生、爱学习的学生等。

每一个群体被细分的理由其实都是这个群体共同拥有一种需求，将市场分得越细，代表了你对需求的发掘越细，你设计的产品和服务才更有针对性，你收获回报的可能性才更大。

（二）如何找到客户真正的需求

需求本质上是人们对现存的状态产生了不满，想要改变的冲动；或者是向往另外一种状态，想要去实现它的冲动。只有先看到需求，才有可能发现或者制造商机。例如，还在产后恢复期的年轻妈妈需要更好的护理服务；流感的发生，人们需要更安全的出行方式；人们对于饮食的需求不再仅仅满足于吃饱喝足；还有人们对于社交的各种需求，因此诞生了微信、抖音等社交App。客户主要包括以下几类需求。

1. 显性需求

消费者自己已经明确意识到需要什么，并且主动在寻找。比如，一个小朋友想要和其他小朋友一样，学会骑自行车，那么他就需要购买一辆合适的自行车。

2. 隐性需求

有些需求并没有那么明显，甚至人们自己都没有意识到，比如，小时候吃过的美味，突然在你所在的城市开了店，你会因为小时候的记忆而前往消费。

3. 关联需求

关联需求指的是当一种需求被满足之后，另外一种连带的需求就产生了。比如，我带小孩去迪卡侬买了一辆自行车，这时候，销售员告诉我，初学自行车的小朋友，基于安全的考虑，最好同时购买头盔和护膝，这时候，父母很容易接受销售员的建议而去购买。

那么，大学生作为一个特定的群体，他们在校园里会产生哪些需求呢？大致可以分为四种不同类型的需求：第一类是增强能力和资质的需求（如考驾照、考与专业相关的职业技能等级证书等）；第二类是社交的需求（如QQ、微信、快手等）；第三类是与工作或者职业发展有关的需求（如兼职、找租房等）；第四类是日常生活需求（如饿了么、京东、当当等）。

（三）如何进行低成本快速验证

创业的过程就是不断面对不确定性，逐渐确定一些关键假设的真伪。所以最好的方式是早犯错、犯小错，低成本地犯错，快速迭代找到正确的出路。猎豹CEO傅盛认为，创业公司应当以小步快跑的方式转向；采用侦察兵模式，不断试错，寻找目标。这其实就是精益创业理念提供给我们的思路：确定目标客户—在小范围内实验—获得反馈—修改—产品迭代—获得核心认知—快速成长。

所以减少失败概率的基本逻辑是：减少每次验证的成本，加快验证速度。创业初期要进行低成本快速验证，可以从这三个方面进行：客户标签验证、痛点验证和卖点验证。

1. 客户标签验证

这一步的目标是验证细分客户关键标签的准确度和可用度。这一步是清晰区隔出一群消费者，从人口统计、行为特征、价值取向等三个维度贴上标签。比如这群消费者是：女性，喜欢练习瑜伽，每个月都会和好友组织一次户外聚会。这一步，至少要约到10个目标客户做访谈，并把她们的关键需求记录下来。

2. 痛点验证

这一步的目的是验证客户痛点的真实性，如果痛点不真，就不能持续产生购买，形成收入。验证标准是：之前做访谈的10位目标客户中真正采取行动的目标客户数量。比如，你想推出一个减肥运动项目，你把客户标签设定为"CBD写字楼里体型肥胖的白领"。当你去跟这些人访谈时，他们的回复是对这个项目都很感兴趣。但是，当你真正把这个项目推出后，你发现真正采取行动的，不是这群"坐在写字楼里体型肥胖的白领"，而大多是"身材不错的人"。

3. 卖点验证

这一步是将产品预售给目标客户，测试他们是否真的愿意为此付费。现在很多电商平台，都采用预售发布新品，目的也是为了确认有多少客户愿意为这款产品付费，如果预售成绩不理想，那么就不需要投入大量的资源。

（四）如何进行客户引流

不管面对什么样的消费者，商家都希望完成这三个步骤：第一步是从已有的潜在客户中，筛选出采取购买行为的客户，完成产品和服务的价值交换、变现；第二步是在客户转化的每一个环节上通过客户本身的分享和扩散带来更多潜在客户；第三步是让客户重复消费，为商家创造持续的商业价值。比如，盒马鲜生每到一处开店，都会在服务范围内的小区进行宣传，潜在的客户会因为他们下载了盒马鲜生App而获得相应的赠品，如果下单，则会获得相应的优惠券，如果在朋友圈进行分享和扩散，则会获得额外的抵扣券。通过这几个步骤，完成了客户引流。

如果商家转化客户的速度越快，数量越大，商家的现金流就越多、越充足。如果要降低获客成本，一方面要加快转化客户的速度和数量，另外一个重要的工作是粘住客户，努力使他成为你的终身客户，反复消费。比如，每次用神州专车App打车后，神州专车都会马上推送折扣券，这都是为了增加客户的黏性。"山姆会员商店"必须凭会员身份才能消费，也是为了让你成为他的终身客户，反复消费。

（五）如何进行创业营销

什么是营销？首先，营销是一套思维理念，它的核心思想是：公司存在的目的是创造顾客，公司经营的核心是创造顾客价值并获得回报，公司经营组织要以顾客为中心展开。因此，营销就是能帮助公司获得盈利性增长的一系列决策理念、策略、流程和行动。做好营销必须具备以下三重视角。

1. 顾客价值链的视角

从顾客价值链的视角看营销，营销是一个关乎顾客价值的企业流程，是企业理解顾客价值、创造顾客价值、传播顾客价值和交付顾客价值的完整过程。

（1）理解顾客价值。我们可以通过市场调研、用户访谈、用户观察去发现顾客对于产品和服务的需求，包括顾客对于现有的产品和服务的不满意之处，顾客深度的本质需求是什么，市场的空白点在哪里等，这是营销工作的第一步。

（2）创造顾客价值。这一步非常具体，即将对顾客需要的理解变成产品和服务来满足顾客的需求、解决顾客的问题。营销战略是否卓有成效，不是看广告做得多棒、董事会的营销战略文案有多棒，而要看对客户需求的探知有没有落实到产品和服务并且最终让顾客感受到。如果顾客没有感知到，那么营销战略就是失败的，不过是闭门造车、自娱自乐。这就是营销工作的第二步。

（3）传播顾客价值。这是指我们需要把产品和服务有效地传播至目标顾客。营销和顾客价值是高度相关的，营销的价值通过影响顾客的认知而呈现：让顾客认识到产品的差异化、产品的特点、产品如何解决他们的问题。在这个阶段，营销表现为市场传播，是一种公关活动，是整合营销传播。

（4）交付顾客价值。这是指顾客如何方便地购买、使用或者导入产品。这一过程最重要的手段包括分销、产品安装、服务人员的培训、正确的使用指导等。

2. 企业经营理念的视角

从这个角度来看，营销是一种指导企业围绕顾客偏好构建顾客价值、打造差异化产品、塑造品牌的经营理念（表9-2）。

表9-2　不同时期企业的经营理念及做法

时期	企业的经营理念	企业的做法
产品稀缺时代	以产品和企业为中心	发挥企业规模效应 降低企业成本
消费者稀缺时代	以顾客价值为中心	预测/创造顾客需求 设计差异化产品 打造品牌

3. 企业流程的视角

从这个角度来看，营销是一种指导企业围绕顾客偏好构建顾客价值、打造差异化产品、塑造品牌的经营理念（图9-1）。

图 9-1 企业流程

（六）如何进行商业模式设计

商业模式这个概念起源于1957年，但直到20世纪90年代，随着IT技术的蓬勃发展才逐渐流行起来。由于电子商务的突飞猛进，不断催生了新的企业经营形态，而这些管理实践又不断促进商业模式领域的研究不断深化。

从广义上讲，商业模式是指为实现客户价值最大化，把能使企业运行的内外各要素整合起来，形成一个完整的、高效率的、具有独特核心竞争力的运行系统，同时通过最优实现形式满足客户需求、实现客户价值，使系统达成持续盈利目标的整体解决方案。

换个更通俗易懂、直指核心的表达方式就是：商业模式描述的是一个组织创造、传递以及获得价值的基本原理。

商业模式是企业创造价值的核心逻辑，创造价值不仅仅是指创造利润，还包括为客户、员工、合作伙伴、股东等提供价值。因此，商业模式研究的是在满足客户价值的基础上如何获取企业自身价值。

商业模式设计有两个重要原则，即客户价值和盈利方式。

1. 客户价值

客户价值既是企业存在的起点，又是企业的归宿。而商业模式研究的是企业如何盈利。因此，很多人容易走进一个非此即彼的误区，为了企业多盈利而欺骗客户，或者是伤害客户价值。这样的商业模式，也许能在短时间内获利，但必不能长久维持。好的商业模式一定是给客户价值加分的，可能是让客户获得更多价值而愿意多付费给企业，也可能是让客户能低成本地获得企业的产品和服务；而不好的商业模式则是给客户价值减分的，可能是利用人性的弱点让客户不知不觉付出更多不必要的费用。

比如，网络游戏的商业模式不断发展演进，至今已到了登峰造极的程度，竞技游戏通过"卖皮肤""卖装备""卖武器"等成为收入的重要来源。但由于其大部分客户都还是心智尚不健全的青少年群体，最终引发了大众褒贬不一的评价。

2. 盈利方式

商业模式设计本质上揭示的是盈利的模式，当我们设计商业模式时，一定要回答企业如何盈利，以及即使现在不能盈利，未来应该如何盈利。好的商业模式一定要能盈利，并且是持续盈利。

企业能否持续盈利是判断其商业模式是否成功的唯一外在标准。反过来，如果没有明确的盈利方式，就一定不能算好的商业模式。

如前所述，2016年共享单车火了，数家公司的烧钱补贴大战几乎燃遍了中国所有的一二线城市。我们可以从商业模式的角度认真审视一下，共享单车的商业模式真的是好模式吗？具有可持续性吗？

从2000年至今的20多年里，在整个互联网时代，我们看到的是无数新商业模式的出现。过去，"一手交钱，一手交货"是商业的主要盈利模式，用户也习惯了这种付费模式。但是在整个互联网时代，大量的"免费模式"出现了，应该说互联网和移动互联网之所以发展如此迅速，和"免费"息息相关，互联网时代的用户更习惯于"免费"而不是一次性付费。

不管是企业客户，还是消费端的客户，用户不再喜欢买一个大而全的东西，他们只买需要的东西，只需要以更高效的方式、更便宜的价格来获得所需要的核心服务。

所有这些变化，决定了企业已经不可能仅仅靠一个完美的产品或服务而胜出，哪怕是颠覆性的产品或服务，也必须匹配颠覆性的商业模式，才有可能取胜。

 **活动亲历**

选择合适的企业组织形式

活动人数

以班级为单位开展活动，无人数限定。

活动场地及用具

教室或工作坊等场地，纸笔及本教材。

活动组织

分组进行（每组4~6人为宜），针对本次活动给出的"创业项目"进行讨论与分析，最终为企业选择合理的组织形式并推选代表陈述理由。

活动步骤

（1）明晰项目选题。假设学餐饮管理专业的"你"毕业后一直未找到心仪的工作，于是萌生自主创业的想法——开办一家快餐企业。"你"的父母全力支持"你"的创业决定，拿出家庭全部100万元积蓄作为创业启动资本。经过再三考察，"你"将企业地址选定在本市高校云集的大学城。请认真思考，选择哪种企业组织形式对"你"比较有利。

（2）确定方案。各小组针对本次活动设定的"创业项目"展开讨论，完成表9-3的填写，并最终提出企业组织形式的选择意见。

表9-3　企业组织形式比较一览表

企业组织形式	优势	劣势
个人独资企业		
合伙企业		
有限责任公司		
股份有限公司		

（3）代表陈述。各小组推选一名代表向全班同学介绍该小组的表格填写结果和选定的企业组织形式及理由。

（4）教师总结。教师逐一分析每小组的讨论意见及选择结果。根据各小组讨论情况、每位同学参与程度与表现，采取小组互评和教师评价相结合的方式，确定每位同学的得分，作为课程成绩考核评价的依据之一。

活动交流与讨论

（1）不同企业组织形式给企业带来的影响有什么？

（2）选择企业组织形式应该考虑的核心因素是什么？

活动体验

谈谈你在本次活动中的感悟与收获。

活动点评

企业组织形式没有好坏之分，只有合适与否。各企业需要根据自身的特点来选择与自身特点相适应的组织形式。大学生创业者应掌握不同组织形式的法定要求，包括纳税层面的考量，选择适合的企业组织形式，这将有利于新创企业合规高效地运营，从而获得更大的投资回报。

第十单元　新创企业的可持续发展

21世纪唯一不变的就是变化。新创企业成立伊始面临的就是一个时刻变化的社会环境，竞争扑面而来，风险如影随形。新创企业必须具备危机意识和创新思想，与时俱进，继往开来，通过可持续发展战略的制定与实施保持企业的生命力和战斗力。

一、新创企业的管理

《2020中国企业发展数据年报》显示，尽管受到新冠疫情等多重因素影响，2020年我国新增注册市场主体仍呈现逆势增长势头，全年新增市场主体2 735.4万家。可以说，在"大众创业、万众创新"的时代背景下，创业创新的热情得到了充分的释放，中小企业更是成为"双创"的主力军。正所谓"风险与机遇同在，挑战与发展共存"。数据同时显示，2020年全国注吊销企业1 004.3万家。而从新创企业倒闭的分析原因来看，企业管理不善成为企业发展的最大掣肘。加强企业管理、建立现代科学管理机制成为新创企业不得不面临的一个战略问题。

国内投资家丁健认为："从一个企业的成立到成为世界级的公司，要经过这么四关——'创业关''经营观念关''管理关''成长关'。"其中，"管理关"是企业发展腾飞的承载体，没有一个科学构建、自成体系、特点明显的管理体系，新创企业的未来发展就成了一个"梦想"。构建新创企业的现代管理模式，关乎企业生死，关乎企业未来。怎样构建新创企业的管理模式，美国蒂蒙斯创业三要素理论能给我们一点启示。该理论主要强调创业家在推动创业的过程中，必须要不断地调适，平衡，整合"机会、资源、团队"这三项要素。创业管理成败的关键就是，创业家如何在新事业发展过程中调控这三项要素。具体来讲，从营销管理、人力资源管理、财务管理和风险管理等方面来提高新创企业的管理水平和质量。

（一）新创企业的营销管理

营销管理是对企业高风险阶段的生存、发展活动的管理，是对开发市场需要，满足目标市场以及决定服务于这些市场的产品、服务和计划方案的管理。

1. 新创企业营销管理的原则

新创企业缺乏成熟企业的雄厚资金、宽广资源和通畅渠道，其营销管理要把握几个原则：一是生存是第一要务，没有生存就没有发展；二是寻求一切利于发展的机会，最大限度调动内外资源；三是营销策略灵活多样，寻找最能调动市场的策略；四是谋求关系的多元化，尽可能地利用一切社会关系。

2. 新创企业营销管理的重点

（1）定位要准确。应尽量开发满足客户独特需求，客户价值明显，效果立竿见影的产品和服务。

（2）关系要稳定。建立战略合作关系是企业发展的要求，良好的社会支持为企业赢得发展的后劲。

（3）声誉要优良。与新闻媒体的互动是建立优良声誉的重要方式，顾客的口头传递和有效的宣传是声誉的可靠保障。

（4）风险要防控。渠道结构尽量扁平化，让利消费者，渠道队伍要有效考核和风险防控。

3. 新创企业营销管理的策略

企业的营销管理要在客户群的稳定与开拓、市场信息的精准掌握和分析、宣传构建品牌效应等方面下功夫。

（1）推行有限客户制。有限客户制提高了企业的服务水平，稳定了大客户的数量，是新创企业发展的重要因素。

📢 案例分享

有限客户　无限发展

亚同技术发展有限公司是一家技术含量高、成本高、价格也高的企业，其服务对象基本是大企业和政府部门。因此，他们要求营销人员要树立客户有限观念，把客户作为他们最珍贵的资源来看待，开展精细化服务。同时，公司要求营销人员将某区域市场或行业市场的客户有限化，做好充分准备后再实施营销方案。基于此，公司成立以来，客户开发的成功率一直保持较高水平。

（2）建立客户信息制。商道即人道，对人性的把握与运用在商战上是很好的利器。

📢 案例分享

华为的客户关系管理

客户关系管理"大厦"是华为做客户关系的灯塔，华为将客户关系分成三个层次，即重点瞄准关键客户关系切入，做好普遍客户关系，最后形成组织级的客户关系。

关键客户关系就是在购买决策链中起关键作用的人，要想得到一个具体的订单，必须要获得客户采购决策人的支持。普遍客户关系则是指客户中的基层客户关系。任正非在一次讲话中说："每一个客户经理、产品经理每周要与客户保持不少于5次的沟通，当然，还要注意有效提高沟通的质量。我们一再告诫大家，要重视普遍客户关系，这也是我们的一个竞争优势。普遍客户关系这个问题，是对所有部门的要求。"

而如若没有关键客户和普通客户关系的管理，那么组织级客户关系的构建则是无从谈起。

（3）把握行业市场信息。信息是企业发展的耳目，能够让企业对快速变化的市场作出最快反应，也能够"集百家之术、成一家之能"，通过对成熟技术的分析为本家技术改进提供基础条件，从而降低研发和生产成本。

📢 案例分享

信息为王

阿拜尔网络软件技术公司创办不到半年，公司正式员工只有七个人，其中就有一人专职负责对国内外相关行业和市场的信息收集与分析。事实证明，这些珍贵的信息成为该公司了解市场和把握顾客的重要手段，同时为企业经营管理决策提供有力支撑，稳定发展。

（4）保持客户定向联系。这种随时与客户保持联系的方式可以拉近与客户的情感距离，掌握客户的消费心理，为稳定和拓宽客户创造条件。

📢 案例分享

单点突破

小米手机在米聊论坛建成了一个"荣誉开发组"，从几万人的论坛中抽出一批活跃度相当高的用户（200~300人），让他们和小米内部同步拿到软件更新的版本。最后，内部和外部的人同步测试，发现问题随时修改。这样一来，小米就很好地借助了外力，很好地解决了复杂的测试环节。同时，通过MIUI论坛、微博等进行营销，对发烧友级别的用户单点突破，成功实现口碑营销，避免了电视广告、路牌广告等烧钱式营销。

（5）借助媒体的宣传效应。媒体的传播效应在信息时代具有意想不到的效果，重视媒体特别是微信、抖音等新媒体的传播是企业宣传广告的要旨。

安踏借势冬奥探索广阔市场

2022年北京冬季奥林匹克运动会的成功举办，彻底点燃全世界民众对冰雪运动的热情。其中，安踏（全称安踏体育用品有限公司）作为中国奥林匹克委员会官方合作伙伴、北京2022年冬奥会和冬残奥会组织委员会官方合作伙伴，始终稳占"运动品牌价值榜"的领先位置。在开幕式直播中曝光频次最高、时间最长。

此外，《冰雪闪亮中国年》作为2022虎年春晚中的一台汇聚冬奥元素的标志性节目，演出场地精心设置于2022年北京冬奥会比赛场馆——雪如意跳台滑雪馆。镜头之下，指挥家所穿着安踏滑雪服的中国红配色，与春节的喜庆氛围相得益彰，也寓意着冰雪健儿即将征战冬奥赛场的激动与喜悦；演奏家们所穿的超级大白羽绒服，则基于代表冰雪的白色主色，加入中国红和基础黑两款新配色，视感简洁而大气。如果说2022年北京冬奥运会和冬残奥运会总导演张艺谋懂中国人的浪漫，那么安踏绝对懂用户需求，红白组合不仅让人眼前一亮，也彰显了安踏的"高科技时尚"理念，直击观众内心。

（6）服务销售的换位思考。企业的设计、服务、销售环节等人员本就是一家，在适当的时机进行换位处理能够更好地了解各个环节的客户需要，提高产品的服务质量。

原来是一家

有一次某航空公司一架空中客车的机腹门把手掉了，无法关紧舱门，因此飞机不能起飞。波音驻场代表汤姆·唐自告奋勇地接下了这个难题。他认真地做了一个代用品装上去，使这架飞机重新飞了起来。但其中却闹了个笑话。航空公司副总以为汤姆·唐是空中客车的人，对空中客车大加赞扬。波音客户服务部的赫特曼先生奉命来这家公司公干时，这位副总执意要他见见这位空中客车的驻场代表，二人一见面才知道原来是一家人。

（二）新创企业的人力资源管理

"二十一世纪什么最贵？人才！"电影《天下无贼》这句经典台词道出了人才的重要性。新创企业资金少、资源缺、工作忙，福利待遇也比不上大企业，怎么吸纳、留住人才，发挥人力资源在企业发展中的作用是新创企业必须应对的一个课题。

1. 新创企业人力资源的特点

新创企业的人力资源管理是指新创企业根据企业发展战略的要求，有计划地对人力资源进行合理配置，通过对企业中员工的招聘、培训、使用、考核、激励、调整等一系列过程，调动员工的积极性，发挥员工的潜能，为企业创造价值，确保企业战略目标的实现。其特点主要有：

（1）组织架构简单，垂直管理较多。新创企业开创初期事务繁多，对外界反应敏捷，决策、执行都要求迅速，其组织架构一般是扁平化的，企业领导的权力集中，下属的执行能力强。

（2）人员组成随机，用人机制灵活。新创企业不可能有一套烦琐的人事管理规则，用人较随机，往往根据业务的进程配备人力，人员进出自由，需要的是创新型、多能型、耐苦型的员工。

（3）注重情感管理，讲究人情关系。新创企业一般请不起高技能、高素质的成熟员工，企业初建时大多是朋友、亲戚，人情关系是维系企业初期发展的人力资源，这对于早期的企业是有积极作用的。但这样的人力资源随着企业的发展必然被职业化、专业化的人力资源队伍取代。

2. 新创企业人力资源管理的策略

（1）有效激励。新创企业的激励比鞭策重要，激励比惩罚重要，既然不能给员工更好的福利，那就给员工更好的"未来"。

① 责任共担，利益均享。 新创企业只有将全体员工的利益与前途结合在一起，实现利益分享、风险共担、共同发展才能推动企业的发展。

📢 案例分享

命运共同体

海尔实现的管理创新就是将员工分成小型业务单元（SBU），5万名员工，5万个SBU，5万个"小海尔"，每个海尔人都直接感受到来自一线市场的压力。把每个人从管理客体变为管理主体，从管理者变为经营者，使每个人都成为SBU，自主经营、各负其责的企业老板。将集团整体的盈利和管理目标转化为每个具体SBU的目标和工作动力，保证集团盈利目标的最终实现。

② 即时奖励，当面鼓励。新创企业可能没有多余的钱来奖励出色的员工，但领导人的亲和力和对员工价值的认可，往往会提高员工的积极性，培养员工的忠诚度，为企业赢得一批可靠而忠诚的员工。

物质激励与精神鼓励双管齐下

江苏某知名民企初创时，创始人经常为一个技术问题与技术员工加班加点，一旦完成某个技术节点，他经常即时为加班的员工发放奖励，并当面对员工进行鼓励，情感投资加经济奖励将一帮员工牢牢地捆在企业发展的列车上，即使在最困难的时期也没有员工提出离开，最初的这批员工成为企业壮大的功臣。

③ 目标鼓劲，有效激励。新创企业激励员工，既要有宏大的远景目标，让员工看到发展的希望，也要有当前的目标，便于考核奖励，重要的是让更多的员工从这种有效奖励中看到企业的美好前景。

华为股权激励制度

华为采取"工资+奖金+TUP（时间单元计划）分配+虚拟股"的激励政策，这样的政策不仅仅是员工薪酬分配方案，而是一个长期动态优化、权责互相对应的机制。

④ 及时沟通，尊重员工。沟通也是激励，有效沟通体现了对员工能力和价值的认可和尊重，也会赢得员工对企业的支持和付出。

沟通暖人心

深圳某公司从国外进口了一套先进的设备，机械化操作提高了工作的节奏，但员工的积极性和效率反而下降了。管理层召集员工代表座谈，询问原因，代表们反映现在的机器节奏太快，员工一时难以适应，公司能不能让员工自己掌握生产的节奏，公司制定目标考核的标准，员工认真完成就好。公司管理层认真研究后，采纳了员工的建议，员工的热情和效率果然提了上去。

（2）领导艺术。新创企业的领导人要能够给人希望，让人追随不悔；要能够以人为本、率先垂范，体现"领导+员工"双重角色意识，以个人的人格魅力感染和吸引员工与企业同进退、共发展。

① "梦"的制造者。新创企业的领导人要善于造"梦"，这个梦不是空中楼阁，其来自领导人独特的眼光、严密的思考和调查，这个梦要能够激励创业者们不断进取、发奋图强。

案例分享

情怀与执着

作为我国信息产业发展史上的传奇人物，一个具有大智慧的布局者，一个敢于颠覆的逆袭人，一个有情怀的造梦人，雷军一直是国人关注的焦点人物。据说在求学期间，雷军读到了一本名为《硅谷之火》(*Fire in the Valley: The Making of the Personal Computer*)的书。这本书讲述了 PC 时代到来之时，史蒂夫·乔布斯和其他硅谷精英的创业历程。这让雷军心潮起伏，"在学校操场里一遍遍走，久久难以抑制内心的激动"。从那时起，雷军便确立了自己的梦想：建立一个受世界尊敬的企业。

虽然有过在工具软件领域折戟的经历，作为天使投资有过错失重大投资的遗憾，但雷军一直没有停下造梦的脚步。2010 年 4 月 6 日，雷军和六位联合创始人在北京北四环的银谷大厦一起喝了碗小米粥，便开始了艰难的创业之旅——创办小米公司。仅仅过了 4 年，小米就成了估值 450 亿美元的龙头型企业，在国内手机销量第一，可谓业界的一个奇迹!

② "信"的遵守者。企业领导人的诚信，不仅是个人的修养，也是企业的价值体现，更是企业领导人获得尊敬的一个要素，它能够将企业人凝聚起来，共同奋斗。

案例分享

以身作则：践行责任与担当，打造承责文化

格力电器董事长董明珠制定了严格的工作规范，如上班时间不准随便吃零食、不得随意离岗等，而执行起来也是不讲任何情面。这里面还有一个小故事。在公司刚开始推行工作规范的时候，董明珠不小心发生了意外，摔伤了肋骨。知道这件事后，同事们立即去医院探望她，对此董明珠非常感动，但是她出院的第一天，就对这些同事进行了批评和罚款，因为他们探病的时候，恰好是工作时间。

③ "行"的坚守者。新创企业的领导人在开创初期要准确地定位公司的发展方向，有了方向就是坚持，这种坚持会带给员工力量和信心。

案例分享

为信念而活着

谁能想到一家诞生在一间破旧厂房里的小公司，改写了中国乃至世界通信行业的历史？1987年，为了养家糊口，任正非拿着2.1万元注册了华为技术有限公司。十几张床挨着墙排开，所有员工都在这里住。床不够，用泡沫板上加床垫代替。任正非经历了生意场失意、家庭变故的困惑中年。甚至在2000—2002年，面临多重打击，疾病缠身的他，坚持华为不允许出现一点点差错。正是凭借着任正非近乎执念的自律与"活下去"的信念，华为站住了脚跟，走出了国门，在世界舞台上发声！

（3）人力资源配置。新创企业规模小、岗位少，必须建立一个职位明确、责权明晰、考核明白的人力资源配置体系，调动全体员工的积极性。

企业的人力资源配置是指企业将拥有的各类资源通过一定的方式和手段，运用到既定的组织和机构中，使得企业的人、财、物有机结合并充分发挥，提高企业的综合实力。

新创企业创立初期，人、财、物都是宝贵的资源和立足、发展的依靠，运用科学的方式将其作用发挥到最大是新创企业人力资源管理的重点。新创企业在实践中要注意以下几个方面：

① 形成合理的"阶层"。新创企业要将合适的人放在合适的位置，就要形成适当的"阶层"，让每一阶的人看到努力的回报，从而激发其向上的斗志。

案例分享

海尔：一定要坚持"以人为本"的管理机制

海尔集团的成功源自海尔的OEC（Overall Every Control and Clear）管理机制，用机制管人、按机制办事，是其所信奉的信条。张瑞敏曾说："海尔集团的最大成功就是建立了一套独特的、战斗力极强的管理体系。"他提出了一个很特别的"赛马不相马"的管理思想，他说，"'相马'把命运交给别人，而'赛马'则是把命运掌握在自己手中。"

不管是谁，在工作中只要表现得好，就是优秀的员工，处在试用期的人也在此范围内，随时会变成优秀员工，也可能会随时被淘汰出局，工作与员工的直接表现挂钩，打破了过去人们一直依赖的"铁饭碗"机制。这种管理机制使企业更具活力和竞争力，让员工都更加卖力地工作，大大地激发了他们的积极性。

② 设计合适的岗位。新创公司在用人上必须顶住各种压力，按照公司的规模、发展规划、行业状况、财务信息等各方面的综合因素确定岗位，岗位要依"事"而设，建立科学的岗位分析，明确岗位的具体职责，建立合适的岗位薪酬。

案例分享

人浮于事的危害

飞龙集团是20世纪90年代成立的一家外贸服务公司，成立后其良好的发展势头受到追捧。社会上许多人想方设法地挤进公司，由于来的人背景都不浅，公司只得设置岗位安置这些人，但对增加的岗位工作职责和系数没有明确的规定，造成了公司人浮于事的局面，不到三年，公司就宣告破产。

③ 建立合规的薪酬。一般来说，新创企业的薪酬要根据企业内部情况、行业标准、员工的能力与贡献来确定，确定的方式有科学的衡量标准（但不同行业的标准不同），薪酬的确定要从员工的认同度、感知度和满意度来考量。

案例分享

制定合理的薪酬制度

上海百特医疗用品有限公司是生产医疗用品的企业，全国有1 000多名员工，其薪酬分为三部分：上海工厂的工人250名左右，提供的薪酬比较固定，根据岗位来定，甚至包括季度奖、年终奖。公司不会因为销售情况、经营业绩的好坏增加或者减少工人的季度奖、年终奖。这是为了保证一线员工队伍的稳定。而对于办公室职员，季度奖、年终奖就和公司的经营情况相关，尤其是高层的管理人员，他们的季度奖、年终奖直接与公司整个业绩挂钩。办公室职员的薪酬组成是基本工资加上绩效工资（通常称奖金），另外就是津贴和年度、季度奖金。对于刚入职的员工，奖金部分人力资源部无法给定，这需要看个人今后的表现。

（4）留住人才。人才是人力资源中最珍贵的资源，人才的去留从某种程度上来说关系企业的生死。如何留住人才是新创企业接受考验的重要内容。人们常说，要"事业留人，环境留人，待遇留人，感情留人"。这是成熟企业的基本做法。除了合理的薪酬、优良的环境、新颖的文化等要素留人外，新创企业必须另辟蹊径才能留住人才，发挥人才的功效。

① 生活和工作时间的弹性调整。特殊人才往往有个性化的生活方式和习惯，大企业严

格的管理规则他不能适应，但新创公司灵活的人事管理制度为这类人才提供了用武之地。

📢 案例分享

"特殊待遇"

某网络公司有个设计高手，其出色的设计能力和专业化的市场把握能力为公司赢得了广大的市场。但其人有个嗜好，每天要打高尔夫。为了照顾他的这个习惯，公司规定其白天可以不来公司上班，只要按照公司的要求完成设计就行。

② 善于应用怪才。大企业不敢用的"怪才"让新创企业捡了"宝"，但"怪才"要用得其时、其才、其地，才能变"怪"为"宝"。

📢 案例分享

知 人 善 用

徽商代表人物胡雪岩在创立胡庆余堂时，需要一个制药的高手。但遍访各地都没找到合适的人才。有人向他推荐了刘不才。刘不才是制药界的顶尖高手，但也是纨绔子弟，没人敢用他。胡雪岩决定用这个人才，一方面通过手段迫使其改变不良习惯，另一方面委以重任，让刘不才感恩戴德。在他的帮助下，胡庆余堂成为药学界的传奇。

③ 平凡中寻求卓越。新创公司对高学历、高层次人才可能缺乏足够的吸引力，但就实践能力和创新能力而言，高职毕业生不一定比名牌高校的毕业生差，新创企业选人用人不能只盯着高学历、高职称，给高职院校的学生一个机会，他们可能会给你一个奇迹，而且高职毕业生更具有开发潜质和价值。

📢 案例分享

适 合 就 好

在北京国际展览中心召开的一次人才招聘会上，美国特鲁普国际公司北京代表处打出了"××名牌大学毕业生一概免谈"的告示。与很多"人才高消费"的用人单位形成鲜明对比，该公司为什么在招聘时剑走偏锋呢？该公司的人力资源代表说："一般院校的毕业生，只要给他合适的岗位，也能发挥无限的潜力。"

④ 提供挑战的工作机会。人才有时对挑战性的目标的迷恋要比金钱看得重要，不断为人才设计挑战性的目标也是对人才使用的一种有效办法。

🔊 **案例分享**

挑战性工作比薪酬更重要

某手游公司是一个刚刚在市场站稳脚跟的新创企业，小李是这家公司技术部的骨干，他是一个痴迷游戏设计的计算机能手，其每次都能在有趣的创意中找到设计的办法，但创意却不是每次都能令他满意。该公司的管理层小高则是一个创意的高手，每次小李设计完一款新游戏，小高都能通过市场的调研为其确立另一个设计目标，两个人的强强联手不仅收获了成就感，也促进了公司业务的拓展。

💻 **知识链接**

不同国家企业用人制度不尽相同

不同国家的企业在用人制度方面存在较大差异，下面以美国和日本企业为例进行对照（表10-1）。

表 10-1　美国和日本企业的用人制度区别

制度	美国	日本
用人制度	短期雇佣制：每个企业都可以根据自己的要求解聘他认为不需要的员工，并随时补充新员工。同时，每个员工也都可以根据自己的条件，选择更有利于自己的企业，员工流动频率高	终身雇佣制：主要的骨干员工一进入企业，就一生与这个企业命运相连，没有什么极为特殊的原因是不能跳槽的，而且员工一旦进入企业，这个企业也必须对这个员工终身负责，不能轻易裁员，有些大企业还设立专门埋葬员工的墓地
决策制度	首席执行官决定：大量的决策是凭借首席执行官的能力和经验而个人决策。这样决策效率很高，但执行时要使员工信服和理解，执行需要做大量的解释工作，且一级一级地传达下去也相当耗时	集体决策：先把决策下传到最底层，征求各个层面的意见，然后汇总反馈上来，高层对意见进行整理归类，之后再传下去征询各级意见，如此上下传达几次以达成最后共识，再共同执行，不需要耗费时间去解释，执行偏差率小

制度	美国	日本
责任制度	首席执行官得到充分授权，对企业的各方面运作都有充分的权力和责任：这与决策机制有关。美国的首席执行官对企业的发展、成败承担主要责任，实行重赏重罚。因此他们的薪水很高，高层和低层的薪金差是日本的很多倍	整个管理班子集体承担责任：高层管理者一般是德高望重者，而没有具体职责。他们的核心作用只是凭借威望来领导和威慑下属，协调各方面工作。具体工作由下属去做，出问题集体承担责任，只是高层稍微多一点而已，所以企业内部各级人员的薪酬差别不是很大
控制机制	刚性管理：高层利用严格的明文规章制度来严格规范和约束下属行为，利用频繁考核、层层把关、控制内部绩效、激励机制来引导和控制公司正常运作，也叫制度约束	柔性管理：最高管理者对下级只要交代其企业的管理哲学与宗旨、使命、战略方向、愿景、近期的具体目标和方法，具体工作则要求下级发挥主动性、创造力和发挥团队协作精神
员工的考评与晋升制度	美国企业经常考核与评估员工的绩效：考评的重要指标往往只着眼于工作实际业绩与具体的业务能力，考评与待遇挂钩，考评结果之后就兑现奖惩	新招员工要等到5~8年才做首次主要评估：出类拔萃者才可以提升。而且考评的指标多样化，不仅注重业务，也考评人际关系、团队精神等
员工的培养及职业发展道路	通常遵循比较狭窄而专业的途径培养员工：招聘时常常不惜重金聘用专才型人才，对员工进行培训，使其达到很高的专业技能。但由于是短期雇佣，员工一有更好发展机会，便可能离职，使公司不太会通过自己培养出企业高层，更多的是外聘	企业一般不接受离职者：新进入者凡属于可造之才通过职务轮换、锻炼、扩充知识和阅历，最后进入管理层。此种制度为企业塑造出通才型人才。日本企业遵循着内部晋升制，一般不外聘高层，所以公司会花费重金来培养自己的核心骨干
对员工的关怀	通常会认为企业只是工作场所，以自己的劳动获取报酬，工作只是生活的手段：组织对员工关注的也应该只是与工作有关的情况，加之美国人的个人主义作风和对人权的崇拜，所以员工生活属于隐私，企业不得干预	通常认为企业就是一个大家庭，管理者是家长：员工是成员，员工的工作、生活等一切都应在企业的关怀之内，以保证企业的和谐
结论	美国企业在企业管理中更注重"硬性3S"（策略、结构、制度）：过分强调管理中的技术和理性，认为只有"硬性3S"才便于进行理性的、数学化的、合乎逻辑的、有条理的分析和研究，属于典型的理性主义	日本企业更重视"软性4S"（人员、作风、技巧、最高目标）：在管理中重视感情、精神、价值观引导等因素。"软性4S"代表了东方的灵性主义

（三）新创企业的财务管理

新创企业的财务管理指的是新创企业在一定的整体目标下，关于资产的购置（投资）、资本的融通（筹资）和经营中现金流量（营运资金），以及利润分配的管理。不同类型的新创企业和新创企业发展的不同阶段，财务管理的内容存在差异性。

1. 新创企业财务管理存在的明显问题

（1）财务控制力弱。新创企业一般将精力放在了技术开发和市场开拓上，对财务管理重要性淡漠和财务知识性的缺乏，导致创业者对财务的控制弱化，很多新创企业没有完善的财务清查收支审批制度和成本核算制度，没有认真执行账实、账证和账账核对等会计核算流程，财务上是一把"糊涂账"。

（2）贷款困难。银行贷款是新创企业融资的主要渠道，但新创企业在财务管理上的问题，导致财务资料不清晰、不完整，有的不能提供有效的财务证明，银行借贷融资方式就断了，企业财务会因此陷入困境。

（3）流动资金缺。新创企业没有成熟的市场，缺乏现金回流的有力渠道。但各项开支又不能断流，一旦出现问题，现金问题就成为压垮企业的最后一根稻草。还有的新创企业过分关注企业的销售增长和盈利状况，缺乏资金预算，忽视企业的现金储备，盲目扩大规模并造成固定资产增加，使企业现金储备不足，筹资乏力，企业只能破产结算。

（4）财务风险隐患多。财务风险是客观存在的，只要有财务活动就必然存在财务风险。财务决策缺乏科学性导致决策失误是导致财务风险的主要原因。新创企业的决策人往往对财务问题随心所欲，将财务看成自己的钱袋子，想什么时候掏就什么时候掏、想怎样掏就怎样掏，没有科学的管理机制。有的新创企业对财务缺乏有效的监控，一旦出现风险，没有有力的应对措施。

2. 新创企业财务管理的策略

新创企业的决策者是企业财务管理改善的根本，加强决策者对财务管理重视程度、促进决策者财务管理能力的提升是加强企业财务管理的前提和基础。

（1）要有"三个了解"。

① 了解建账。新建单位和原有单位在年度开始时，会计人员均应根据核算工作的需要设置应用账簿，即平常所说的"建账"。建账基准日应以公司成立日即营业执照签发日或营业执照变更日为准。由于会计核算以年度、季度、月进行分期核算，实际工作中，一般以公司成立当月月末或下月初为基准日。如果公司设立之日是在月度中的某一天，一般以下一个月份的月初作为建账基准日。新创企业请一个会计师事务所的注册会计师建账、做账是创办之初最好的选择，企业发展到一定规模后再专门聘请注册会计师资格的专职会计人员。

② 了解财务账簿。在企业创办初期，财务账簿一般有现金日记账、银行存款日记账、总分类账、费用支出明细账、收入明细账、应收应付往来账、固定资产明细账、成本核算明

细账、工资明细表等。现金日记账、银行存款日记账、总账这三本账是任何一个企业必须建立的基本账簿。现金日记账必须把企业发生的每笔收支情况按时间顺序详细记录在案；银行存款日记账反映企业在银行的流动资金的实际现状；总分类账必须详细记录汇总企业建账账簿的所有数据。其中，企业在发生了第一笔支出或收入时必须建立费用支出明细账、收入明细账；企业在发生了第一笔预收、预付、应收应付的业务时，必须建立往来账簿；企业在生产出第一批产品时必须建立成本核算明细账；企业在购进第一批设备或建立厂房设施时必须建立固定资产明细账；企业在发生第一笔工资支出时，必须编制工资明细表等。

③ 了解出纳的工作。出纳与会计不能是同一个人。其职责是按制度规定办理现金收付和银行结算业务，登记现金和银行存款日记账，保管库存现金和各种有价证券，保管有关印章、空白收据和空白支票。

（2）要有"三个盯住"。

① 盯住现钞的流动。企业内部只能确定一名现金出纳，企业所有的现金流动必须由其经手；现钞收入必须存入银行，不能作为库存备用金坐支使用，坐支是新创企业的通病；企业所有的现金收入、支出必须有原始凭证（发票等）；企业所有的现金收支原始凭证必须有经办人签字；企业所有的现金必须经过指定财务人员复核后才能支出报销；每日根据现金收支情况编制库存现金日记表；由指定财务人员与出纳一起定期或不定期根据现金日记账核对库存备用金。

② 盯住现金流。现金流量是指一定时间内（通常以月份或季度）现金流入量与流出量之间的差额。估算现金流量必须考虑确定公司正常经营的现金最低需要量、确定在一段时间内公司需要从外部筹集多少资金、采取什么样的措施使有限的资金维持更长时间三个重要因素。

③ 盯住财务预警系统。初创企业要建立实时、全面、动态的财务预警系统，对企业在经营管理活动中的潜在风险实时监控。要以企业的财务报表、经营计划及其他相关的财务资料为依据，通过对财务指标的分析了解企业的资金运行状况、偿债能力和盈利能力，准确预测出企业财务状况的一些危机所在。

（3）要有"三个管住"。

① 管住支票本。空白支票必须由出纳或专人管理；支票的有效签章必须由多个且由不同人保管；支票与印章必须是由两人以上分别保管；开出支票必须填写日期、用途，并限定其金额；企业所有的支票必须经过指定财务人员复核后才能填写签发；企业所有的转账收入、支出必须有原始凭证；企业所有的转账支收原始凭证必须有经办人签字。

② 管住财权大印。企业最好在开户行留三个签章：出纳章、财务专用章、复核章，由出纳保管出纳章，由公司负责人或财务负责人保管财务专用章，由会计或指定财务人员保管复核章；出纳人员变动必须在开户行改变出纳签章。有的企业以所盖印章个数决定支

票的有效限额。

③ 管住保险箱。一般来讲，保险柜开启密码由出纳一个人掌握；保险柜开启钥匙只能配置两套，出纳一套，财务负责人一套；出纳要定期清理保险柜内现金、各种有价票证、相关原始凭证。这样的机制可以减少创业企业的现金风险。

（4）要懂得"三个概念"。

① 资金的时间价值。简单地说，同样数额的资金在不同的时间点上具有不同的价值，即资金有增值特性。资金的时间价值告诉创业者要科学、合理地使用资金，做到"出钱慢、进钱快"，使资金在有限的时空内取得最大的价值。

② 机会成本。机会成本指为了得到某种东西而要放弃另一些东西的最大价值，也可以理解为在面临多方案择一决策时，被舍弃的选项中的最高价值者是本次决策的机会成本。机会成本告诉创业者要善于避开有投资风险的企业。

③ 沉没成本。沉没成本指企业已发生或承诺、无法回收的成本支出。企业决策不要太多考虑沉没成本，要用发展的眼光对待决策。

新创企业的财务管理是个复杂而专业的体系，创业者没有必要成为一个财务专家，但财务管理的基本知识是要掌握的，更重要的是坚持制度化，建立科学、合理的财务管理制度，比如财产清查制度、成本核算制度、财务审批制度等。任用忠诚而精明的财务主管才是硬道理。

（四）新创企业的风险管理

几乎所有企业的实际经营和发展过程都可能会遇到风险。如重大经济损失，信誉受损，品牌受损，企业信任危机，生产陷于停顿，资产被查封，甚至企业主要负责人入狱、自杀身亡，企业破产等都是企业可能遇到的风险。

企业风险是指威胁企业生存与发展的危险事件，往往给企业造成重大损失或直接影响企业的生存。新企业常见风险包括：产品积压卖不出去、资金链断裂、核心骨干流失、违反政策被关停等。很多风险看起来是企业的"黑天鹅"事件，但大多都是对风险的预测和应对不足引起的。

🔊 案例分享

一位"90后"创业者的连续失败

罗勇林，1994年出生，他早在高中阶段就下定决心创业。罗勇林在步入大学校园之后便开始了自己的创业生涯。大一开始创业，但第一个学期三个项目就先后做失败了，分别是借钱炒股、开淘宝店、硬件发明。回头看那些项目，罗勇林用"都挺扯的"这四个字来形容。大二开始规划"聘爱"校园恋爱交友应用，应用上线仅三个月的时间就陷入绝境，上线四个月罗勇林决定放弃创业。后来，他以一名产品实习生的身份进入百度贴吧事业部，他希望沉下心来，好好提升自己……

罗勇林在目前的创业环境下发生的故事，是最朴素的大学生创业教案，其中的逻辑和教训值得所有创业大学生学习和反思。

无疾而终，短短三个月就陷入绝境

罗勇林团队做出"聘爱"网站版后，参加了IDG风险投资公司举办的校园创业大赛，并进了全国50强，拿到了10万元种子投资。

"聘爱"帮助用户找恋爱对象时，用了一种近乎简单粗暴的方法：招聘。用户可以在这个网站的"招聘会"上发帖招聘，找男朋友称为"聘夫"，找女朋友称为"聘妻"。如果看到合适的"招聘"，也可以"投递简历"。简历的基本信息包括年龄、星座、城市、学校等。"聘爱"App于2015年4月正式上线后，在短短三个月的时间内就积累了4万用户，而在罗勇林团队主要活动的黑龙江地区，3万用户是罗勇林团队通过各色校园推广活动所积累的，团队高峰时期人数高达近30人。7月，罗勇林团队利用暑期来到北京创业，在一些创业类媒体上得到集中报道，并且开始寻找新一轮融资。然而，在会见30余名投资人都无疾而终后，罗勇林团队陷入了绝境。一次次投资人的打击让他明白了，"聘爱"是一款不靠谱的产品。

三大反思，直面万众创业的泡沫浪潮

2015年8月，经过艰难的挣扎之后，罗勇林选择放弃创业项目。面对过往的创业经历，罗勇林陷入了深深的反思并写下了一篇名为"'90'后大学生创业失败案例"的文章，讲述了自己的创业过程以及失败的经验教训。

1. 疯狂浮躁，每日想着一夜暴富

罗勇林最初深受媒体的影响，以为靠想法就能出去融资，最后经过失败清醒了，明白其实根本不是这么回事。罗勇林说："我承认我疯狂过也浮躁过，甚至曾经每天想着如何超越扎克伯格（Zuckerberg）以及温成辉，但事实并没有。"产品上线后做到了4万用户量，安卓、iOS、Web都上线了，拿过种子投资，被各大媒体多次报道，产品有了，数据也还可以。这个看似美满的结果曾经让罗勇林认为自己无限接近那个梦想——做一款"现象级"产品，实现"一夜暴富"。但是创业不是做一个App就可以成功的事，之后投资人的冷眼和拒绝把他的梦想击得粉碎。他甚至心里默默地蔑视拒绝他的投资人。但他自己逐渐意识到，自己的产品乃至团队都存在硬伤。

2. 不关注客户需求，终要失败

罗勇林坦承，他在看了无数"90后"创业者的成功故事之后，曾经羡慕余佳文，也希望能像"脸萌"的郭列一样做一款"现象级"产品，获得千万投资。而经历了

30余名投资人的面谈，和上百名投资人微信交谈过后，他终于明白，互联网上很多信息都是未加过滤的、夸大的，要学会理性分析，不要光看热闹而要仔细思考背后的原因。不要被现象级产品所迷惑，一个产品最终还是要商业化的，如果不深挖产品本身的价值，关注客户需求，无法实现商业化，产品终要失败。

"超级课程表""脸萌""足迹""无秘"这些短时间内爆红的产品都是难以商业化的产品，即使用户体量庞大，也难以取得成功。他甚至直言，这也是他当初决定做"聘爱"的时候没有看透的事，"聘爱"正是一款无法商业化的产品，必然会遭受冷遇。

3. 保持清醒，不可为创业而创业

罗勇林最后得到的教训是，在互联网浮躁浪潮下，不要为创业而创业。这种创业思维只能被称为"瞎创业"。罗勇林透露，真正决定放弃"聘爱"的前几天实际上已经找到了有投资意向的投资人，投资金额高达100万元。而他主动把项目存在的问题都说出来，并且建议他们理性投资，"因为我清楚地知道我的项目存在无法用投资来解决的问题，在未来的发展过程中死掉是早晚的事，我不想浪费自己的青春，也不想坑别人的钱去换取光环"。

放弃创业后，他的团队中已有三人利用暑期进入BAT（中国三大互联网公司百度、阿里、腾讯首字母的缩写）级别的公司实习。罗勇林说："我想在百度好好锻炼，或许有一天我会进入百度管理层，我会成为一名真正成熟的创业者！"

1. 企业风险来源

企业风险来自各方面，既有来自内部的，也有来自外部的。

（1）外部（客观）风险，即系统风险。企业所处环境是动态、开放的，具体体现在：

① 政策变化。相关行业政策的变化，甚至可以决定企业的生死。

② 宏观经济变化。企业是宏观经济的微观基础，受宏观经济的影响，宏观环境好时生意好做，宏观环境不好时，生意难做。

③ 文化环境的变化。文化对市场环境有着极强的渗透。

④ 社会技术的变化。新技术的出现甚至会冲击整个行业。

⑤ 人口的变化。影响消费构成。

外部环境是客观的，创业者应主动密切关注外部环境的变化，及早发现风险。

（2）内部（主观）风险，即非系统风险。企业由人、财、物、信息四种要素构成，四种要素有效流动，才能保障企业的正常经营，任一要素的不合理变化，都会引发相应风险。具体分为：

① 人的风险。管理人员的决策、关键岗位关键人员的分歧和流失，都可能引发风险。

② 财的风险。大客户欠款迟迟不到账导致现金流问题、投资方反悔导致融资不成功等财务风险。

③ 物的风险。产品生产、销售、物流、存储等各环节的变化都可能引发风险。

④ 信息的风险。信息不完整、不畅通、不对称等影响企业的经营决策。

2. 常见企业风险

俗话说"十个创业九个失败"，这是我们创业中常见的现象，为什么创业失败率这么高？究其原因主要是因为创业风险大、风险多，创业过程中都有哪些风险？又该如何规避呢？

（1）管理风险。管理风险是指管理运作过程中因信息不对称、管理不善、判断失误等影响管理的水平而产生的风险。

具体体现在四个方面，即管理者的素质、组织结构、企业文化、管理过程。所以，创业者们想着避免管理风险就要在选人用人方面小心谨慎，遵循任人唯贤，切忌任人唯亲的原则。

选择一个好的管理人才可以从三个方面的能力来考察：一是知识、技能及运用能力；二是个人特质及运用能力；三是日常言行举止，在平时工作中，对他人，对自己的态度。拥有一个好的管理者，企业就具备了一定的管理能力，风险就会大大降低。

（2）投资风险。投资风险是指对未来投资收益的不确定性，在投资中可能会遭受收益损失甚至本金损失的风险。为获得不确定的预期效益，而承担的风险。任何投资都有一定的风险，只有在充分了解自己、了解市场的基础上作出的投资决策才是对企业负责任的表现。仅凭一时的热情和冲动、盲目地听从他人的意见或"随大流"，势必会带来很大的损失。

为了避免投资风险，企业要对每一项投资，事先都做好风险评估。通过分析，预测一下投资的风险会给企业带来多大的负面影响。假若投资失误，可能造成多大的损失。投资款万一到期无法收回，可能造成多大的经济损失。同时对投资方案进行评估，对市场进行调查，制定合理的管理制度，确保流动资本的良性循环、掌握科学的决策程序和方法。一旦那个环节有变，事先要准备好补救的措施，阻止负面影响加大。

（3）人才流失风险。人才流失风险是由于企业自身的原因，或者竞争对手原因，使企业人才大量外流的风险。企业的生存和发展，说到底还是人才在起作用。商战其实就是人才战，谁拥有了人才，谁就能立于不败之地；反之谁就失去了竞争的先决条件。

企业管理者应懂得"得人心者得天下"这一亘古不变的定律。因此，企业既要关心人才的物质需求，也要关心人才的精神需求；其次，管理者要严格要求自己，把自己放在跟大家平等的地位上，办事公道、廉洁高效，才能让人心悦诚服；最后，把人才与企业的利益紧密联系起来，企业发展了，人才才能得到可观的收益，这样，大家为了一个共同的目标奋斗，人才流失的风险也就大大降低了。

（4）财务风险。财务风险，是企业在经营过程中，由于种种原因，导致企业经营管理不善，造成资金短缺，周转困难，而造成一定损失，或者出现破产倒闭情况的风险。

要防范财务风险，应该从建立健全财务管理制度、提高创业者的自身素质以及选拔合格财会人员等方面入手。首先，企业要有一整套管理制度，并严格遵照制度执行；然后，创业者的财务素质要提高，必须能看懂财务报表，并依据报表总体把握企业的财务状况和经营实绩，发现存在的主要问题，并及时加以调整；最后，选拔的会计人员要业务能力强，道德品质好，这也是非常重要的一个因素。做好了这些，财务风险自然会降低。

（5）法律风险。法律风险，就是企业由于违反法律法规，侵犯第三方合法权益，未履行或不当履行合同义务，未采取措施以获得保护或行使其合法权益。企业要及时妥善解决好法律风险问题，否则会造成一定的经济损失。一旦企业违反合同被起诉，就要赔偿对方的直接损失和利润损失。一旦企业违反了经营法规，会受到行政罚款。不良事项对企业的声誉和信誉具有极大的损害，失去信誉将导致企业失去商业伙伴，进而殃及企业的生存和发展。

为了防范风险，企业可以构建合同模版，用以往成功的合同为范例，在此基础上加以归纳整理，形成不同种类的合同模版。同时，根据我国劳动法的规定，为员工办理五险一金和其他相关福利。

（6）诈骗风险。诈骗风险是指社会上形形色色的诈骗分子，运用各种各样的手段对企业进行诈骗的风险。创业前期，企业的业务开发是相当艰难的，所以就很容易对送上门来的业务失去警惕性，招致上当受骗。

创业公司为了避免诈骗风险，其管理者要时刻保持清醒的头脑，拥有防骗意识，做到防骗有术：

① 对先前没有接洽过的企业，可以约定"一手交钱一手交货"的稳妥交易方式。

② 通过银行核实现金支票的真假。

③ 对不正常的大额订单要格外留心。

④ 防范合同诈骗，一旦发现对方有破绽，坚决放弃这单生意。

（7）市场风险。市场风险是指企业要么所开发的产品不能适应市场需要，在技术方面相对落后，在产品质量上不过关，要么售后服务没能跟上去，要么销售渠道不畅通，各种综合因素加在一起，没有市场竞争力的风险。

为了规避市场风险，创业要提早做好应对策略：

① 以质取胜，把产品质量看作企业的生命。

② 以变制胜，企业要随时根据市场的变化作出相应调整。

③出奇制胜，用奇特的经营方式、奇特的产品和奇特的服务占领市场。

④以廉制胜，靠薄利多销赢得市场。

⑤以服务制胜，搞好售后服务，赢得良好的企业信誉。

风险很多，创业不易，大浪淘沙，千帆过尽，只有经历过风雨洗礼的企业才能更好更稳地发展。

知识链接

新创企业管理常见的问题

有战略，但执行不力、贯彻不彻底

当前，企业最流行的就是战略，有长期的、中期的、短期的。但往往只是空洞的设想和规划，却没有执行规划的详尽路线图和时间表，最关键的是没有保障规划实现的具体措施，因此，所谓战略就是流于纸上的"宏伟蓝图"罢了。

有目标，但压力不大、落实不到位

很多管理部门都习惯于到时下达目标，年度目标、季度目标、月度目标，上级向下级下达目标、下级再向下级下达目标，但不能将目标逐时、逐项、逐人分解落实，因此压力不能层层传递下去，目标成了一纸空文。

有制度，但监督不严、有人钻空子

企业在发展过程中，为了管理的需要，头痛医头脚痛医脚，会沉积大量的规章制度。制度越多、越复杂，越容易流于形式，执行起来往往找不到参考标准，产生多头管理，因此监管很难。看似规范化、制度化的管理却最没有可操作性，容易让人钻空子。

有流程，但存在扯皮、效率低下

为了建立现代企业管理模式，企业建立了大量看似完善的生产、工艺、财务、服务等流程，但却没有建立起流程之间的有效控制系统和内部客户链关系（下道流程是上道流程的客户），出现流程之间的脱节和扯皮，致使效率低下。

有组织，但条块分割、本位主义

随着企业的发展，部门越来越细化、职能越来越分解，但组织的紧密性却越来越差。各部门之间的边界越来越清晰，衔接越来越不顺畅，沟通障碍明显，协作成本增加，内耗变大，各部门之间出现各自为政的现象。

有绩效，但流于形式、奖罚不力

企业建立绩效考核机制是好事，但企业在建立绩效考核机制后会出现使奖罚流于形式的现象，绩效往往会变成隔靴搔痒，考核的多是软指标，没有真金白银来得实际。企业管理信奉的是以数字说话，真刀真枪、奖罚分明。

有人员，但人心涣散、貌合神离

企业壮大之后，面临的最大问题就是如何凝聚人心。企业容易形成管理真空。企业要避免这一点，就要把企业的文化建设放在基层，放在每一个班组，让员工当企业的主人，凝聚在企业的周围。

💻 实训案例

江铃汽车成功的启示

江铃汽车集团公司（以下简称江铃）在20世纪80年代还处于发展期，目前成为中国汽车行业重点骨干企业和国家汽车整车出口基地企业，拥有29万台/年一流水平的冲压、焊装、涂装、总装制造能力。江铃品牌成为商务部重点支持的两家商用车出口品牌之一。

该公司在创业初期就积极吸收世界最前沿的产品技术、制造工艺、管理理念，有效的股权制衡机制、高效透明的运作和高水准的经营管理，使公司形成了规范的管理运作体制，以科学的制度保证了公司治理和科学决策的有效性。江铃建立了ERP信息化支持系统，高效的物流体系实现了拉动式均衡生产；建立了JPS江铃精益生产系统，整体水平不断提升；建立了质量管理信息网络系统，推广NOVA-C、FCPA评审，运用六西格玛工具不断提升产品质量、节约成本。2000年被中国机械工业管理协会评定为"管理进步示范型企业"，2003年更荣获全国机械行业九家"现代化管理企业"之一的荣誉。2005年底成为国内率先通过"OHSAS18001：1999职业健康安全管理体系""EN ISO14001：2004环境管理体系""ISO/TS16949：2002质量管理体系"等一体化管理审核的汽车企业。2019年7月，江铃荣获"全国模范劳动关系和谐企业"称号。

公司十分注重人才的培养，为员工提供充分发展的空间，鼓励员工树立终身学习的理念。根据工作需要，公司定期组织大量内、外部培训，同时不定期选送优秀的技术、管理骨干出国培训，或到国内知名高校进行系统培训和深造；员工申请经领导批准后，考取在职研究生毕业时取得学位或毕业证，学费予以报销。

◎ 互动交流

请回答以下问题：

（1）江铃公司成功管理有哪些要素？

（2）为什么要建立系列管理体系和标准？

◎ 深思勤练

以"新创企业有无必要建立现代管理体系和标准"为题进行一场辩论赛。

二、新创企业的危机干预

新创企业的危机是新创企业在经营的过程中，由于宏观大环境的突然变化（如国家标准、行业问题的暴露）以及企业在经营的过程中没有按照规范进行生产运营，未达到客户的要求引发的一系列危害企业的行为。新创企业的危机干预就是指对处于危机中的企业提供有效帮助和支持的一种必然的应对策略。新创企业的危机出现没有预期性、没有先兆性，没有可防性，应对企业危机主要通过危机处置的应对方案和应急处理措施来积极处理，这需要新创企业作为危机处理和干预的各种手段，在第一时间内将危机消灭在萌芽状态。

（一）新创企业的常见危机及其表现

1. 财务危机

财务危机是新创企业危机问题中的常态化问题，新创企业资金薄弱，融资困难，运营的资金需求大，财务危机常常伴随着初创企业的成长。财务危机指企业掌控的资金不足以维持企业的正常运转，以致企业面临倒闭、破产的危险。财务危机主要体现在现金流的管理上，其表现是：第一，企业融资计划的短期性导致后期发展资金跟不上；第二，内部控制体系不规范，现金支出失去控制；第三，盲目投资降低了现金流的流动性；第四，胡乱融资致使失去企业控制权。例如，"爱多"曾是中国VCD市场的一个著名品牌，获得过中央电视台第四届广告"标王"，但这样的企业却因企业决策者在财务上的无知造成的现金流危机断送了生命。其创始人胡志标有市场眼光，重人才管理，但缺乏财务管理的重要认识，一味地追求"产品零库存、银行零负债"。没有银行的支持和授信额度，当市场危机发生时就出现现金流断裂、后续资金缺乏而破产的悲剧。

2. 市场拓展危机

新创企业的市场拓展危机主要发生在企业创业期，目标客户的不确定性和商业模式的不稳定性造成企业的市场拓展出现偏差和转型。其主要表现是：第一，市场前景不明朗，目标客户定位不准；第二，市场进入时机不对，没有被市场接纳或者接纳的程度不深；第三，没有形成精耕细作的营销方式，模仿性强的营销方式导致产品滞销。造成市场拓展危机的原因是单一化的产品难以满足消费者的需要，对竞争环境的困难估计不足形成了竞争束缚，营销模式缺乏创意陷入"营销陷阱"。例如，瀛海威公司曾是中国最早成立的网络服务公司，1995年创建，但不到两年就关闭了。其公司创始人张树新曾经分析说："我们不幸生得太早。"在整个社会环境对网络还很陌生，相应的匹配产业还没生成的情况下，瀛海威公司的早产注定要失败告终。

3. 组织和人力危机

组织和人才危机是指由于新创企业在发展过程中未能建立合理、有效的组织机构和与之相配套的人才培养与招聘等各项规章制度，致使企业的内部管理水平滞后于产品的市场开拓能力，从而阻碍了企业的进一步发展。其主要表现是：第一，企业沟通时间越来越多，但沟通效果越来越差；第二，企业控制的资源越来越多，但企业的发展目标越来越模糊；第三，企业的激励成本越来越高，但企业员工的热情越来越差。造成组织和人力危机的原因一方面是没有形成企业严格而规范的组织管理制度，造成了员工对企业组织的信任度降低和工作疲劳；另一方面对人性的把握不足，没有为员工创造满意的环境和文化。例如，三株集团曾经是中国保健品的龙头老大，80亿元的年销售额造就了一个企业神话。这样一个企业却因业务内部管理的原因和机构官僚化的问题被迫退出了历史的舞台。其创始人吴炳新曾总结了"三株教训"，其中就有"机构臃肿、管理失控、人心丧失"等原因。

（二）新创企业的危机公关

新创企业危机公关是指企业为避免或者减轻危机所带来的严重损害和威胁，从而有组织、有计划地学习、制定和实施一系列管理措施和应对策略，包括危机的规避、控制、解决以及危机解决后的复兴等的动态过程。

新创危机公关的要求和原则。

1. 企业危机公关的要求

（1）快。反应敏捷，动作迅速，第一时间应对，即时分析、定位、制定应急机制，提供解决方案，用最短的时间、最小的成本维护企业最大的利益、最好的形象。

（2）全。信息公布要满足公众的知情权，真实再现事件的全貌，提供处理的全部计划，真诚赢得公众的支持和顾客的谅解。

（3）简。信息发布要言简意赅、通俗易懂、前后一致、顺畅通达，让公众从言语中获得力量，得到信心。

（4）诚。真诚、诚实、诚信，不欺骗、不隐瞒、不误导、不掩盖，一就是一、二就是二，以事实为依据，以真相为准绳。信息时代，越遮遮掩掩越被揭露得明明白白，坦诚才会避免揭丑。

2. 企业危机化解的基本策略

新创企业缺乏危机应对的具体经验，往往容易忽视危机出现的征兆，危机出现后又手忙脚乱，危机发展时又束手无策，危机后期基本是坐以待毙。对危机发展的不同阶段要有相应的应对策略，要形成企业的危机处理程序和预案，认真、细心、大胆、真诚地处理各类危机。

（1）征兆期。企业要树立危机意识，开展危机风险评估，形成有效的危机预警机制。

（2）发作期。甄别危机类型，启动危机预案或制定新方案，建立处置组织，构建沟通渠道，有效引导媒体。

（3）延续期。控制危机发展态势，强化媒体的正面宣传，必要时争取政府部门和权威机构的辟谣，密切关注网络微信等新媒体的报道，借助舆情民意渠道营造有利于自己企业的消息。

（4）痊愈期。进一步扫除危机的不利影响，分析危机产生的原因，吸取教训，总结经验，完善管理，塑造更好的企业形象。

（三）新创企业如何将危机变成机遇

我国古代兵书《兵经百言》里说："有目前即是机，转瞬即非机者；有乘之即为机，失之即无机者。"

从危机和机遇的关系来理解这句话，就是危机和机遇可以相互转化，善于驾驭危机的人，能够让危机变成机遇；不能处理危机的人，危机就让它破灭。从现有的企业经验模式来看，新创企业危机转化机遇，一是要有危机转化意识，将危机看成机遇，从思想上挖掘危机的潜在价值；二是要有逆向思维能力，变废为宝，反向思维是新创企业发展的有效思维方式之一；三是要运用合适的办法，顺势而行还是逆势而为要根据危机的类型和性质准确选择。

（1）敏锐眼光，洞悉事物发展。面对优质资源，新创企业往往抢不过成熟的大企业。对新创企业来说，在别人眼里越是危险的地方，越可能蕴含着机会；大企业无视或者忽视的地方，才是一个发展的基点。

📢 案例分享

风险与机遇并存

1998 年东南亚金融危机时，海尔在印度尼西亚和马来西亚都建有企业，都不景气。海尔经过严格的市场分析发现，东南亚的家电并没饱和，而是金融风险带来的持币观望，一旦危机过后，消费会有新的转机。于是，海尔便不失时机地在这些国家做了许多广告，而且都在非常优良的广告位置，广告的价钱还不到金融危机前的1/3。等到金融危机过去之后，市场对家电的需求量直线上升。正如海尔集团所预言的那样：当东南亚金融危机过去之后，市场重新启动时，人们看到最多的便是海尔，海尔已深深扎根东南亚。

（2）承受非议，获取大众支持。有时企业及企业家承受一定的非议在所难免，在非议中激起民众对真相的探究，反而能成就企业和企业家的声誉。

> 🔊 **案例分享**
>
> ### 曹德旺：好的企业家要让国家因你而强大，人民因你而富足！
>
> 从1983年创业，曹德旺就开始做慈善，截至2020年，总共捐了160多亿元（含股票100亿元）。
>
> 2003年，曹德旺到福建平潭调研，碰到贫困户拒绝搬迁的问题，于是他提出生态移民，当地政府出地，他拿出几百万元建新村，动员整村搬出，并建议村民将原来住的地方的石头拿来做建筑材料，带动村民致富。
>
> 2010年，曹德旺成立了河仁慈善基金会，在"万企帮万村"行动中，基金会在西藏、青海、甘肃、云南、贵州帮扶了几十个村。从农业基础产业入手，帮助农民进行产业化脱贫，调动农民种植积极性，探索出一条脱贫之路。
>
> 2022年，曹德旺一次性捐赠了100多亿元建设了公立学校，旨在为国家培养更多优秀的科研人员。
>
> 当然，在曹德旺致力慈善事业的背后也有不同的声音和质疑，甚至指责，有人说曹德旺的所谓慈善就是在作秀、摆"人设"，可曹德旺对于这些非议仅仅是一笑了之，"穷则独善其身，达则兼济天下"是他不变的人生信条，曹德旺继续用实际行动践行初心使命，获得国家级慈善称号的同时更是博得广大民众的支持和尊重。

（3）适度让步，构建和谐人事。新创企业的发展中坚力量还是刚毕业的大学生，对大学生的人事管理要根据他们的特质制定相应的人事管理和工作管理规定，先让他们适应企业的管理，逐步接受企业的文化，增强对企业发展理念的认同，从而全力支持企业的发展。

> 🔊 **案例分享**
>
> ### 以 人 为 本
>
> 20世纪90年代，海尔曾经面临大学生辞职潮，企业的用人出现困惑。人事部门经过认真分析，对原来的用人机制进行了检讨，对"赛马"选人、职场考核等过于严格的人力资源管理制度进行适度的调整，为新进的大学生创造适应海尔的心理空间，稳定了企业的后备力量。

危机对于新创企业来说可能就是个转机，正常的竞争态势对新创企业来说无异于逆水行舟，在资源少、资金少、人员少、渠道少的竞争弱势下，从危机中找到出路，从危机中发现光明，也是新创企业发展的一个重要思路。

（四）新创企业常见的危机干预方式

危机类型不同，处理方式就不同，新创企业要因地制宜、因时制宜地开展危机干预。

（1）解铃还须系铃人。危机来临，不能"头痛医头、脚痛医脚"，要认真地找到问题的根结，用诚恳的态度去解决，从危机的源头解决危机，让危机的发起人解决危机。

案例分享

直抵病灶

某软件外包公司没有履行合同义务，又不接受客户的合理善后要求，结果被客户曝光到网上，负面信息满天飞。最初，该公司试图通过删帖的方式来消除负面影响，结果事与愿违。后来公司主动联系客户，诚恳地与客户进行交流沟通，并拿出令客户满意的解决方案后，问题和矛盾迎刃而解，客户也主动将发布的信息进行了删除处理。

（2）借势上位。产品的独特质量和顾客的满意度是企业生存的根，其他都是末枝。借助问题的势头来坐实根本性的质量问题，借势上位也是公关的一个手段。

案例分享

海尔"砸冰箱"

1985年，成立不久的海尔从德国引进了一批电冰箱生产技术，没过多久，就有用户来向海尔反应，冰箱存在质量问题。海尔公司对全厂冰箱进行了检查，发现库存76台冰箱虽然不影响冰箱制冷问题，可以冰箱外观有划痕等小问题，当时，张瑞敏做了一个令众人瞠目结舌的决定：将这些冰箱当众砸毁。他认为"有缺陷的产品就是废品"这是一个企业不能允许的，自己抡起大锤亲手砸了一台冰箱，员工们看着砸碎的冰箱内心十分震撼，很多职工都流下了眼泪。自此"产品质量零缺陷"的管理理念渗透在了每一个员工心里。作为一种企业行为，海尔砸冰箱事件不仅改变了海尔员工的质量观念，为企业赢得了美誉，更是对中国企业及全社会质量意识的提高产生了深远的影响。

（3）借力权威。利用权威部门的公信力来化解危机也是一种不错的选择，但基础还在产品的公关服务到位，质量过硬。

案例分享

官 方 辟 谣

2009年，王老吉曾经被消费者投诉其产品里添加的夏枯草容易造成人的胃溃疡。消息一出，如多米诺骨牌，王老吉一时为"添加门"所困。此时，王老吉企业并没有极力反驳，因为此类问题往往越描越黑。王老吉请出了广东省食品协会甚至卫生部（现国家卫生健康委员会），这些官方机构通过科学的实验，最后向社会宣布：王老吉的添加剂中夏枯草没有一点问题，对人体构不成伤害。此危机因为官方的介入而化解。

知识链接

新创企业危机出现时干预的原则

最高利益法则

最高利益法则是指企业在管理危机事件时的倾向性。协调各方利益并不意味着无原则地平衡，有所侧重本就是合理的。最高利益是无论如何也不容侵犯，是必须捍卫的企业关键价值。如雀巢在转基因诉讼一事上所表现出的强硬态度，就充分体现了最高利益法则。

媒体友好法则

危机处理的核心内容，是信息传播管理。媒体是危机传播的主要渠道，向公众传播危机信息也是传媒的责任和义务。危机发生时，"3T"原则（Tell The True）是危机处理的根本原则。所以企业应在平时与媒体尤其是相关主流媒体建立战略性的合作关系，监控好舆论导向，并及时公布信息，有效引导舆论方向。当危机降临时，不仅使危机的负面影响降至最低，还可扭转乾坤，借势扩大企业的美誉度。

360度法则

360度法则即企业围绕危机事件所做的一切管理决策，都应以企业、受众、危机波及者为决策之基准点，进行全方位的考量和筹谋，平衡企业利益（包括投资人、员工和企业自身的福祉）、客户利益、合作伙伴利益乃至舆论界（传播者与受众）利益。360度法则要求企业决策者、危机管理者具有战略能力、大局意识，以及企业作为社会公民的责任感。

留白法则

留白法则即在危机处理中，不能盲目封闭自己的转圜空间，不能轻易放弃自己的回旋余地。留白法则要求企业在危机处理资源准备和危机影响控制两大层面留出一定的空间。一方面，企业不应仅按照危机影响评估的最低限进行资源（如团队、物力支持、方案等）准备；另一方面，企业也不可从自己所能承受的最高限来尝试控制危机的影响（像信息管制、赔偿方案、客户关系等）。

单一口径法则

纾解危机需要疏、堵结合。疏对外，堵对内。对于同一危机事件，若企业内部传出不一样的声音，则是危机管理的大忌。它不仅会令原本简单的事态趋于复杂，更会暴露出企业内部的矛盾，甚至可能由此引发新的危机。所以对内，必须杜绝那种未经授权便擅自发声的情况；对外则根据事前的部署，由危机事件管理者指定的发言人发布信息。同时，单一口径法则不仅包括了企业对外的言论发布，也涵盖了企业对内的解释说明。

24小时法则

兵贵胜，不贵久。在网络时代，就企业响应危机的速度来说，24小时是个极限，因为丑闻会在24小时内扩散到全球各个角落，所以企业应在获悉危机发生后的24小时内启动危机管理机制，并做好准备工作。

信息对称法则

信息对称法则即在危机处理过程中，应努力避免信息不对称的情况。理想状态是，在对内、对外两个层面上，保持信息管道的双向畅通。从操作的层面看，信息对称法则的操作要诀有四：其一，谨记"有信息比没信息好、充分的信息比片面的信息好"；其二，无论如何也不可让内外受众在失控状态下胡乱猜测；其三，保证对内、对外发布的所有信息都是经过精心准备、严格审核，不该信口开河、即兴发挥；其四，不仅是对外，对内也应保持信息对称。

绝对领导法则

缺失权威必然引发混乱，所以企业领导者应在危机乍现之时便赋予危机事件管理者充分的权柄，对危机实行"集权管理"。凡涉及危机事件管理的一切工作，危机事件管理者都拥有决策的权力。甚至有的时候，连企业最高领导者也应接受危机事件管理者的建议，为舒缓危机贡献心力。"绝对领导"准则强调的是"事急集权"。

核心立场法则

企业危机一旦爆发，企业应在最短的时间内针对事件的起因、可能趋向及影响（显性和隐性）做出评估，并参照企业一贯秉承的价值观，明确自己的"核心立场"。

在整个危机事件的处理过程中，均不可偏离初期确定的这一立场。"核心立场"法则强调企业对危机事件的基本观点、态度不动摇。值得强调的是，这种核心立场不应是暂时的、肤浅的、突兀的，而应是持久的、深思熟虑的、与企业长期战略和基础价值观相契合的。

💻 实训案例

失败的公关事件

福建紫金矿业紫金山铜矿湿法厂发生铜酸水渗漏事故，造成汀江部分水域严重污染。然而，紫金矿业直至9天后才进行情况公示。紫金矿业姗姗来迟的公告遭到了媒体的广泛质疑，一时间对其造成的污染状况、政府官员参股等调查性报道不断出现。正在各路媒体与当地政府、紫金矿业为上述问题争论不休之际，一家媒体曝出了紫金矿业试图采用给记者发红包的方式封锁消息。一时间，身陷"污染门"尚无法自拔的紫金矿业又陷入了"封口门"。媒体与企业各执一词。紧接着，2010年7月28日，曾报道紫金矿业事件并向媒体曝光紫金矿业"封口费"一事的《第一财经日报》记者邵芳卿在其微博中称："27日，家属驾车时，驾驶室门被人撞烂。"他还在其微博中说，和他并肩揭开紫金矿业公关记者黑幕的《中国青年报》记者陈强，其家属的车辆也于同一天被撞。邵芳卿在博文中说："我希望这两起同天的车祸，只是巧合。"紫金矿业对上述问题，或给出说明，或避而不谈。对封口费一事，其宣传部部长不惜发出毒誓。"指天为誓"透露出危机公关能力显然与该公司"中国500强"的地位不相符合。其公众形象也自然在这一系列事件中大打折扣。

◎互动交流

请回答以下问题：

（1）该企业危机干预出现了什么问题？

（2）如果你是企业公关人员，该如何处理本次危机？

◎深思勤练

请同学们根据以上案例写出一份公关策划书。

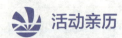 **活动亲历**

风险的偏好与收益

活动人数

分组，每组不超过16人。

活动场地及用具

教室或工作坊，准备1个篮子、1把尺子、粉笔若干、1个弹力球；若干奖品；计分表（表10-2）。

表10-2 计 分 表

序号	站位	得分	积分	序号	站位	得分	积分	序号	站位	得分	积分	序号	站位	得分	积分
1				5				9				13			
2				6				10				14			
3				7				11				15			
4				8				12				16			

活动组织

（1）投掷序号。活动前，让学生报数，学生的"报数"就是他（她）正式投掷时的比赛序号。

（2）站位要求。参与者站位基本与地面垂直，不能过度前倾。这样可以保证科学的投掷距离，体现比赛的公平性。

（3）熟悉游戏。正式投掷前，每位参与者可进行三次试投，不计成绩，以判断自己的手感。

（4）记分规则。记分时，结合"站位"进行。比如，张三比赛投掷时，三次站位分别为5、6、7，结果只有第一次投中，记录成绩组合为（5，5）、（6，0）、（7，0），积5分。

活动步骤

（1）在教室空地里放好篮子位置，并组织游戏参与者标号投掷序号。

（2）确定投掷位。最远投掷位和篮子之间的距离约为3米。在最远投掷位和篮子之间分10个等距。每个等距为一个投掷位（共10个投掷位），用粉笔在地面上用横线来表示每个投掷位，并标出分数（从离篮子最近的投掷位开始依次从1到10）（图10-1）。

图 10-1　投掷操作示意图

（3）主持人宣布游戏规则和奖品。

（4）游戏开始，每个参与者可以投掷三次，可以自行选择离目标物不同距离的投掷位。请一个工作人员作记录员，依次完整记录投掷者每次投掷（球进篮中）的分数，失败投掷记"0"分。

（5）参与者根据第一轮实践，进行第二轮投掷。两次得分总和即为参与者最后得分，分数由高到低，给分数最高的学生颁发奖品。

活动交流与讨论

（1）那些得分最高的参与者有哪些成功的做法？比如，怎样使风险最小化？承担风险前收集了哪些信息，做了哪些准备？最大目标实现没有，没有实现的最大障碍在什么地方？

（2）那些得分较低的参与者的问题出在什么地方？比如，这个目标值得冒险吗？决定承担风险前，需要收集哪些信息？

（3）那些得分居中的学生对于游戏中的风险采用了什么方法应对？

（4）如果进行第二轮游戏，参与者做了哪些调整来提高比赛成绩，为什么？

活动体验

谈谈你参加本次活动的收获与感悟。

活动点评

通过游戏，不难发现获胜的是两类人：一类是投掷技巧娴熟，"艺高胆大"者；另一类是善于搜集信息，"知己知彼"者。这两类人在自己试投时，善于评估自己的投掷实力，确定投掷风险；在别人投掷时，注意他们的试投表现，收集对方信息；在"知己知彼"的基础上，确定自己的投掷目标；在正式投掷比赛中，实施备选方案。

参考文献

[1] 吉家文，李转风.创新创业基础[M].北京：高等教育出版社，2021.

[2]【美】彼得·德鲁克.创新与企业家精神[M].朱雁斌，译.北京：机械工业出版社，2020.

[3] 彭晓兰.大学生创新创业案例与实务[M].北京：高等教育出版社，2020.

[4] 汤锐华.大学生创新创业基础[M].2版.北京：高等教育出版社，2020.

[5] 张汝山.大学生创新创业教育[M].北京：高等教育出版社，2020.

[6] 苗苗，蒋玉石，周静.创业管理[M].北京：电子工业出版社，2019.

[7] 刘春华.华为营销基本法[M].北京：清华大学出版社，2019.

[8] 王振杰，刘彩琴，刘莲花，池云霞.大学生创新创业基础[M].北京：高等教育出版社，2018.

[9] 董青春，曾晓敏.创业行动手册[M].北京：清华大学出版社，2018.

[10] 杜葵，林思宁，刘云婷.大学生创业羊皮卷.从零开始的创业指南[M].上海：华东师范大学出版社，2018.

[11] 由建勋.创新创业实务[M].北京：高等教育出版社，2016.

[12] 张溪，张富强.大学生创新创业教程[M].北京：人民邮电出版社，2016.

[13] 王艳茹.创业基础如何教：原理、方法与技巧[M].北京：清华大学出版社，2016.

[14] 何建湘.创业者实战手册[M].北京：中国人民大学出版社，2015.

[15] 胡飞雪.创新思维训练与方法[M].北京：机械工业出版社，2015.

[16] 李伟，张世辉.创新创业教程[M].北京：清华大学出版社，2015.

[17] 吴寿仁.创新思维力[M].北京：新华出版社，2015.

[18] 鲁百年.创新设计思维[M].北京：清华大学出版社，2015.

[19] 李肖鸣.创业基础慕课学习评价手册[M].北京：清华大学出版社，2015.

[20] 黄亚生，张世伟，余典范，王丹.MIT创新课：麻省理工模式对中国创新创业的启迪[M].北京：中信出版社，2015.

[21] 知乎.创业时，我们在知乎聊什么？[M].北京：中信出版社，2014.

[22] 李家华、谢强.创业基础教学手册[M].北京：北京师范大学出版社，2014.

[23] 杨永华.变局下的快消品营销实战策略[M].北京：中华工商联合出版社，2014.

[24]【美】维杰·库玛.企业创新101设计法[M].胡小锐，黄一舟，译.北京：中信出版社，2014.

[25] 邓汉慧.公益创业：社会治理的新理念[N].中国青年报，2017-02-14（12）.

[26] 刘尊旎，姜楠.基于共享经济背景下企业的经营管理模式研究——以Uber公司为例[J].商场现代化，2017（3）.

[27] 罗勇林.失败主要在于产品价值低[J].中国商人，2015（11）.

[28] 李光福.中国传统创新方法探析[J].天津大学学报（社会科学版），2009（2）.

郑重声明

高等教育出版社依法对本书享有专有出版权。任何未经许可的复制、销售行为均违反《中华人民共和国著作权法》，其行为人将承担相应的民事责任和行政责任；构成犯罪的，将被依法追究刑事责任。为了维护市场秩序，保护读者的合法权益，避免读者误用盗版书造成不良后果，我社将配合行政执法部门和司法机关对违法犯罪的单位和个人进行严厉打击。社会各界人士如发现上述侵权行为，希望及时举报，我社将奖励举报有功人员。

反盗版举报电话　（010）58581999　58582371

反盗版举报邮箱　dd@hep.com.cn

通信地址　北京市西城区德外大街4号　高等教育出版社法律事务部

邮政编码　100120

读者意见反馈

为收集对教材的意见建议，进一步完善教材编写并做好服务工作，读者可将对本教材的意见建议通过如下渠道反馈至我社。

咨询电话　400-810-0598

反馈邮箱　gidzfwb@pub.hep.cn

通信地址　北京市朝阳区惠新东街4号富盛大厦1座

　　　　　高等教育出版社总编辑办公室

邮政编码　100029

资源服务提示

授课教师如需获取本书配套教学资源，请登录"高等教育出版社产品信息检索系统"（https://xuanshu.hep.com.cn/），搜索本书并下载资源。首次使用本系统的用户，请先注册并进行教师资格认证。

资源服务支持邮箱：chenlei@hep.com.cn